嵌入式驱动的产品服务化供应链
服务能力演进配置研究

Research on Evolutionary Configuration of
Product-Serviced Supply Chain Service Capability of Embedded Driver

姚树俊 ◎ 著

图书在版编目（CIP）数据

嵌入式驱动的产品服务化供应链服务能力演进配置研究/姚树俊著 . —北京：经济管理出版社，2019.8
ISBN 978－7－5096－6785－9

Ⅰ.①嵌…　Ⅱ.①姚…　Ⅲ.①产品管理—供应链管理—研究　Ⅳ.①F273.2

中国版本图书馆 CIP 数据核字（2019）第 163755 号

组稿编辑：胡　茜
责任编辑：任爱清
责任印制：黄章平
责任校对：王纪慧

出版发行：经济管理出版社
　　　　　（北京市海淀区北蜂窝 8 号中雅大厦 A 座 11 层　100038）
网　　　址：www.E－mp.com.cn
电　　　话：（010）51915602
印　　　刷：北京晨旭印刷厂
经　　　销：新华书店
开　　　本：720mm×1000mm/16
印　　　张：14.25
字　　　数：280 千字
版　　　次：2019 年 8 月第 1 版　2019 年 8 月第 1 次印刷
书　　　号：ISBN 978－7－5096－6785－9
定　　　价：69.00 元

·版权所有　翻印必究·
凡购本社图书，如有印装错误，由本社读者服务部负责调换。
联系地址：北京阜外月坛北小街 2 号
电　话：（010）68022974　　邮编：100836

前　言

随着当前社会经济正由产品经济向服务经济进行跨越，服务业的发展速度不仅超过制造业的发展速度，而且服务业的经济地位也不断提升。服务业逐渐成为社会经济的主要增长点，同时也是吸纳就业的主要渠道。以美国、日本为代表的发达国家服务业增加值占国民经济总产值的比重超过56%，其服务业吸纳就业人数占总就业人数的比重也达到60%，服务业的发展状况成为衡量一个国家和地区经济发展好坏的重要指标之一。在服务经济不断发展的趋势下，服务业和制造业的边界越来越模糊，服务业向制造领域渗透和制造业向服务领域拓展的现象并存。全球制造业正在经历从"生产型制造"向"服务型制造"的转变。制造业企业由原来提供产品向提供集产品与服务于一体的产品服务系统（Product Service System，PSS）转变，服务逐步成为企业利润的主要来源。

国外许多制造企业正积极探索适合自身企业的服务化经营的道路。在全球500强企业中有56%的企业涉及服务业，并且20%的跨国制造业企业的服务收入占总收入的比重超过50%。著名的大型跨国公司，例如，通用电气（GE）、惠普（HP）、IBM、索尼（SONY）等均注重生产经营向服务领域的拓展，逐步实现从以制造为主向以服务为主的转型，其收入构成中来自服务的收入已经超过了制造部分。20世纪80年代，通用电气传统制造的产值占公司总产值的比重为85%，然而在实施新服务战略后，制造业务占通用电气业务组合中的比重不到30%，而通用"技术+管理+服务"的业务产值占公司总产值的比重已超过70%；而IBM从2005年开始积极推进其服务产品化策略，成为全球第一大"解决方案提供商"，为企业提供IT咨询、系统集成、IT支持等服务，实现了从硬件制造企业向IT服务企业的转型。

在当前金融危机的背景下，劳动力价格和原材料价格不断上涨，国际市场萎缩，制造业所面临严峻问题尤为突出。我国政府也开始强调现代服务业特别是生产性服务业对社会经济可持续发展的重要作用，明确规定了生产性服务业的优先发展地位，以此来促进制造业服务化转型。例如，在《中共中央关于制定国民经济和社会发展第十一个五年规划的建议》中明确指出,"十一五"期间要大力发展现代服务业,要运用现代经营方式和信息技术改造提升传统服务业,提高服务业的比重和水平。2009年,国务院颁布的《装备制造业调整和振兴规划》指出,"调整和振兴装备制造业的主要任务之一是转变产业发展方式,进行产业调整升级,逐步实现由'生产型制造'向'服务型制造'的转变"。2012年,在党的十八大报告中,着重指出"加快传统产业转型升级,推动先进制造业健康发展,推动服务业特别是现代服务业发展壮大,实现制造业与服务业互动发展,积极推进经济结构战略性调整"。2015年5月,国务院发布的《中国制造2025》明确指出,坚持把结构调整作为建设制造强国的关键环节,大力发展先进制造业,改造提升传统产业,推动生产型制造向服务型制造转变。同时,国内制造企业如陕鼓、华为、大连冰山集团积极推进制造业服务化转型升级,不断增强产品服务能力的竞争优势,已成为国内实施服务型制造的典范。例如,从2001年开始,陕鼓在产品市场调查、升级改进、安装调试、售后服务上为顾客提供支持服务;2016年,陕鼓为客户提供一种节能减排透平产品服务系统,实施后该机组运行效率提高16%,而能耗则降低27%。尤其是在当前制造业服务化转型升级发展趋势下,产品服务能力配置目的是根据客户需求变化,适时调整自身服务能力水平,为客户提供满意的产品服务系统,进而实现企业收益最大化。然而考虑到服务的无形性、易逝性和不可存储性以及产品与服务之间的交互嵌入关系,供应链需求特征、结构、运作模式以及成员合作关系等都发生根本性变化,传统产品供应链配置管理模式已不适合产品服务化供应链能力配置过程。在制造业与服务业交互融合趋势下,服务嵌入成为推动制造企业转型升级,促进企业可持续发展的主要动力。为准确发掘客户潜在服务需求,整合企业现有产品服务资源,形成制造企业新的价值增长点,提升制造企业的核心竞争优势,如何有效地进行产品服务化供应链服务能力配置成为制造企业亟待解决的重要问题。

因此,本书综合运用服务管理、供应链管理理论,以产品服务化供应链为依托,研究制造企业转型升级过程中产品服务化供应链服务能力配置问题。通过产品服务嵌入驱动因素分析,刻画产品服务能力特征,构建产品服务化供应链服务能力配置模型。分别从客户需求动态性、服务嵌入位置、竞合转变性、渠道权利主导性、产品服务合作投机性等方面,循序渐进地提出了涵盖五个阶段的产品服务能力配置演变过程模型:考虑需求动态性的产品服务能力配置、考虑嵌入矢位的产品服务能力配置、考虑转移支付的产品服务嵌入能力配置、考虑渠道权利结构的产品服务能力配置、考虑服务投机行为的产品服务能力配置,并深入分析各个配置模型之间的关系,从而提出有效的产品服务能力配置策略。

本书的主要工作和创新性内容如下:

通过运用状态相关需求动态变化率函数和成本收益率函数,构建考虑产品服务需求动态性和非线性的产品服务能力配置模型。研究表明,可从产品服务能力和价格两个维度将客户分为实惠型、经济型、专业型和品质型四个不同类别。依据客户产品服务需求动态演变阶段,针对产品服务能力与价格的内在关联性,运用排队优化模型分别构建了成本领先策略、服务能力领先策略、价格领先策略和产品服务能力联合配置策略。

通过考虑服务嵌入矢位不同,构建零售商嵌入、制造商嵌入以及制造商—零售商双重嵌入三种产品服务能力配置模型。结合供应链成员企业在产品服务嵌入管理过程中讨价还价能力水平的高低,运用SAS数值软件分析制造商和零售商的产品服务能力配置均衡策略和预期利润变化情况。研究表明,当零售商进行嵌入式服务时,制造商收益与服务敏感性参数成正比;当制造商进行嵌入式服务时,服务敏感性系数不断增加,制造商利润、零售商利润及供应链总利润保持不变。在制造商—零售商双重嵌入情形下,制造商利润随着服务敏感性指数增加而增加。

通过引入产品服务嵌入度参数,构建考虑转移支付的零售商竞争、制造商竞争以及制造商—零售商协作等不同情形下产品服务能力配置模型。研究表明,通过构建用于协调双方利益关系、实现收益公平分配的转移支付契约机制,能够对协调后的总收益增加值进行公平合理的分配,同时能够有效地防止预先购买、哄抬价格的道德缺失现象的发生,确保产品服务化供应链成员企业合作的长期性和稳定性。

通过考虑渠道权利结构,分别从制造商嵌入式服务竞争、零售商嵌入式服务竞争、制造商—零售商交叉嵌入式服务竞争三种情形,构建产品服务能力嵌入性竞争配置模型。研究表明,根据产品服务能力和价格之间的动态变化关系,将客户划分为实惠型、经济型、专业型和品质型四个不同类别。并运用SAS数值软件分析产品服务成本与不同渠道权利结构下均衡结果之间的变化关系,提出能够满足不同客户需求特征的产品服务能力配置策略,有效地推动产品服务能力配置机制研究。

通过分析产品服务能力合作配置过程中的服务投机心理行为,构建考虑双向服务投机行为的产品服务能力配置模型,明确网销制造商、直销制造商收益与各自服务能力之间的关系。研究表明,不同的服务边际成本会对均衡利润产生不同的影响,即当服务边际成本较低时,直销制造商会提供产品展示等服务来吸引更多的零售商购买产品,便会使其利润增加;一方面,当服务能力投入较多时,直销制造商产品服务费用较高,零售商借助服务投机行为流向网销制造商,导致直销制造商利润减少;另一方面,当服务能力投入较少时,零售商借助网络制造商了解产品性能和服务流程，转而选择产品品质优、服务承诺好的直销制造商，使直销制造商销售量和利润均有所增加。然而当前期服务能力投入过多、边际服务成本过高时，直销制造商的利润减少，从而采取有效措施避免零售商的免费服务投机行为。

开展产品服务化供应链服务能力配置管理，有助于完善产品服务运营体系，加快产品服务资源整合进度，提升产品服务能力配置效率。同时能够发挥集成化资源优势互补效应，挖掘新的利润增长点，实现制造企业经济价值与客户感知价值的双赢。

本书获得西安财经大学学术著作出版资助，依托管理学院校级重点研究基地——现代管理决策与对策研究中心平台，得到研究中心同事们的指导与帮助，在此一并感谢。

由于笔者水平有限，著写时间仓促，所以书中错误和不足之处在所难免，恳请广大读者批评指正。

目　录

第一章　绪论 ………………………………………………………………… 1

　第一节　研究背景 ……………………………………………………………… 1
　第二节　研究意义 ……………………………………………………………… 3
　第三节　研究内容及拟解决的关键问题 ……………………………………… 4
　　一、研究内容 ………………………………………………………………… 4
　　二、拟解决的关键问题 ……………………………………………………… 5
　第四节　研究思路与框架 ……………………………………………………… 6
　　一、研究思路 ………………………………………………………………… 6
　　二、研究框架 ………………………………………………………………… 8

第二章　文献综述 …………………………………………………………… 9

　第一节　制造业服务嵌入相关研究 …………………………………………… 9
　第二节　产品服务化供应链相关研究 ………………………………………… 14
　第三节　产品服务化供应链服务能力配置相关研究 ………………………… 17

第三章　嵌入性视角下产品服务化供应链的能力配置 ……………… 21

　第一节　产品服务嵌入驱动因素及过程分析 ………………………………… 21
　　一、产品服务嵌入驱动因素 ………………………………………………… 21
　　二、产品服务嵌入过程 ……………………………………………………… 23
　第二节　产品服务化供应链的服务能力管理 ………………………………… 26
　　一、产品服务化供应链的服务能力特征 …………………………………… 26
　　二、产品服务化供应链的服务能力配置 …………………………………… 28
　　三、双元主导型产品服务化供应链能力配置 ……………………………… 30
　　四、产品服务化供应链服务能力配置效应 ………………………………… 32

· 1 ·

第三节　本章小结 ··· 34

第四章　嵌入性视角下产品服务能力配置演变过程 ························· 36
　　第一节　问题描述 ··· 36
　　第二节　产品服务能力模块化 ··· 39
　　　一、产品模块化 ·· 39
　　　二、生产过程模块化 ·· 40
　　　三、服务模块化 ·· 40
　　　四、供应链模块化 ··· 41
　　第三节　产品服务能力配置演变过程 ·· 43
　　　一、考虑需求动态性的产品服务能力配置 ·································· 46
　　　二、考虑嵌入矢位的产品服务能力配置 ····································· 46
　　　三、考虑转移支付的产品服务嵌入能力配置 ······························· 46
　　　四、考虑渠道权利结构的产品服务能力配置 ······························· 47
　　　五、考虑服务投机行为的产品服务能力配置 ······························· 47
　　第四节　本章小结 ··· 48

第五章　考虑需求动态性的产品服务能力配置模型 ························· 50
　　第一节　问题描述 ··· 50
　　第二节　初始模型与参数界定 ··· 52
　　　一、价格—服务双重敏感性需求动态变化率函数 ······················· 53
　　　二、产品服务能力定价策略的状态分布函数 ······························· 53
　　　三、预期收益函数 ··· 54
　　第三节　产品服务能力配置模型 ·· 54
　　　一、成本领先策略 ··· 56
　　　二、服务能力领先策略 ··· 56
　　　三、价格领先策略 ··· 57
　　　四、产品服务能力配置联合策略 ·· 58
　　第四节　考虑需求动态性产品服务能力配置策略 ·························· 58
　　　一、产品服务能力配置状况 ·· 59
　　　二、产品服务运营参数及预期收益 ··· 59
　　　三、产品服务能力配置策略分析 ·· 60
　　　四、产品服务能力配置联合策略演化路径 ·································· 64
　　第五节　本章小结 ··· 66

第六章 考虑嵌入矢位的产品服务能力配置模型 ························ 67

第一节 零售商嵌入视角下产品服务能力配置 ························ 67
一、问题描述 ·· 67
二、零售商主导服务能力配置 ·· 69
三、制造商主导服务能力配置 ·· 70
四、制造商—零售商双重主导服务能力配置 ························ 71
五、数值分析 ·· 72

第二节 制造商嵌入视角下产品服务能力配置 ························ 75
一、问题描述 ·· 75
二、零售商主导服务能力配置 ·· 76
三、制造商主导服务能力配置 ·· 77
四、制造商—零售商双重主导服务能力配置 ························ 78
五、数值分析 ·· 79

第三节 制造商—零售商双重嵌入视角下产品服务能力配置 ········ 81
一、问题描述 ·· 81
二、零售商主导服务能力配置 ·· 83
三、制造商主导服务能力配置 ·· 84
四、制造商—零售商双重主导服务能力配置 ························ 85
五、数值分析 ·· 86

第四节 本章小结 ··· 88

第七章 考虑转移支付的产品服务嵌入能力配置模型 ················ 90

第一节 考虑制造商竞争的产品服务能力配置 ························ 90
一、问题描述 ·· 90
二、制造商竞争转移支付模型 ·· 92
三、制造商产品服务嵌入能力配置模型 ····························· 97
四、数值分析 ·· 99

第二节 考虑零售商竞争的产品服务能力配置 ······················ 101
一、问题描述 ··· 102
二、零售商竞争转移支付模型 ······································ 102
三、零售商产品服务嵌入能力配置模型 ··························· 103
四、数值分析 ··· 108

第三节 制造商—零售商之间产品服务能力合作配置 ·············· 111

一、问题描述 ………………………………………………… 111
　　　二、制造商—零售商转移支付模型 …………………………… 112
　　　三、制造商—零售商产品服务能力合作配置模型 …………… 114
　　　四、数值分析 …………………………………………………… 118
　第四节　本章小结 …………………………………………………… 120

第八章　考虑渠道权利结构的产品服务能力配置模型 ……………… 122
　第一节　制造商之间存在嵌入性服务竞争的产品服务能力配置 …… 122
　　　一、问题描述 …………………………………………………… 122
　　　二、初始模型 …………………………………………………… 124
　　　三、不同权利结构下产品服务能力配置模型 ………………… 126
　　　四、制造商竞争情形产品服务能力配置策略 ………………… 131
　第二节　零售商之间存在嵌入性服务竞争的产品服务能力配置 …… 137
　　　一、问题描述 …………………………………………………… 137
　　　二、初始模型 …………………………………………………… 138
　　　三、不同权利结构下产品售后服务能力配置模型 …………… 140
　　　四、零售商竞争情形产品服务能力配置策略 ………………… 144
　第三节　制造商—零售商之间存在交叉嵌入性服务竞争的产品服务
　　　　　能力配置 …………………………………………………… 151
　　　一、问题描述 …………………………………………………… 151
　　　二、初始模型 …………………………………………………… 152
　　　三、产品服务能力交叉嵌入性配置模型 ……………………… 153
　　　四、交叉竞争情形产品服务能力配置策略 …………………… 158
　第四节　本章小结 …………………………………………………… 164

第九章　考虑服务投机行为的产品服务能力配置模型 ……………… 166
　第一节　考虑单向服务投机行为的产品服务能力配置 …………… 166
　　　一、问题描述 …………………………………………………… 166
　　　二、单向服务投机行为模型 …………………………………… 168
　　　三、单向服务投机情形产品服务能力配置 …………………… 169
　　　四、单向服务投机情形制造商利润分析 ……………………… 171
　　　五、数值分析 …………………………………………………… 171
　第二节　考虑双向服务投机行为的产品服务能力配置 …………… 174
　　　一、问题描述 …………………………………………………… 174

二、双向服务投机行为模型 …………………………………… 176
三、双向服务投机情形产品服务能力配置 …………………… 177
四、双向服务投机情形制造商利润分析 ……………………… 178
五、数值分析 …………………………………………………… 179
第三节 本章小结 ………………………………………………… 182

第十章 结论与展望 ………………………………………………… 183
第一节 研究结论 ………………………………………………… 183
第二节 研究创新 ………………………………………………… 188
第三节 尚待研究的问题 ………………………………………… 189

参考文献 …………………………………………………………… 191

后 记 ……………………………………………………………… 215

第一章　绪论

第一节　研究背景

随着当前社会经济正由产品经济向服务经济进行转型，服务经济的发展规模也逐步扩大，服务性收入更逐步增加，嵌入性服务成为制造企业进行转型升级的重要途径。通过实现产品服务有机嵌入，能够有效地整合产品服务资源，集聚社会人力资源，优化产品服务能力配置过程，提升制造业产品服务配置效率。欧美发达国家服务业增加值占国民经济总产值的比重超过60%，其服务业吸纳就业人数占总就业人数的比重也达到60%，服务业成为推动社会经济可持续发展的重要驱动力。在服务经济的不断发展趋势下，服务业和制造业的相互影响、协调发展、产品向服务领域扩展和服务向产品领域嵌入渗透的现象并存。全球制造业正在经历从"生产型制造"向"服务型制造"进行转型升级。制造企业逐步由产品提供商向产品服务集成商进行转变，向客户提供融合产品与服务优势资源于一体的产品服务系统（Product Service System，PSS），并且嵌入式服务在产品服务系统中逐步占据主导地位，成为实现企业价值增值的重要资源。

国外许多制造企业正积极探索适合自身企业的产品服务嵌入运营的方式。在全球500强企业中，有56%的企业涉及服务业，并且20%的全球大型制造企业的服务运营收入比率高达52%。跨国制造企业如艾默生、福特、通用电气（GE）、IBM等均逐步由产品主导型向服务主导型进行嵌入式拓展，成为服务主导型的产品服务运营商，为满足客户提供动态需求变化的产品服务系统。以往西门子电气产品产值占企业总产值的比例为86%，然而实施嵌入式服务战略后，产品制造环节产值所占比例不到25%，而提供"研发+过程控制+后期服务"的服务性产值所占比例已超过75%；IBM从2005年开始积极推进其服务产品化策略，成为全球第一大"产品服务集成化解决方案服务商"，为相关企业提供产品研发、运营系统控制、智能化处理支持等服务，逐步由产品制造商向服务运营商进行转变。

许多发达国家都非常重视制造业服务化转型升级问题，美国倡导 Service-based Manufacturing，即服务基础性制造；日本推行 Service-oriented Manufacturing，即面向服务制造；澳大利亚实施推行 Service-enhanced Manufacturing，即服务增强型制造。

在此基础上，国内也非常重视现代服务业对制造业转型升级和工业经济可持续发展的影响作用，并指出生产性服务业重点发展方向，进而推动制造业嵌入式服务转型升级进程。"十一五"规划中重点指出，结合传统制造业过程特征，运用现代信息技术改进现代服务运营方式，提升服务运营产值比重。国务院于 2009 年颁布的《装备制造业调整和振兴规划》指出，"调整和振兴装备制造业的主要任务之一是转变产业发展方式，进行产业调整升级，逐步实现由'生产型制造'向'服务型制造'的转变"。这标志着"发展服务型制造"已经引起我国政府的高度重视。2015 年 5 月，国家颁布的《中国制造 2025》战略发展报告重点指出，优先发展先进制造业，改造传统制造生产流程，促进生产主导型制造向服务主导型制造进行转型升级。通过合理地进行产品服务资源配置，整合产品服务资源空间布局，孵化一批具有核心竞争力的产品服务集群，提升国内制造业的国际竞争力。目前，国内开展服务转型的制造企业如陕汽、沈鼓、陕鼓等均取得了一定成效。例如，陕汽将企业发展战略界定为"综合运输系统解决方案集成商"，为客户提供前期市场调研、产品咨询、产品试乘、技术培训、中期维护和后期回收等全程化服务。2010 年，陕鼓为某客户提供的一种节能减排的透平产品服务系统，在实施系统后该机组的运行效率提高了 16%，而能耗则降低了 27%。在制造业服务化背景下，供应链管理的目标是根据客户需求变化，适时调整自身的服务能力水平，为客户提供满意的产品服务系统，进而实现企业收益最大化。然而考虑到服务的无形性、易逝性和不可存储性以及产品服务之间的交互嵌入关系，供应链的需求特征、结构、运作模式以及成员的合作关系等都发生了根本性变化，传统产品供应链管理模型和协调策略已不适合制造业服务化背景下的供应链管理实践。那么，如何将产品与服务的相互影响和嵌入考虑进去，构建有效的产品服务化供应链服务能力配置模型是学术界和企业界共同面临的重要课题。

在制造业服务化背景下，为了提高产品服务能力配置效率，提升预期收益能力，增强制造企业核心竞争优势，有必要以产品服务化供应链为依托，首先，分析开展产品服务嵌入的驱动因素和产品服务嵌入过程，构建产品服务化供应链服务能力配置模型；其次，从模块化嵌入视角，结合产品服务嵌入过程和服务能力特征的变化，依次分别从客户需求动态多变性、服务嵌入矢位多变性、服务嵌入转移支付多变性、渠道权利主导多变性、服务投机行为多变性等方面，循序渐进地提出了涵盖五个阶段的产品服务能力配置演变过程模型；再次，通过考虑价格—服务双重嵌入因素，构建考虑服务嵌入位置的产品服务能力配置模型，进而提出考虑转移支付的产品服务能力配置模型；又次，通过考虑渠道权利结构因素，建立零售商之间、制造商之间、制造商—零售商之间产品服务能力嵌入性竞争服务能力配置模型；最后，结合服务投机行为现象，建立了考虑单向、双向投机性的产品服务能力配置模型，并给出规避投机性行为的产品服务能力配置策略。开展产品服务能力配置研究在产品服务市场协作、产品服务价格优化、产品服务资源互补整合、价值链协作平台建设、供应链服务能力传递机制以及客户潜在价值分析等方面具有一定的现实指导意义。

第二节 研究意义

产品服务能力管理逐步成为供应链管理领域中的研究热点问题。开展产品服务化供应链服务能力配置管理，对于制造企业转型升级和竞争优势提升，在理论和应用层面都具有一定的指导意义。

在理论层面，通过分析产品服务嵌入驱动因素和嵌入过程，刻画产品服务化供应链服务能力特征，构建初始化产品服务能力配置模型，有助于丰富制造服务化转型过程中的服务能力管理理论，拓展供应链管理研究问题领域。围绕产品服务嵌入过程特征，结合产品模块化与服务模块化的交互关系，提出产品服务能力配置演变过程模型，能够加快形成产品价值与服务价值交互嵌入的产品服务系统，丰富嵌入性视角下产品服务能力配置的理论框架。通过将排队论、博弈论应用在产品服务能力配置过程之中，有助于协调相关各方利益关系，实现收益分配公平公正机制，维护产品服务化供应链整体协作的稳定性。同时研究制造商—零售商之间的投机行为问题，构建考虑单向投机性和双向投机性产品服务能力配置模型，能够从道德行为风险角度拓展服务管理和能力管理理论，进一步彰显产品服务能力配置管理的理论价值。

在应用层面，开展产品服务能力配置有助于进行产品服务市场优化拓展，深入挖掘新的潜在客户，发现企业以往产品服务集成化中的漏洞和客户服务中的缺失，据此完善产品服务集成化方案，实现产品服务定位准确、速度快、效果好，提升产品服务能力，增强客户产品服务满意度，大大缩短产品服务周期，降低了产品服务成本费用和客户投诉率。并且能够进行产品服务供应市场的拓展，深入分析供应链上游供应商的合作机制，实现产品服务模块供应环节优化、能够高效率、快速化地发展。有助于完善产品服务运营体系，加快产品服务资源整合进度，提升产品服务能力配置效率。同时能够发挥集成化资源优势互补效应，挖掘新的利润增长点，实现制造企业经济价值与客户感知价值的双赢。同时有助于制造企业发掘自身资源优势，寻找合适的供应商和分销商，建立高效化跨企业资源互补的价值链协作平台，使本企业降低采购环节和服务环节的运营成本。同时能够加强企业间的信任关系，实现产品服务准确识别，快速设计研发，缩短产品服务周期，降低产品服务成本费用和客户投诉率，降低供应链成员企业的运营成本，提升各个成员企业的盈利水平，聚合各个企业优势资源，从而提升企业在同行业中的盈利水平和竞争优势。

第三节 研究内容及拟解决的关键问题

一、研究内容

通过分析制造业服务化转型升级的发展趋势，结合产品服务化供应链结构和服务能力的演变特征，梳理分析国内外学者在制造业服务化、产品服务嵌入、产品服务系统、产品服务化供应链以及产品服务能力等方面的研究状况，界定产品服务嵌入过程，剖析产品服务能力特征，同时结合产品服务能力特征和供应链成员结构的变化，分别从客户需求动态多变性、服务嵌入矢位多变性、服务嵌入转移支付多变性、渠道权利主导多变性、服务投机行为多变性等方面，循序渐进提出涵盖五个阶段的产品服务能力配置演变过程模型，进而提高产品服务能力配置效率，增强制造企业核心竞争优势。研究内容主要由以下七部分构成：

1. 嵌入性视角下产品服务化供应链的能力配置

通过对制造业服务能力管理的现状进行分析，明确当前产品服务能力配置管理面临的问题，剖析产品服务嵌入驱动因素和过程。结合产品服务化供应链服务能力特征分析，构建考虑服务嵌入的产品服务化供应链能力配置模型，并从制造商—零售商不同主导权视角，对产品服务能力配置效应进行深入分析。

2. 嵌入视角下产品服务能力配置演变过程

综合考虑产品要素与服务要素之间的交互影响，以"产品服务嵌入"为切入点，对于大规模客户动态需求变化问题，提出产品服务模块化过程涵盖产品模块化、生产过程模块化、组织和供应链模块化。通过分析产品与服务模块化之间的关系，结合产品服务嵌入过程特征，创建模块化视角下产品服务能力配置演变过程模型：考虑需求动态性的产品服务能力配置、考虑嵌入矢位的产品服务嵌入能力配置、考虑转移支付的产品服务嵌入能力配置、考虑渠道权利结构的产品服务能力配置以及考虑服务投机行为的产品服务能力配置。

3. 考虑需求动态性的产品服务能力配置模型

为了快速响应客户产品服务需求的动态变化和提高产品服务能力的配置效

率，运用状态相关需求动态变化率函数和成本收益率函数，建立用以解决产品服务需求动态性和非线性难题的排队优化模型。通过考虑产品服务化过程中客户需求变化特征，从产品服务能力和价格两个维度将客户分为实惠型、经济型、专业型和品质型四个不同类别。依据客户产品服务需求动态演变阶段，针对产品服务能力与价格的内在关联性，运用 M/M/S/K 排队优化模型分别构建了成本领先策略、服务能力领先策略、价格领先策略和产品服务能力配置联合策略。

4. 考虑嵌入矢位的产品服务嵌入能力配置模型

根据服务嵌入矢位不同，将其分为零售商嵌入、制造商嵌入以及制造商—零售商双重嵌入三种类型，然后结合供应链成员企业在产品服务嵌入管理过程中讨价还价能力水平的高低，分别从零售商主导型（RS）、制造商主导型（MS）、垂直 Nash（VN）三种情形，研究制造商和零售商的产品服务能力配置均衡策略和预期利润变化情况。

5. 考虑转移支付的产品服务嵌入能力配置模型

通过引入产品服务嵌入度参数，将以产品为基础的生产能力配置问题延伸至以产品为依托，以标准化服务包为基础的产品服务能力配置问题。并且运用 Cournot 博弈，以产品服务化供应链中的制造商—零售商为对象，分别考虑零售商能力竞争、制造商能力竞争以及制造商—零售商能力协作三种情形下产品服务能力配置的优化问题。

6. 考虑渠道权利结构的产品服务能力配置模型

针对产品服务化供应链的不同企业成员结构，分别考虑制造商之间嵌入式服务竞争、零售商之间嵌入式服务竞争、制造商—零售商之间交叉嵌入式服务竞争三种情形，研究产品服务能力嵌入式竞争问题，结合产品服务成本与不同渠道权利结构下均衡结果之间的变化关系，提出能够满足不同客户需求特征的产品服务能力配置策略：RS 价格领先型策略、VN 服务领先型策略、MS 产品领先型策略和产品服务嵌入策略。

7. 考虑服务投机行为的产品服务能力配置模型

针对由两个制造商与一个零售商构成的产品服务化供应链，其中制造商分为直销和网销两种类型。根据三者之间的服务投机行为关系和零售商产品服务行为变化，分别构建考虑单向服务投机行为和双向服务投机行为的产品服务能力配置模型，研究不同情形下产品服务能力均衡解以及服务投机对两制造商价格竞争及其供应链整体利润的影响。

二、拟解决的关键问题

1. 如何构建产品服务化供应链服务能力管理模型

结合制造业服务化转型升级的进程，明确产品服务能力配置管理所面临的难题，剖析进行产品服务嵌入的驱动因素，如何设计产品服务嵌入演进过程，构建考虑服务嵌入的产品服务化供应链能力管理模型。

2. 如何构建嵌入性视角下产品服务能力配置演变过程模型

综合考虑产品要素与服务要素之间的交互影响,以"产品服务嵌入"为切入点,对于大规模客户动态需求变化问题,提出产品服务模块化过程涵盖产品模块化、生产过程模块化、组织模块化和供应链模块化。如何在产品模块化和服务模块化的基础上,结合产品服务嵌入的特点,基于创建模块化视角下产品服务能力配置演变过程模型:考虑需求动态性的产品服务能力配置、考虑嵌入矢位的产品服务嵌入能力配置、考虑转移支付的产品服务嵌入能力配置、考虑渠道权利结构的产品服务能力配置以及考虑服务投机行为的产品服务能力配置模型。

3. 如何构建考虑嵌入矢位的产品服务能力配置模型

依据服务嵌入矢位不同,划分了零售商嵌入、制造商嵌入以及制造商—零售商双重嵌入三种类型。然后结合供应链成员企业在产品服务嵌入管理过程中讨价还价能力水平的高低,如何分别从零售商主导型(RS)、制造商主导型(MS)、垂直Nash(VN)三种情形,研究制造商和零售商的产品服务能力配置均衡策略和预期利润变化情况。

第四节 研究思路与框架

一、研究思路

围绕产品服务能力配置问题,依据研究背景→研究意义→研究框架→分析产品服务嵌入驱动因素→界定产品服务嵌入演进过程→刻画产品服务能力特征→明确产品服务能力配置演变过程→构建不同情形的产品服务能力配置模型的逻辑思路开展研究。后续以供应链管理和能力管理理论为基础,综合运用排队论、动态博弈论、多目标优化等方法,通过考虑客户需求动态性、服务嵌入位置、竞合关系转变性、渠道权利主导性及产品服务投机性等产品服务能力特征因素,构建考虑需求动态性的产品服务能力配置、考虑嵌入矢位的产品服务能力配置等五个产品服务能力配置演进模型,并使用数值分析软件进行模拟仿真分析,进一步讨论研究结果。

第一章,绪论。运用系统分析法,对产品服务能力配置研究背景、意义、内容及关键问题进行全面分析,勾勒产品服务能力配置研究框架。

第二章,文献综述。运用文献分析法,对产品服务能力配置相关研究文献如服务型制造、产品服务嵌入、产品服务供应链、产品服务能力及转移支付契约进行综述分析。

第三章,嵌入性视角下产品服务化供应链的能力配置。运用理论研究的方法，分析产品服务嵌入驱动因素，设计产品服务嵌入过程，结合产品服务化供应链服务能力演进特征，构建产品服务化供应链服务能力配置模型，并对其效应加以验证。

第四章，嵌入性视角下产品服务能力配置演变过程。运用功能分析法，分别从产品模块化、服务模块化、供应链模块化层面，分析模块化视角下产品服务能力配置问题。通过考虑客户需求动态性、服务嵌入位置、竞合关系转变性、渠道权利主导性及产品服务投机性等因素，明确了需求动态性视角下产品服务能力配置、考虑嵌入矢位的产品服务能力配置等五个模型间的演进关系。

第五章，考虑需求动态性的产品服务能力配置模型。运用排队论、多目标优化方法，从价格—服务双重敏感性角度，针对产品服务需求的动态性和非线性特点，建立考虑潜在状态拟生灭过程的排队优化模型，并结合客户需求动态变化特征，提出四种竞争性产品服务运营策略。

第六章，考虑嵌入矢位的产品服务能力配置模型。运用 Stackelberg 博弈方法，根据服务嵌入矢位不同，划分了零售商嵌入、制造商嵌入以及制造商—零售商双重嵌入三种类型，然后结合供应链成员企业在产品服务嵌入管理过程中讨价还价能力水平的高低，分别从零售商主导型（RS）、制造商主导型（MS）、垂直 Nash（VN）三种情形，研究制造商和零售商的产品服务能力配置均衡策略和预期利润变化情况。

第七章，考虑转移支付的产品服务嵌入能力配置模型。运用 Cournot 博弈、合作博弈方法，以产品服务化供应链中的制造商—零售商为对象，分别考虑零售商能力竞争、制造商能力竞争以及制造商—零售商能力协作三种情形下产品服务能力配置优化问题。

第八章，考虑渠道权利结构的产品服务能力配置模型。运用动态博弈、多目标优化方法，针对产品服务化供应链的不同企业成员结构，分别考虑制造商之间嵌入式服务竞争、零售商之间嵌入式服务竞争、制造商—零售商之间交叉嵌入式服务竞争三种情形，研究产品服务能力嵌入式竞争问题，求解供应链成员企业的产品服务能力均衡策略。

第九章，考虑服务投机行为的产品服务能力配置模型。运用系统建模优化方法，研究产品服务运营过程中服务投机行为，分别从单向投机性和双向投机性角度，研究免费投机行为对网销制造商、直销制造商以及零售商的服务能力配置和预期利润的影响。

第十章，结论与展望。运用系统归纳方法，综合分析嵌入性视角下产品服务化供应链服务能力配置演变过程，结合五类不同产品服务能力配置模型之间的演进关系，对每一类模型的研究结果进行分析，并给出未来改进的方向。

二、研究框架

本书研究框架如图 1-1 所示。

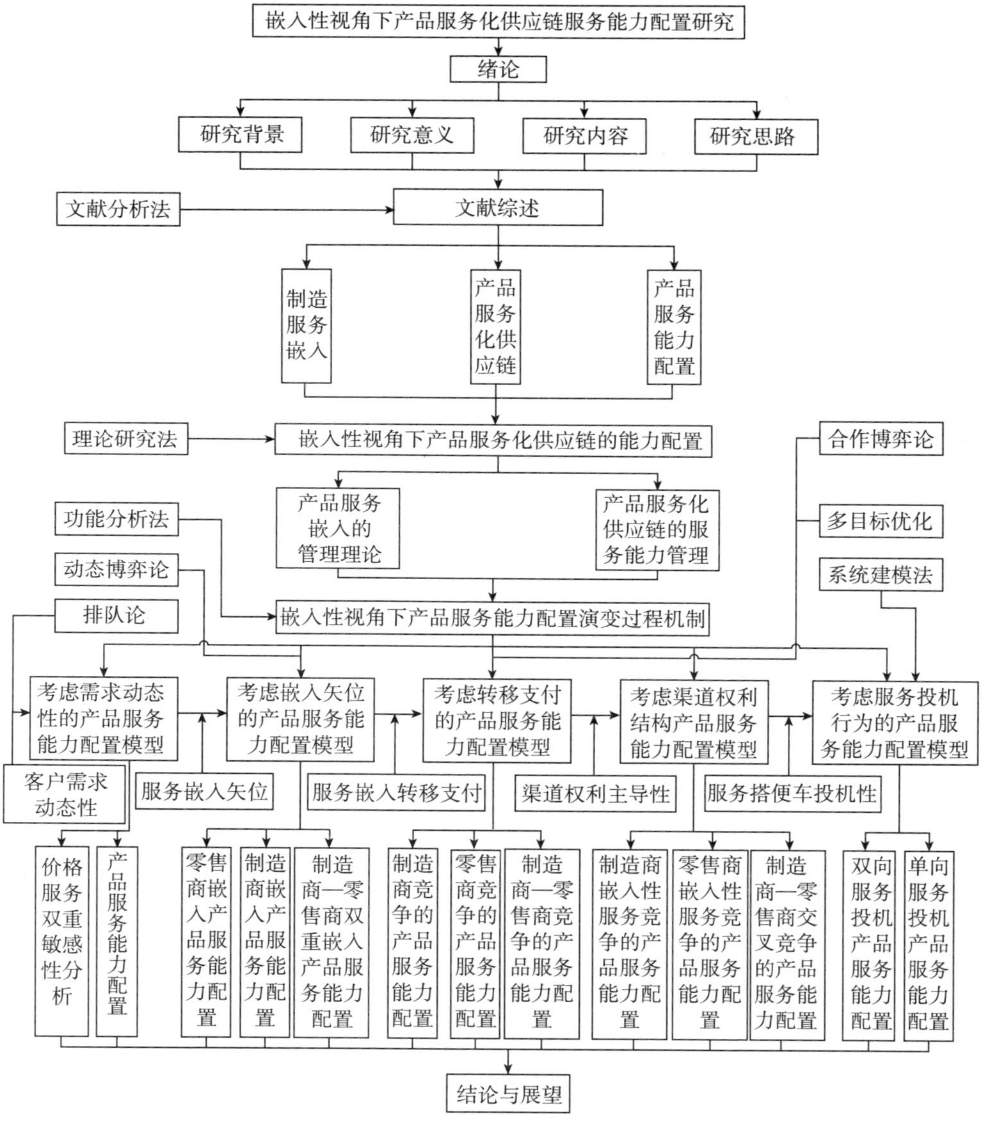

图 1-1 研究框架

第二章 文献综述

当前经济发展形态逐步由产品主导型向服务主导型趋势进行演进,服务向产品生产领域嵌入的进程日渐加快,嵌入式服务管理理念在制造业转型升级过程中的地位不断提升。因此,如何合理地对嵌入性视角下产品服务能力进行有效配置,提升产品服务能力配置效率和供应链成员企业预期收益,成为企业界和学术界的热点问题。国内外学者主要运用服务外包理论和价值链理论,一方面,分析产品服务外包发展阶段、关键因素、关系能力;另一方面,从产品设计、生产、销售、回收全生命周期角度,提出产品服务价值链系统。本书在制造业服务化发展趋势下,围绕嵌入性视角下产品服务能力配置问题,首先,对产品服务嵌入和产品服务系统相关文献进行整理分析,探究产品服务嵌入驱动因素和嵌入阶段;其次,对产品服务化供应链相关文献进行归纳分析,探寻构建嵌入性视角下产品服务化供应链服务能力配置模型的切入点;最后,对产品服务能力相关文献进行梳理分析,挖掘产品服务能力影响因素,刻画产品服务能力特征,为构建不同情形的产品服务能力配置模型奠定理论基础。进一步研究产品服务嵌入,以及服务能力配置对供应链绩效的影响作用问题。并提出产品服务化供应链的服务能力特征。

第一节 制造业服务嵌入相关研究

在制造业服务嵌入转型研究方面,国外学者主要围绕着制造业服务嵌入概念、服务嵌入运用理念、战略、演化过程以及实施案例分析等方面展开研究。

在国外,对"服务型制造"的研究最早可追溯到由 Becker(1962)提出的"由提供产品向提供服务转移"的思想。Vandermerwe(1988)用"Servitization"描述制造业服务化,是指制造企业由提供产品向提供产品服务集成化方案进行转变。随后国外学者 Chase（1992）提出了"基于服务的制造"（Service-based Manufacturing）、D. Chadee（1998）提出了"服务嵌入型制造"（Service-embedded Manufacturing）、Jammes（2005）提出"服务导向的制造"（Service-oriented Manufacturing），核心思想认为，服务元素逐步嵌入产品全生命周期过程之中，制造业企业以客户需求动态变化为中心，向客户提供产品服务高度融合的价值增值方案。在服务型制造模式下，制造企业将产品和服务进行市场化组合，向客户提供产品服务系统。

Robinson（2002）和 V. Looy（2003）指出，服务嵌入有助于制造企业分析客户需求变化，刻画客户价值特征、提升企业核心竞争优势。此外，Cohen（1997）研究表明，在产品全生命周期过程中进行嵌入式服务，能够保持制造企业价值增值持续性和稳定性。White（1999）结合产品主导向服务主导进行演进的发展趋势，明确产品服务嵌入演进的四个阶段。H. Gebauer（2008）认为，制造业企业实施服务嵌入的战略包括售后服务提供商、客户支持提供商和互动发展伙伴等。

目前，国内学者对制造业服务嵌入相关研究主要集中在其概念、意义、价值创造机理、组织形式、应用案例等方面。例如，汪应洛院士认为，服务型制造模式有利于制造业结构升级和制造价值链提升，是我国建设新型工业化的战略选择，并从不同角度阐释了当前我国大力发展服务型制造的必要性、可行性和战略途径。2009 年，由中国工程院制造领域和管理领域的 13 位院士发起的"应对金融海啸——服务型制造的发展战略"的院士论坛会议，重点指出"服务型制造"全球制造业进行转型升级的发展趋势，同样对于中国制造业未来战略转型发展具有重要的指导价值。蔺雷（2005）对制造业服务增强的起源、机理、现状及发展进行了研究。孙林岩（2008）在前人研究的基础上，从服务嵌入、客户参与和企业价值角度诠释服务型制造的内涵，并指出服务型制造发展的三大特征：集成、价值增值和创新。陈菊红等（2010，2011）对服务型制造下产品服务系统的设计和供应链运作模式进行了研究。

制造业服务嵌入的主要模式是业务流程外包，特别是服务外包。服务外包是指具有竞争力的制造企业将上游的零部件供应商及其相关的服务功能提供商的能力进行整合，以满足客户对产品服务系统功能或"效用"的要求。由于服务是服务提供方使用自身的资源和知识为客户创造价值和收益的过程，因此，服务是以客户价值（效用）最大化为目标。Vargo（2006）对比了在产品主导逻辑（G-D logic）和服务主导逻辑（S-D logic）下价值创造方面的差别，在价值创造过程中，G-D logic 下，制造企业通过扩展服务要素属性来实现价值增值，着重体现服务差异化战略在客户价值创造过程中的作用；而在 S-D logic 下，客户价值的主要来源是服务,产品只是作为服务的载体。客户价值的创造者不仅包括服务提供商、网络合作伙伴,客户亦是价值创造过程中的共同创造者。客户价值通常被定义为感知收益和感知成本的差距。可以通过需求、产品,服务的属性,整体成本(价格、风险和努力)三个交互的因素对客户价值进行定义。王永贵(2002)在总结了前人对客户价值的不同看法后,提出客户价值的实质是在考虑期望水平时,基于客户感知的得失差异而对产品/服务"效用"的总体评价。客户在产品服务全生命周期过程中所做的贡献值即为客户最终价值,其随着客户需求变化而变化。

Manzini(2001)指出,服务型制造企业追求的目标是满足客户需求,其本质是从售卖物质的产品到售卖产品与服务的整合,客户不再重视产品的所有权,而是重视在使用产品中获得的"效用",客户从不了解产品到主动共同参与到产品服务系统的交付过程中,客户关注的不是有形产品的占有而是价值和效用的实现,可见满足客户功能需求或"效用"是产品服务系统的主要目标。一般而言,效用是指客户通过消费使其自身需求得到满足的度量。现实中客户需求体现出不同的偏好,客户偏好是指客户对一种产品(或产品服务组合)的喜好程度,客户根据自己的意愿对产品或产品服务组合进行排序,这种排序反映了客户的需要和兴趣。钟昌标(2002)认为,服务、质量和成本是影响供应链客户效用的主要因素。H. Varian(1995)在信息产品定价方法中指出,捆绑定价可以有效地减少产品服务捆绑组合的数量,同时能够考虑客户的需求和服务提供商的效益,具有一定的可行性和实用性。沈铁松认为,供应链中消费者的净效用(消费者剩余)受供应商提供服务水平和服务收费标准的影响。Li Yan(2005)认为,服务运作效用包括经济效用和无形效用,两者分别与服务收益和客户满意度相关。客户从给定的一种消费组合中得到的效用取决于其自身的效用函数,而且该函数与服务价格和服务质量有关。

可见,在新型服务嵌入商业模式下,制造企业开展服务运营管理的目的在于明确客户产品服务需求,为其提供满意的产品服务嵌入式集成解决方案,从而为企业创造更多的超额利润。制造企业遵循服务主导逻辑,由单一的产品制造商向产品服务系统的集成商转变,价值创造者不仅包括服务提供商,而且包括客户。

当前制造业服务嵌入研究成果主要包括:从制造商向产品服务集成商动态转变角度界定服务嵌入,从产品主导型向服务主导型要素转变角度明确服务嵌入内涵,并从产品功能、产品所有权、产品服务交易费用和后期维修角度构建服务嵌入四种模式。结合客户价值生成过程,运用价值链理论,认为服务嵌入有助于推进产品服务演变进程,提升制造企业服务差异化竞争优势。同时,从服务要素投入比例和服务成本费用两个层次，剖析服务嵌入预期成本效益。除此之外，近年来也有学者从不同的角度提出了相类似的概念，包括"服务增强""服务型制造""产品服务系统"等。

从目前国内外学者的研究成果来看，制造业服务嵌入的驱动因素可以归纳为顾客因素、制造行业因素和环境因素三个方面。然而在制造服务嵌入障碍因素方面，服务嵌入产品经常涉及产品所有权转移，而客户比较关注所有权问题。因此，在产品服务嵌入过程中，应充分分析客户对于服务嵌入心理可接受性问题。企业高管理者对服务嵌入的认识以及如何将服务嵌入企业的整体战略中也是制造企业服务嵌入面临的重要障碍，探讨克服制造企业向服务业转型过程中来自于组织文化方面的障碍因素。同时，应考虑主流社会文化与服务文化之间的差异对于服务嵌入价值创造过程影响，良好的服务组织文化是实现制造企业服务转型的关键成功因素。

对于服务嵌入阶段问题，White 等从产品、产品附加服务、产品服务包以及服务嵌入性产品角度分析了服务嵌入过程的业务演进模式。Sakao 结合制造企业销售产品到销售集成化产品服务系统转变，界定服务嵌入三个阶段：①在产品生命周期内各个阶段供应商与顾客互动及供应商与顾客关系的改变；②供应物的交易跨越了顾客和供应商传统的组织边界；③企业通过出售 PSS 整体解决方案有助于产品服务创新。同时描述了产品—服务连续区域（Product-service Continuum），刻画了产品服务嵌入过程。制造企业能够以多种方式满足不同的顾客，既可以向顾客直接卖产品，也可以向顾客提供服务，此外，还有一些中间状态。具体来说，产品—服务连续区中的交易模式包括卖物品、卖物品及附加服务、资本性租赁（租赁期满承租人获得设备的所有权）、维护性租赁（租赁期满出租人仍然拥有设备的所有权）、租赁及附加服务（租赁期间出租人承担物品维修的责任）、卖功能（买方使用设备、维修物品、培训人员时需向卖方付费）、卖服务（买方仅向卖方提供的服务付费）。

本书在国内外学者研究制造业服务嵌入的基础上，考虑到产品服务嵌入对供应链服务能力配置影响。嵌入是指将两种或多种不同的事物合成一体。国外学者用"Service Infusion""Service Embedded""Service Integration"等概念对制造服务嵌入或产品服务嵌入进行了研究。不同学者分别将产品服务嵌入看作是一种现象、行为、过程或者结果。因此，服务嵌入是指服务性业务因素逐步渗透到产品全生命周期各个阶段，与相关生产性元素进行有机匹配，实现由产品主导型向服务主导型进行转变的过程。不少学者指出，产品与服务之间的交互嵌入式影响作用。例如，Gebauer H.（2003）认为，服务可以提高产品的获利性；Mathe H.（1993）认为，服务促进产品的销售；Manzini E.（2001）分析了服务嵌入情形下产品服务定价策略问题等。

国外学者针对产品服务嵌入内涵、服务嵌入成本、服务嵌入关注度、服务嵌入路径以及服务嵌入对供应链价值创造的影响作用等相关问题进行了一系列研究。T. Levitte（1972）最早提出"产品服务嵌入"的概念，认为产品服务嵌入就是制造业企业将服务融入其产品中。随后，M. J. Bitner（1997）从成本的角度对制造企业服务嵌入问题进行了研究，指出制造企业服务嵌入的成本包括竞争成本、行政成本和运行合作选项成本，并且企业服务嵌入水平和对服务嵌入关注度越高，则竞争成本、行政成本和运行合作选项成本越高。Mathieu（2001）指出，在制造企业中，组织对服务关注度的水平决定了服务嵌入的水平，关注度越高则服务嵌入程度就越高，服务嵌入的收益包括财务收益（利润、收入的增加）、战略收益（竞争力的提升）和营销收益（客户忠诚度和客户占有率的提升）三个方面，企业服务嵌入的水平和对服务嵌入关注的水平越高，战略收益和财务收益就越高，营销收益也越高。Oliva（2003）认为，服务嵌入通常是指从交易、商品化产品出售到相关服务和解决方案模式过程。P. Matthyssens（2008）研究认为，服务嵌入的路径是渐进的而非直接的、单向的。H. Gebauer（2005）提出，可以采用服务营业额占总收入百分比的方法来度量制造企业的服务嵌入程度。G. Lay（2010）通过确定制造企业服务收益在产品服务系统总收益中所占份额来衡量服务嵌入程度，同时认为，服务导向程度和服务产品类型是影响服务嵌入的重要因素。J. Holmstrom（2010）指出，通过基于可见性的服务嵌入可以减少供应链的不确定性，增加为客户提供知识和有形资产所有权的机会，制造企业服务嵌入的潜在价值包括服务覆盖的范围、成本效率和柔性。

国内学者围绕着制造企业服务嵌入的概念、重要性、关键影响要素和服务嵌入的目标等方面进行研究。冯泰文（2006）指出，发展制造与服务相互嵌入的服务型制造是我国经济发展的客观趋势和迫切要求，通过对服务嵌入相关要素进行整合分析，构建服务嵌入战略与制造企业核心竞争优势之间的理论研究模型。齐二石等（2010）从现代制造服务业产生的背景入手，详细介绍了国内外学者关于制造服务业的研究成果，对现代制造服务的概念演变、相关理论研究以及分类等方面进行了综述。在制造业服务嵌入过程中，将产品和服务要素进行有效整合匹配，向客户提供高附加值的产品服务系统，进而提升制造企业预期收益率和服务竞争优势。

综上所述，已有文献主要围绕着制造业服务嵌入概念、服务嵌入运用理念、战略、演化过程以及实施案例分析等方面展开研究，界定了制造业服务嵌入内涵，明确了制造业服务嵌入目标是满足客户价值需求，指出业务流程服务外包是制造业服务嵌入主要运营模式，认为顾客因素、制造行业因素和环境因素是制造业服务嵌入驱动因素，同时划定了制造业服务嵌入阶段。然而没有考虑不同阶段客户产品服务体验价值的动态变化，为了快速响应客户需求的动态变化，提高产品能力的管理效率，依据客户需求动态多变性，提出有效的产品能力配置策略，并且已有文献缺少对制造业服务化过程中产品与服务两种要素之间的交互影响深入研究，有必要在制造业服务化驱动因素和发展过程的基础上，剖析产品服务要素间嵌入式作用，研究产品服务嵌入驱动因素和过程，进一步探索嵌入性视角下产品服务化供应链服务能力配置管理问题。已有研究在服务嵌入目标、概念、关键因素的基础上，深入分析产品服务嵌入内涵、服务嵌入成本、服务嵌入关注度、服务嵌入路径以及服务嵌入对供应链价值创造的影响作用。"产品服务嵌入"是服务型制造模式下制造企业的一个主要特征和核心概念，应该对其进行衡量研究并识别其关键影响因素，然而目前相关研究文献并不多见。对产品服务嵌入的量化，只有 Gebauer（2005）和 G. Lay（2010）运用服务嵌入比例测度产品服务系统服务嵌入的"总量"特征，但未反映出产品服务嵌入的"结构"特征，不能对供应链企业营销环节与产品服务嵌入相关联的价格及数量等问题提供决策支持。并且从交易的视角给出"产品服务嵌入"的概念，"嵌入"与"组合"不同，"组合"是指各要素机械地捆绑，而"嵌入"是指各要素之间有机联系，是指在一次产品服务系统（PSS）的交易中，产品与服务包彼此在价格、质量、销量等方面相互影响。尽管已有研究提出嵌入性环境下产品服务定价策略、服务能力等因素对产品服务嵌入产生影响，但是缺乏考虑产品服务嵌入对供应链服务能力配置影响。且当前文献对于服务嵌入研究集中在单个制造企业环境，但如今制造企业就处于供应链环境之中，有必要对供应链环境下服务嵌入问题进行研究，分析产品服务嵌入驱动因素和过程，明确产品服务嵌入矢位，构建嵌入性视角下产品服务化供应服务能力配置方案。

第二节　产品服务化供应链相关研究

制造企业开展服务嵌入不再是为客户提供单一的产品或服务，而是为客户提供 PSS。因此，PSS 成为制造企业服务化研究领域的重要内容之一，当前对 PSS 的研究主要集中在概念、分类、设计和应用等方面。

国外学者，诸如 Goedkoop 等在对荷兰经济环境部所做的报告中首次明确提出 PSS 的概念——产品服务系统，是指通过产品要素和服务要素有机嵌入形成能够满足客户动态化需求的集成化方案。服务嵌入的程度随着价值创造过程变化而变化。接着，Manzini 和 Vezzoli 指出，PSS 的本质是满足客户需求，实现从销售产品到销售产品服务系统的转变，客户不再重视产品的所有权，而只是重视在使用产品中获得的效用。Mont 认为，产品服务系统是由相关产品、服务、辅助设备和相关互联网络构成，能够满足客户需求变化的有效的商业模式。Manzini 和 Vezzoli 进一步指出 PSS 可以优化资源，从而促使企业进行可持续 PSS 战略设计。PSS 在实际应用过程中有不同的表现形式，依据产品服务过程中产权转移特点，将产品服务系统分为产品型、方案型、应用型和效用型四种不同类别。PSS 的设计是 PSS 有效实施的重要前提，McAloone 和 Andreasen 研究认为，PSS 设计研究的目的是将服务业务整合到产品开发模型中，以此来帮助设计者理解、接受和开发以集成化设计产品和产品生命周期为特征的工业解决方案。

　　国内学者认为，PSS 作为服务嵌入型制造模式中的新型产品模式，其本身无形服务的新特征具有区别于传统有形产品的作用。PSS 以新型的系统设计作为一种社会组织的创新战略，促使当前工业生产与服务体系中相互分离的有形产品的生产和销售有机地整合在一起，通过对比以往的传统生产模式和消费习惯更低的环境代价，充分满足顾客对产品功能的各项需求。PSS 本身兼具经济和生态的双重意义，其模式是一种促进经济能够可持续发展的方法。当 PSS 和绿色消费充分有机地结合在一起时，便能够促进经济的增长，降低环境的维护费用。在 Cook 提出的四种 PSS 类型分析的基础上，葛骅等研究了不同类型 PSS 之间的演化规律，并提出了产品/维修服务集成设计模型。

　　在服务型制造模式下，制造企业的供应链发生了变化。此时，供应链的目标是通过产品服务系统的有效提供以实现供应链自身收益和客户效用最大化，在该目标下，供应链的需求特征、结构、运作模式以及成员的合作关系等都发生了很大的变化，主要表现为：供应链的结构变为"Y"形结构，产品制造商（简称集成商）是供应链的核心企业，它对上游的产品和服务提供商的产出进行整合并"直接"为客户提供产品服务系统，服务流成为供应链中新的流程，并与产品流（制造流）相互嵌入，并伴随客户参与和体验信息等在供应链中传递，传统意义上的产品供应链转变为产品供应链和服务供应链交互存在，也被称为"产品服务化供应链"（Product Servitization Supply Chain，PSSC）。国外学者 N. Slack 从 2005 年开始对产品服务嵌入下的供应链管理问题展开了研究，之后 M. Johnson（2008）明确提出"产品服务化供应链"的概念，通过大量文献的分析和案例研究探索了产品服务化供应链面临的挑战和机遇，指出其战略、需求、不确定性、风险承受范围和信息的实时性要求等方面与传统的产品供应链不同，并分析了产品服务化供应链的关键流程及粗略结构。T. Bains（2009）指出，产品在服务嵌入时，供应链更应该关注服务能力的整合，以便更好地为客户提供产品的服务系统。R. W. Schmenner（2009）通过对比分析的方法，指出制造业在服务化下，供应链当中的集成商在整合上游能力后，便能够加强对营销渠道的控制，同时可以直接面对客户。N. Slack（2005）指出，制造业服务化包含长度和宽度这两个固有的维度，其中长度是指供应链上哪一层成员为客户提供服务，宽度是指供应链同一层成员为客户提供服务的数量，并得出制造业服务化的实施与供应链的战略跨度有关。H. Lockett（2011）指出，制造业服务化在目前的研究方向上主要是侧重于解决集成商与客户之间的问题，在针对供应链上游企业的供应商与集成商之间的相互关系研究较少；同时还指出，供应商在产品服务系统的供应过程中所起到的作用，供应商与集成商之间的关系将会造成供应商的行为产生差异化。

在国内学者的相关研究中，陈菊红等（2010）探讨了产品服务化在供应链中的运作模式问题。何哲（2008）从关注点、盈利模式、网络传递对象、组织形态、价值分配和流动内容等方面对传统供应链与服务型制造网络供应链进行了对比分析，并指出后者具有整合、增值以及创新三大标志性特征。

综上所述，国内外学者通过研究分析产品服务化在供应链当中的不同作用，确定了产品服务系统的含义，提出了产品服务系统的构成要素，同时，认为满足客户的动态性需求是其核心本质所在。进而又对产品服务系统类型进行细分，认为 PSS 是经济与生态双重兼顾的创新型产品服务模式，能够实现企业资源优化配置，促使企业进行可持续战略发展。倡导在产品服务系统战略设计过程中，将服务元素嵌入新产品开发模型中，提升产品服务运营实效。但现有产品服务系统研究尚未考虑产品服务元素之间嵌入式交互影响，未能对产品服务能力形成过程和特征因素进行分析。结合客户产品服务需求动态变化特征，适时地将服务元素嵌入供应链合理位置，提升产品服务化供应链服务能力配置效率。有必要在产品服务系统的当前研究成果的基础上，通过产品服务的嵌入过程，推进产品服务能力特征的深入理解，进一步研究嵌入性视角下考虑不同能力特征因素的供应链服务能力配置方案。指出"产品服务化供应链"是服务型制造模式下的新型价值运作平台。国外对产品服务化供应链模式的研究集中在其特征、结构、关键流程和运作模式等方面。国内主要针对产品服务化供应链中产品流与服务流相互影响，相互嵌入过程进行研究。在服务嵌入竞争过程中，产品服务化供应链成员企业对于产品服务能力配置过程的主导控制权发生变化。结合不同服务嵌入位置的竞争特点，针对产品服务化供应链的成员结构，分别从制造商之间嵌入式服务竞争、零售商之间嵌入式服务竞争、制造商—零售商之间交叉嵌入式服务竞争三种情形，深入分析产品服务能力嵌入式配置策略，发挥不同渠道权利结构成员企业的主导优势，促使产品服务的动态配置效率能够得到有效的提升。通过产品服务的嵌入过程，全面分析产品服务能力的特征因素对产品服务化供应链结构影响，有必要进一步结合产品服务能力特征因素演变,深入研究嵌入性视角下产品服务化供应链服务能力配置方案演变过程。

第三节 产品服务化供应链服务能力配置相关研究

自 20 世纪 90 年代以来,随着服务管理的兴起,由于服务的不可存储性以及易逝性,各国学者在企业服务能力方面开展了一系列研究,主要侧重于服务能力的有效管理特别是服务设施、设备、人员等企业相关有形资源的最佳数量的确定。

国外学者主要从服务能力的内涵、服务能力的量化、服务能力配置与定价以及服务能力增强策略等方面展开深入研究。从能力供应角度来看,服务能力是指供应商通过在一段时间内传递服务多少的本领,能力的大小取决于其自身可供使用资源的多少。Bergetal(1993)和 Mohebbi(2006)从系统角度将服务运作系统抽象为"生产—库存系统",认为系统服务能力是企业满足客户服务需求的最大处理能力。从现有文献来看,服务企业的服务能力量化方法主要有两种:一种是用当前服务能力低于服务需求的概率,即通过服务缺失参数来表示企业服务能力水平的高低;另一种是将服务能力看作是企业可用资源的固定总量,构建服务能力与时间的函数,研究不同时间点上服务能力的配置情况,在能力成本最小化目标下确定最优服务能力的供应量。

服务能力配置是指根据客户需求动态变化特征,适时调整服务资源,向客户提供有效解决方案的管理过程。服务能力的配置和定价问题是制造商面临的关键问题。Chunhua Tian(2008)分析了服务供应链中集成商与上游功能提供商在服务能力配置方面的问题,通过估算价格弹性参数预测客户需求,制定服务能力配置方案,进而提高服务能力的专业化和柔性化程度。K. S. Lee(2001)进一步研究了市场价格敏感性对能力配置和能力预售过程中最优定价的影响。制造商服务能力增强策略主要集中在两个方面:一是通过合理增加企业自身可用资源投入量来提升服务能力;二是通过服务外包的方式,借助于制造商与功能提供商之间的合作机制,增强满足客户服务需求的能力。

国内学者对于服务能力的研究目前主要集中在物流服务能力、生产系统服务能力等方面。张德海(2007)通过故障树分析法,研究了物流服务供应链中关于可靠性配置方面的问题,在可靠性和成本约束的前提条件下,构建了服务能力优化模型,发现并分析了造成物流服务失效的根本原因,同时,找到了有效提升整体服务能力的途径。刘伟华（2008）从能力合作视角研究了物流服务供应链的内涵、结构及形成动因，提出了物流服务供应链能力合作协调策略机制。

针对制造业产品服务能力配置问题，国内学者更关注面向客户需求提供定制化产品的服务能力，实际上是生产能力的匹配与约束机制研究。季建华（2009）对生产制造型运作系统的能力概念进行了界定，认为企业生产运作能力是人员能力、设施能力、物料供应能力以及管理能力的交互作用结合体。丁胡送（2010）进一步研究了生产能力变异性与"牛鞭效应"之间的关系，指出与生产能力强弱对"牛鞭效应"影响相比，生产能力变异性对"牛鞭效应"的影响更为敏感。在当前需求不确定性环境下，为了满足客户需求，除了考虑变异性之外，还需研究生产能力约束性因素。因此，产品服务能力配置是指根据客户产品服务需求交替变化，通过考虑供应链成员企业之间权利结构和利益分配关系，合理地整合产品与服务资源，为客户提供满意的集成化产品服务方案的过程。

在产品服务能力配置过程中，产品服务化供应链成员企业之间利益冲突现象时有发生。而转移支付契约主要用于协调企业之间的合作关系，目前已成为构建合作企业之间收益共享机制的有效方法（Cachon）。Rubin 和 Carter 认为，转移支付是指为了激励对方偏离个体最优方案，实现全局最优方案，在交易双方之间发生的额外资金转移。Carter 和 Ferrin 指出，转移支付是指为激励合作企业在给定契约上做出让步，在合作双方之间所发生的额外资金转移，例如，降低价格、追加罚款、折扣策略及聘请费用等。通过回顾转移支付契约在两级供应链协调方面的应用问题，Cachon 分析了转移支付的存在形式，包括稳定批发价格、收益共享、回购、价格折扣、销售回扣契约等。供应链转移支付是指为增强供应链整体收益，而在不同成员企业之间所发生的货币资金转移，例如，赔偿、退还、回购等。在转移支付契约机制方面，国内学者研究相对较少。例如，罗定提在产品价格固定、需求随机的情况下，研究了转移支付激励机制对供应商和零售商收益产生的影响，并证明了该转移支付激励机制能够有效地提高供应链的运作效益。在此基础上，韩建军针对项目业主与设计承包商组成的设计外包体系，在合约不完全条件下，研究了转移支付激励机制对项目业主收益的影响。上述文献仅仅关注的是转移支付契约模型的简单应用，而对于产品服务能力配置方面的转移支付契约机制设计问题以及合作收益的公平配置问题研究较少。

综上所述，国外学者侧重于对服务业的服务能力配置与优化的研究，而国内学者则侧重于对物流服务能力合作机制以及制造业生产能力与之相应的约束机制的研究。在传统产品领域，供应链为了达到客户的需求，主要研究生产能力配置与控制问题，而在产品服务嵌入情形下，为给客户提供满意的产品服务系统，既要考虑生产能力的约束,又要考虑服务能力的约束,以及两者之间的嵌入式交互影响关系。有必要结合产品服务嵌入过程和供应链结构变化,界定产品服务能力内涵,分析产品服务能力特征因素变化,为进一步研究嵌入性视角下产品服务化供应链服务能力配置奠定基础。已有研究表明转移支付主要围绕传统产品供应链,用于协调供应链成员企业之间的合作关系,进行合作收益的公平分配,确保企业间协同合作稳定性,进而提高供应链整体运作效益。然而在制造业服务化发展趋势下,有必要结合产品服务嵌入过程,在制造商嵌入性服务竞争、零售商嵌入性服务竞争、制造商—零售商双重嵌入性服务合作不同情形下,进一步研究考虑转移支付的产品服务嵌入能力配置问题。

总之,通过从制造业服务嵌入、产品服务化供应链、产品服务能力配置三个方面,对已有研究文献的整理与分析,发现当前针对制造业的服务化、产品服务的嵌入、产品服务的系统、产品服务化的供应链、产品服务的能力配置的研究主要对概念、类别和运营模式进行浅层分析的宏观层面,尚未从微观层面对产品服务嵌入驱动因素和产品服务嵌入过程进行分析。在研究方法上以定性研究为主,定量的能力配置解决方案较少。在产品服务能力研究方面,国外学者侧重于对服务业的服务能力配置与优化的研究,而国内学者侧重于对物流服务能力合作机制以及制造业生产能力匹配约束机制的研究。传统产品供应链管理主要研究生产能力配置与控制问题。在制造服务化背景下,为给客户提供满意的产品服务系统,不仅要考虑产品服务化,也要考虑到产品服务嵌入。既要考虑生产能力的约束,又要考虑服务能力的约束,还要关注两者之间在嵌入式交互过程中所产生的影响及作用。在当前现有的研究成果的基础上,本书结合制造业服务化发展趋势,分析产品服务嵌入驱动因素,从制造商服务嵌入、零售商服务嵌入、制造商—零售商双重服务嵌入角度设计产品服务嵌入过程,依据产品服务嵌入过程刻画产品服务能力特征变化,明确不同阶段产品服务能力配置方案特点,为进一步构建产品服务能力配置模型,提出产品服务能力配置奠定理论基础。在服务能力方面,提出更为有效的产品配置策略。进一步研究了产品服务化供应链的服务能力特征。根据不同客户需求的变化,提出客户需求动态多变性特征。在客户产品服务需求动态变化的基础上,根据制造商服务嵌入、零售商服务嵌入,以及制造商—零售商服务双重嵌入,提出服务嵌入矢位多变性特征。根据各嵌入矢位供应链成员间的利益关系,从零售商服务能力竞争、制造商服务能力竞争以及制造商—零售商能力协作三种情形考虑转移支付的产品服务能力配置问题,提出服务嵌入转移支付多变性特征。结合不同服务嵌入位置的竞争特点,针对产品服务化供应链的成员结构,提出渠道权利结构主导多变性,深入分析产品服务能力嵌入式配置策略,发挥不同渠道权利结构成员企业的主导优势,有效地提高产品服务动态配置效率。产品服务运营必然发生投机行为,针对网销制造商、直销制造商、零售商之间的单向投机性和双向投机性问题,提出服务投机行为多变性,对存在服务投机行为的产品服务能力配置进行深入分析,有效地减少投机行为现象,提升产品服务能力配置效率。

第三章 嵌入性视角下产品服务化供应链的能力配置

第一节 产品服务嵌入驱动因素及过程分析

一、产品服务嵌入驱动因素

当前,市场竞争逐步由产品竞争向服务竞争进行转变。制造企业为了满足客户产品服务需求,将服务方案嵌入产品研发、设计、生产、销售、回收全生命周期之中,从而降低交易成本和环境成本,提升经济效益和综合竞争优势。产品服务嵌入的驱动因素主要包括:

1. 产品服务的竞争优势驱动

通过对竞争优势的相关理论的研究,服务的嵌入可以促使企业取得更多的优势和竞争的机会。随着装备制造业在服务化方向上的不断发展,产品开始进一步地从卖方市场向买方市场转变,制造企业战略发展规划重点逐步由产品领域转向服务领域,通过嵌入式服务方案的差异化设计,进一步探索企业创新的途径。装备制造业自身兼具知识、资源密集的特点,而产品差异化的竞争优势可以从根本上改变装备制造企业高能耗、高污染的粗放型增长模式,促使装备制造企业在生产上更多地依赖技术知识与无形服务,摆脱资源能源的约束,同时,摆脱要素成本上升的威胁,使装备制造企业能够获得长久发展。在传统的装备制造业企业中,由于产品的增加值普遍偏低,通过压缩成本实现价值增值效果已不明显。而现代装备制造业注重根据客户需求的动态变化,借助嵌入式服务思想,为客户提供多样化的产品服务能力配置方案。例如,当前陕鼓、西飞等多家制造企业已通过嵌入式服务拓展了产品服务市场,与产品相关的服务收入占到了总收入构成比例的35%以上，嵌入式"产品+服务"运营战略逐步成为制造企业开展产品服务创新，为增强企业核心竞争优势提供重要路径。装备制造企业为了保持核心竞争力，逐渐出现服务化趋势。

2. 产品服务资源配置效率驱动

产品与服务嵌入加快制造业服务化转型升级的进程（见图3-1）。通过嵌入式产品服务能够降低制造企业内外部各种业务交易费用，提升了制造企业内外部产品服务资源的配置效率。为了降低产品服务社会交易费用，促使制造企业进行组织结构的转变，成立相关的服务管理部门。服务管理部门采取协调产品在各个环节中的服务措施，明确产品与服务资源之间的嵌入配置方式，降低产品或服务在各个环节中的相关成本费用，规避不必要的市场风险。随着经济全球化的发展趋势，新兴技术的进一步扩散，产品创新促使新兴服务方案与之进行配套，制造企业围绕产品生产前后工序之间关联要素进行分析，结合产品服务化供应链成员结构，确定服务性资源嵌入位置和嵌入方式。相应地，由于生产性服务业在专业化程度上的进一步加深以及标准化程度的不断提高，促使服务外部化的成本不断降低，进而导致制造企业的运营组织结构进一步发生变化，从而提高了嵌入式制造服务网络形成的速度，为降低产品服务运营成本奠定组织基础。通过与顾客进行直接沟通，制造企业能够更为全面地了解客户需求，明确产品服务目标定位，适时地将所需服务嵌入产品全生命周期过程中，提升产品服务配置效率，降低产品服务运营成本。

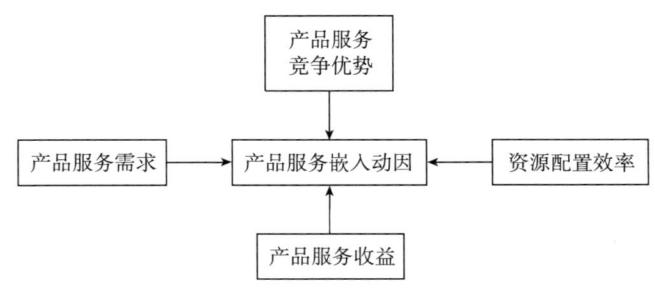

图3-1　产品服务嵌入的动因

3. 产品服务收益驱动

在制造业转型升级进程中，制造企业为了提高预期收益水平，运用嵌入式理论整合产品服务资源，结合产品服务能力特征变化，完善产品服务嵌入式配置方案设计，拓展产品服务运营业务领域，进而成为制造企业创新发展的驱动力。持续稳定的高收益能力能有效地推动嵌入式背景下制造业产品服务能力转型进程。产品服务能力嵌入式配置具有全生命周期特征，考虑客户的全生命周期动态需求，扩展制造业服务客户的时间和空间，有效地增强了制造企业产品服务收益能力。而且，产品服务能力配置方案具有无形性和不可模仿性，将服务差异化思维运用到产品服务能力配置方案之中，成为制造企业持续增加未来经济效益，提炼自身核心竞争优势的重要途径。

嵌入式服务已成为制造企业实现优先创新式发展的重点途径，可以考虑制造商服务嵌入、零售商服务嵌入、制造商—零售商双重嵌入等多种嵌入式方案，提升产品服务资源要素动态配置效率。例如，在当前中国重汽、陕汽等多家重型汽车制造企业中，为了提升产品服务收益水平，嵌入式服务理念渗透到前期金融融资、产品研发、生产工艺、售后、技术培训以及回收等多个环节，为制造企业创造了长期持续稳定的利润链。

4. 产品服务需求驱动

在制造业服务化背景下，明确产品服务需求是进行嵌入性产品服务资源有效配置的起点。Ren 和 Gregory（2007）指出，服务嵌入是制造业企业以服务为导向进行转型升级的资源配置过程。根据客户需求动态变化，实时刻画产品服务能力特征，通过产品服务化供应链成员企业间能力合作，协调好各个相关企业之间的收益分配方案，提升产品服务能力配置方案的动态适应性。结合服务营销的特点，不仅要了解客户需求变化，更要能够跟踪客户产品服务需求变化，结合客户需求变化新特征，在不同嵌入阶段，适时地将服务元素嵌入产品生产流程之中，提升产品服务能力配置方案的实效性和客户价值满意度。同时，应统筹考虑国家对于制造业振兴发展政策需求和客户市场需求，为了构建客户对服务品牌信任机制，制造企业应挖掘自身的优势资源，在产品全生命周期过程中加以嵌入整合，以租赁化、集成化等方式提炼服务差异化，构建制造企业自身创新型的服务品牌，建立服务品牌推广机制，增强客户需求认可度，进而提升企业社会知名度。一旦服务品牌推广成熟，就需要考虑在产品服务能力配置过程中的服务投机行为现象，构建防范服务投机行为的管理机制，维护客户需求满足的公平性，完善产品服务能力配置过程，提升产品服务能力配置效率。

二、产品服务嵌入过程

结合产品服务要素配置和客户需求动态变化，产品服务嵌入主要涵盖三个阶段：前期，以产品为载体平台，将服务嵌入产品研发、设计、生产及售后过程之中，形成产品+服务主导型的集成化方案；中期，随着对客户新服务需求的了解,将改进后新产品功能,新工艺流程嵌入全程化服务方案设计之中,形成服务主导型的集成化方案;后期,随着对产品服务要素配置规律和客户需求的熟悉,能够根据客户产品服务需求变化,在不同环节适时选择合理要素双重嵌入方式,提升产品服务要素配置效率。

1. 制造商服务嵌入阶段

为了应对激烈的市场竞争和满足客户产品服务动态化需求,制造企业选择实施服务化转型升级战略,将服务元素嵌入产品设计、生产过程之中,提升自身核心竞争优势。前期,由于产品单位价值高、资源耗能大、工艺复杂等特点,需要制造商提供以产品为载体,将服务嵌入产品生产、售后过程之中,形成产品为中心的专业化服务方案。随着同质化产品在市场流通,面临同类制造商嵌入式服务竞争和服务能力资源约束,制造企业将服务差异化理念嵌入产品研发、设计过程之中,挖掘自身服务资源优势,形成更为全面具有竞争力的产品服务运营方案。一方面,制造企业不仅要考虑同行业产品服务竞争;另一方面,也需要考虑与供应链成员企业之间的合作,拓展核心产品外延服务价值空间,使产品服务运营方案在产品使用、售后服务维修、产品远程升级等各个方面,满足客户动态需求变化。制造商开展产品服务嵌入,增值性服务行为能够提升产品服务价格,拓展制造企业盈利空间,成为当前制造企业转型升级过程中寻求的利润增长点。

2. 零售商服务嵌入阶段

随着产品服务市场不断扩大,客户规模逐渐增大,如何能够更快、更有效地捕捉客户产品服务新需求,实时提供令客户满意的产品服务运营方案,制造商服务嵌入方式面临着资源约束压力。此时,制造商为了快速响应客户需求,降低产品服务运营成本,提升产品服务能力配置效率,将产品相关非核心服务委托零售商提供。零售商实施嵌入式服务运营方案,根据客户最新服务需求的演变,将实现服务方案与产品功能、产品工艺高度嵌入融合,及时有效地解决客户所面临的问题,提升零售商嵌入式产品服务能力配置效率。同时零售商为了拓展产品服务市场规模,促进产品服务营销,适时给客户提供产品融资、运输安装、售后保险等一系列增值性服务。为了应对同行业嵌入式服务竞争,零售商逐步重视服务能力配置管理,培育企业服务文化,培养员工服务意识,结合客户需求变化和产品工艺特点,提升产品服务能力配置方案实效性,为客户提供满意的产品服务运营方案,增加企业的预期利润。随着新兴技术应用,零售商需要与供应链相关成员企业开展产品服务能力合作,为客户提供全生命周期的价值服务,使服务理念嵌入、渗透到产品各个关键环节,提升供应链整体的增值能力。此时,需要构建转移支付契约机制,在产品服务化成员企业之间构建公平合理的收益分配方案,促进各个企业之间进行持续稳定的产品服务能力合作。运用当前新兴的网络技术，深化产品服务嵌入深度，加强产品内化与服务内化的高度融合，适时改进产品服务运营方案，提升产品服务能力配置效率和核心竞争优势，快速推进制造企业服务化转型升级进程。

3. 制造商—零售商双重服务嵌入阶段

随着产品服务嵌入不断深化，产品服务市场规模和客户需求相应发生了较大变化（见图3-2）。需要对产品服务配置进行合理化分工，产品服务化供应链中的制造商、零售商共同提供产品服务，开展双重服务嵌入运营机制。通过企业间服务能力协作，制造商提供与产品相关的核心服务，零售商提供辅助性配套服务，有助于促进企业间产品服务资源整合，降低产品服务交易成本费用。

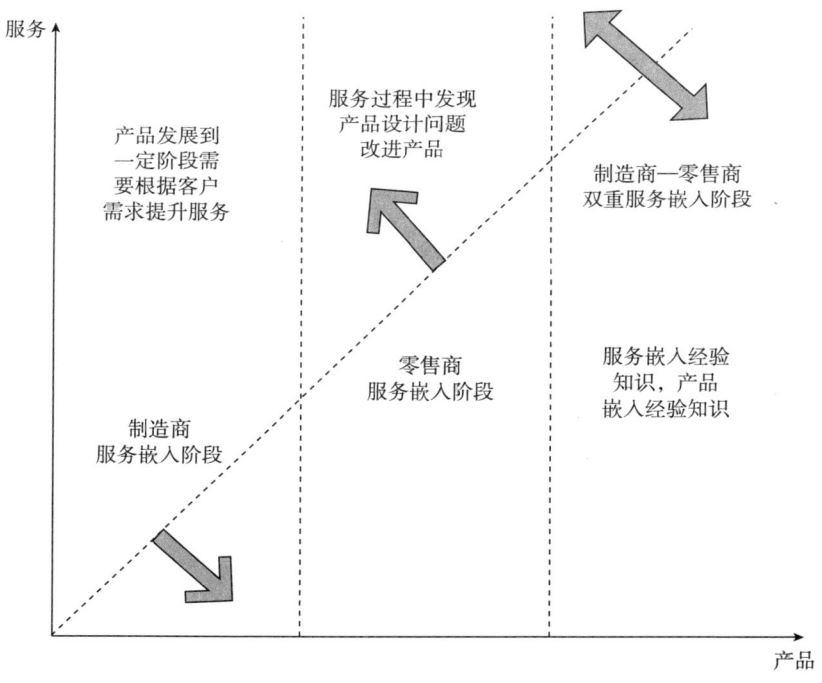

图3-2　产品服务嵌入过程

在制造商—零售商双重服务嵌入过程中，对产品服务化供应链结构产生影响，使其发生变化。首先，需要考虑不同情形的产品服务能力配置问题：当多个制造商同时提供服务，即存在制造商产品服务嵌入式竞争时，需要结合不同供应链成员企业的主导权利,构建产品服务能力合作机制;当多个零售商提供服务,即存在零售商产品服务嵌入式竞争时,结合供应链成员企业主导权利变化,构建产品服务能力合作机制。当多个制造商—多个零售商同时提供服务,即存在供应链上下游成员企业之间的服务竞争时,一方面,考虑供应链成员企业间的权利结构变化;另一方面,考虑供应链上下游企业之间的嵌入式服务竞争。其次,针对产品服务化供应链的不同企业成员结构,分别考虑制造商之间嵌入式服务竞争、零售商之间嵌入式服务竞争、制造商—零售商之间交叉嵌入式服务竞争三种情形,分析产品服务能力嵌入式竞争问题,求解供应链成员企业的产品服务能力均衡策略。通过梳理产品服务能力和价格之间的动态变化关系,将客户划分为实惠型、经济型、专业型和品质型四个不同类别。并结合产品服务成本与不同渠道权利结构下均衡结果之间的变化关系,提出能够满足不同客户需求特征的产品服务能力配置策略,有效地提高了产品服务能力动态配置效率。

对于网络环境下多个制造商和多个零售商之间产品服务能力双重嵌入问题,运用超网络理论,结合产品服务嵌入过程和产品服务能力特征,提出基于制造商、零售商、用户三层子网络的产品服务超网络,给出产品服务超网络拓扑特性参数,建立多目标最优决策模型。并通过制造企业实例验证双重嵌入情形下产品服务超网络能力配置模型的有效性和实用性。

第二节 产品服务化供应链的服务能力管理

一、产品服务化供应链的服务能力特征

随着工业经济向服务经济转变,制造业与服务业交互嵌入的趋势日益加强,制造企业的经营范围逐步由产品领域向服务领域延伸。为了更好地发现和满足客户需求,制造企业不仅要供应高质量的产品,而且要提供高品质的服务(见图3-3)。通过产品和服务的嵌入、客户全程参与和体验、企业互相提供生产性服务和服务性生产,对分散化制造资源进行优化整合,从而使产业价值链中各利益相关者均获得价值增值。因此,产品服务化已成为制造企业价值增值的新源泉,是一种高效的企业运营创新模式。然而,已有的供应链管理研究主要集中在物流、信息流和资金流的控制方面,对服务元素考虑较少制造商—零售商—客户构成的产品服务化供应链中,零售商接受客户的产品服务需求进行定制化设计,并将设

计好的各个服务模块外包给专业化制造商进行生产加工，待完工后统一由零售商对服务模块进行整合，最终为客户提供产品+服务的集成化解决方案。产品服务化供应链借助于企业间知识共享、资源互补以及服务能力合作，进一步研究产品服务嵌入，以及服务能力配置对供应链绩效的影响作用问题。

在服务能力研究方面，制造企业通过调整库存能力水平来协调企业间合作过程，而在产品服务化供应链中，由于服务具有易逝性和不可存储性，服务型制造企业只能以服务能力作为缓冲工具进行协调。国外学者主要对服务能力内涵、服务能力量化、服务能力配置与定价等方面展开了深入研究。从能力供应角度，服务能力是指供应商在一段时间内传递服务的本领，能力的大小取决于组织可用资源的多少。可以将服务能力看作是企业可用资源的固定总量，通过构建服务能力与时间的函数，研究不同时间点上服务能力的分配情况，在能力成本最小化目标下，确定最优服务能力的供给量服务能力内涵主要是指在服务营销阶段，以向客户提供满意的产品—服务集成化解决方案的数量多少作为零售商能力评价的指标。在服务外包阶段，以向零售商提供标准的服务模块的数量多少作为制造商能力评价的指标。其主要特征包括以下五个方面：

（1）客户需求动态多变性。由于服务无形性和易逝性，不同阶段客户产品服务体验价值呈现动态变化。为了快速响应客户需求的动态变化和提高产品服务能力的管理效率，需要考虑产品服务价格和服务能力交互影响，从价格和服务能力两个维度对客户动态化需求进行分级刻画，依据客户产品服务需求动态演变路径，提出有效的产品服务能力配置策略。

（2）服务嵌入矢位多变性。结合客户产品服务需求动态变化特征，需要根据产品设计、生产、售后等不同阶段需求时机，选择制造商服务嵌入、零售商服务嵌入、制造商—零售商双重嵌入等多种方式，适时地将服务元素嵌入供应链合理位置，提升产品服务化供应链服务能力配置效率。

（3）服务嵌入转移支付多变性。面对客户产品服务需求和服务嵌入位置的多变性，各个服务嵌入位置同类供应链成员企业之间存在竞争性，而相邻服务嵌入位置供应链上下游企业之间存在合作性，需要分别从零售商服务能力竞争、制造商服务能力竞争以及制造商—零售商能力协作三种情形深入分析考虑转移支付的产品服务能力配置问题。运用转移支付契约协调不同企业间的利益关系，提升产品服务能力配置效率。

（4）渠道权利结构主导多变性。在服务嵌入竞争过程中，由于资源环境和讨价还价能力不同，产品服务化供应链成员企业对于产品服务能力配置过程的主导控制权随之发生变化。结合不同服务嵌入位置的竞争特点，针对产品服务化供应链的成员结构，分别从制造商之间嵌入式服务竞争、零售商之间嵌入式服务竞争、制造商—零售商之间交叉嵌入式服务竞争三种情形,深入分析产品服务能力嵌入式配置策略,发挥不同渠道权利结构成员企业的主导优势,有效地提高产品服务动态配置效率。

(5)服务投机行为多变性。在产品服务运营过程中,供应链成员企业存在一定道德风险因素,发生服务投机行为。针对网销制造商、直销制造商、零售商之间的单向投机性和双向投机性问题,分析产品服务能力与产品服务化供应链预期利润的关系,对存在服务投机行为的产品服务能力配置进行深入分析,有效地减少投机行为现象,提升产品服务能力配置效率(见图3-3)。

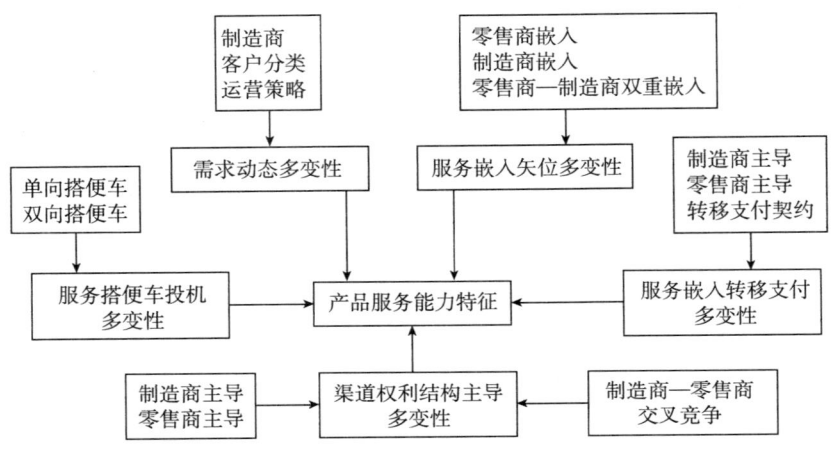

图3-3 产品服务能力特征

二、产品服务化供应链的服务能力配置

对于供应链管理中的能力配置问题,Chen F. 建议通过供应链成员企业间服务能力合作,实现企业间资源优势互补,降低供应链成本,提高供应链的整体绩效(见图3-4)。刘伟华从能力合作视角研究了物流服务供应链的内涵、结构以及形成动因,提出了物流服务供应链能力合作协调策略机制。在此基础上,马翠华研究了供应链成员企业间的能力配置与供应链运营绩效之间的关系,并给出了知识共享、资源互补等多种具体供应链协调方法。然而在价格敏感性研究方面,曹俊等根据不同消费者的价格敏感性差异,在新件制造商和在制造商同时进入的市场环境下,建立了进行质量和价格竞争的两阶段动态博弈模型。徐广业、但斌和肖剑在价格敏感性需求情形下,根据双渠道供应链的特点,研究了传统分销渠道与电子直销渠道之间的协调及上下游节点之间的协调问题。肖勇波、陈剑和刘

晓玲利用客户的内心价位刻画价格敏感性,运用价格手段引导和控制客户需求,通过建立离散事件模型,实现整体期望收益最大化。Khai Sheang Lee 和 Irene C. L. 进一步研究了在服务能力配置与分配过程中,价格敏感性对服务能力最优定价的影响作用。Weng 虽然提出了供应链服务能力水平,但没有考虑服务能力过剩或不足导致的成本费用问题。因此,本章以价格敏感性随机需求为切入点,结合服务能力过剩或不足所引起的成本费用,建立了涵盖能力采购和营销两个阶段的产品服务化供应链服务能力配置模型,深入分析价格敏感性需求参数变化对产品服务化供应链总收益的影响。

在产品服务化供应链结构模型中,制造商可提供的标准化服务模块数量为 η,而零售商从制造商处服务模块订购量为 Q,并以单位价格 p 将产品服务集成化方案销售给市场客户。

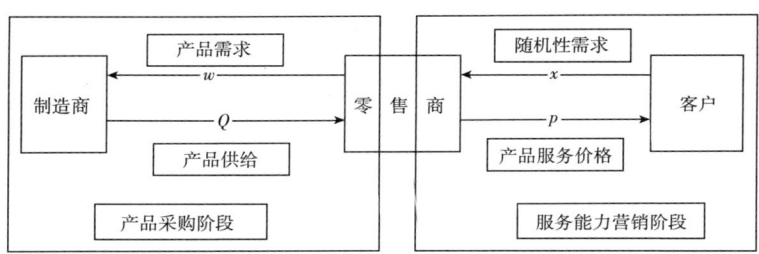

图 3-4 产品服务化供应链运作模型

在价格敏感性随机服务需求市场中,零售商的随机服务需求函数 $f_s(s|p)$ 表示服务需求 s 随着价格 p 的变化而呈现的概率分布。服务需求与价格之间呈线性需求关系:

$$\bar{s}(p) = d - \vartheta p \quad d, \vartheta > 0 \text{ 且 } 0 \leq p \leq d/\vartheta \tag{3-1}$$

式(3-1)描述了线性服务需求曲线最大的潜在市场标准值为 d,价格敏感系数为 ϑ。$\bar{s}(p) \in [\bar{s}(p) - b, \bar{s}(p) + b]$ 均匀分布,b 为服务需求变化范围参数。$f_s(s|p)$ 为价格随机性需求概率密度函数,零售商的期望收益为:

$$\pi_I(P, Q) = \int_{\bar{s}(p)}^{Q} [(p-w)s] f_s(s|p) d_s + \int_{Q}^{\bar{s}(p)+b} [(p-w)Q] f_s(s|p) ds \tag{3-2}$$

式(3-2)前项是指服务需求低于服务能力时的期望收益,后项表示服务需求高于服务能力时的期望收益。

若 $\bar{s}(p) \in [\bar{s}(p) - b, \bar{s}(p) + b]$ 均匀分布,则式(3-2)零售商的期望收益等价于:

$$\pi_I(P,Q) = -\frac{(p-w)Q^2}{4b} + \frac{(p-w)(\bar{s}(p)+b)Q}{2b} - \frac{(P-w)(\bar{s}(p)-b)^2}{4b}$$

(3-3)

制造商的期望收益等价于零售商采购的服务能力 Q，乘以服务能力的单位价格 w。其服务能力成本结构由服务能力单位成本 c 和规模不经济成本 ψ 两部分构成，参数 c 表示规模经济不变时的服务能力成本。参数 ψ 表示由规模不经济的基础设施所导致的能力管理成本。因此，制造商的期望收益函数定义为：

$$\pi_F(Q) = wQ - (cQ + \psi Q^2)$$

(3-4)

零售商面临的问题是从制造商处采购多少服务能力 Q 和以什么样的服务集成能力价格 p 来控制客户市场。而制造商目标是给零售商设定一个最优的服务能力单位价格 w 以达到最大化期望收益。

由于服务需求是随机性的，存在制造商服务能力过剩和服务能力不足的两种情况，并导致服务能力过剩成本 $C_H(p,Q)$ 和服务能力不足成本 $C_L(p,Q)$：

$$C_H(p,Q) = \int_{\bar{s}(p)-b}^{Q} [(w-r)(Q-s)] f_s(s|p) d_s$$

(3-5)

$$C_L(p,Q) = \int_{Q}^{\bar{s}(p)+b} k(s-Q) f_s(s|p) d_s$$

(3-6)

参数 r 表示服务能力过剩条件下闲置服务能力的剩余价值，参数 k 表示在服务能力不足条件下，由于服务能力缺失而引起的"机会成本"损失。

在考虑均匀分布的情况下，式（3-5）和式（3-6）等价于：

$$C_H(p,Q) = \frac{w-r}{2b}\left[Q^2 - Q(\bar{s}(p)-b) - \frac{Q^2}{2} + \frac{(\bar{s}(p)-b)^2}{2}\right]$$

(3-7)

$$C_L(p,Q) = \frac{k}{2b}\left[\frac{Q^2}{2} - Q(\bar{s}(p)+b) + \frac{(\bar{s}(p)+b)^2}{2}\right]$$

(3-8)

在产品服务化供应链中，零售商接近于市场，能够更好地收集服务需求信息和制造商的服务能力信息，有效地选择合适的制造商进行合作，并为最终客户确定一个合理的集成化服务能力价格 p。制造商通过调整服务能力实现对整个供应链进行协调与控制，并承担服务能力过剩和服务能力不足情况下的风险和费用。

三、双元主导型产品服务化供应链能力配置

1. 制造商主导型供应链产品服务能力配置

在信息非对称条件下，零售商注重的是服务需求信息，而制造商关注的是服务成本信息。在这种协调结构中，制造商了解价格敏感性需求信息以及零售商价格和采购决策方案信息，而零售商则以单位价格 w 为采购服务能力，并通过式

(3-3)实现预期收益最优化。在制造商主导型产品服务化供应链的协调过程中,制造商承担服务能力过剩成本或缺失成本,零售商以最大服务市场需求量 $\overline{s}(p)+b$ 从制造商处采购服务能力,并以服务价格 $\dfrac{d}{2\vartheta}+\dfrac{w}{2}$ 为客户提供集成化服务。制造商通过优化服务能力价格 w_2^* 以实现其预期收益最大化:

$$\max_{w}\pi_{F1}(w)=\pi_F(Q_2^*)-C_H(p_2^*)-C_L(P_2^*,Q_2^*) \qquad (3-9)$$

此时制造商向零售商收取的服务能力最优价格为:

$$w_2^* = \dfrac{d+\vartheta c+\vartheta\psi d+2b\vartheta\psi}{2\vartheta+\vartheta^2\psi}$$

因此,产品服务化供应链的全渠道收益为:

$$\begin{aligned}\prod_1^* &= \pi_{F1}(w_2^*)+\pi_I(p_2^*,Q_2^*)=\left(\dfrac{d}{2}-\dfrac{w_2^*\vartheta}{2}+b\right)\left[w_2^*-c-e\left(\dfrac{d}{2}-\dfrac{w_2^*\vartheta}{2}+b\right)\right]-\\ &\quad b(w_2^*-r)=\left[\dfrac{d}{2}-\dfrac{\vartheta(d+\vartheta c+\vartheta\psi d+2b\vartheta\psi)}{4+2\vartheta\psi}+b\right]\times\left\{\dfrac{d+\vartheta c+\vartheta\psi d+2b\vartheta\psi}{2\vartheta+\vartheta^2\psi}-\right.\\ &\quad \left. c-\psi\left[\dfrac{d}{2}-\dfrac{\vartheta(d+\vartheta c+\vartheta\psi d+2b\vartheta\psi)}{4+2\vartheta\psi}+b\right]\right\}-b\left(\dfrac{d+\vartheta c+\vartheta\psi d+2b\vartheta\psi}{2\vartheta+\vartheta^2\psi}-r\right)\end{aligned}$$

$$(3-10)$$

2. 零售商主导型供应链产品服务能力配置模型

在零售商主导型产品服务化供应链协调过程中,零售商不会向制造商传递服务需求信息和服务价格决策信息,而是通过向其提供一个服务价格—数量计划来协调服务供应链,并且零售商承担服务供应链风险成本。制造商根据先前的服务价格—数量计划,从实现式(3-4)中预期收益最大化的角度,确定其最佳的服务能力储备量 $Q=(w-c)/2\psi$,并向零售商传递服务价格信息:

$$w=c+2\psi Q \qquad (3-11)$$

在零售商接收到服务价格信息后,则协调服务供应链运转,其目标函数包括了服务能力过剩成本和缺失成本:

$$\pi_{I2}(p,Q)=\pi_I(p,Q)-C_H(p,Q)-C_L(p,Q) \qquad (3-12)$$

零售商只需将式(3-11)的价格—数量函数代入式(3-12)中,便可得到最优的服务价格和服务能力数量。

$$\dfrac{d\pi_{I2}(p,Q)}{dp}=-\dfrac{Q^2}{4b}+\dfrac{Q(d-\vartheta p+b-\vartheta(p+k-r))}{2b}+\dfrac{(d-\vartheta p-b)\vartheta(p-r)}{2b}+$$

$$\dfrac{\vartheta k}{2b}(d-\vartheta p+b)-\dfrac{(d-\vartheta p-b)^2}{4b}=0 \qquad (3-13)$$

$$\dfrac{d\pi_{I2}(p,Q)}{dQ}=-\dfrac{2pQ}{4b}-4\psi Q+\dfrac{2rQ}{4b}-\dfrac{2kQ}{4b}+\dfrac{Q(d-\vartheta p+b)}{2b}-c+\dfrac{r(d-\vartheta p-b)}{2b}+$$

$$\frac{k}{2b}(d-\vartheta p+b)=0 \quad (3-14)$$

$$p^* = 2\vartheta(r-k)+3b/(2\vartheta-k-2) \quad (3-15)$$

$$Q^* = \frac{d(2\vartheta-k-2)+b(2\vartheta-k+1)+\vartheta(2\vartheta-k-2-4\vartheta^2)(r-k)}{2\vartheta-k-2} \quad (3-16)$$

此时，产品服务化供应链的全渠道收益为：

$$\prod_2^* = \pi_{F2}(Q_2^*)+\pi_{l2}(p_2^*,Q_2^*)$$

$$=\psi Q^2 - \frac{1}{4b}(w-r)(Q-d+b+\vartheta c+2e\vartheta Q)-\frac{k}{4b}(Q+\vartheta w-d-b)^2$$

$$=\psi\left[\frac{d(2\vartheta-k-2)+b(2\vartheta-k+1)+\vartheta(2\vartheta-k-2-4\vartheta^2)(r-k)}{2\vartheta-k-2}\right]^2 - \frac{1}{4b}(w-r)$$

$$\left\{(1+2\vartheta)\left[\frac{d(2\vartheta-k-2)+b(2\vartheta-k+1)+\vartheta(2\vartheta-k-2-4\vartheta^2)(r-k)}{2\vartheta-k-2}\right]-d+b+\vartheta c\right\} -$$

$$\frac{k}{4b}\left\{\left[\frac{d(2\vartheta-k-2)+b(2\vartheta-k+1)+\vartheta(2\vartheta-k-2-4\vartheta^2)(r-k)}{2\vartheta-k-2}\right]+\vartheta w-d-b\right\}^2$$

$$(3-17)$$

四、产品服务化供应链服务能力配置效应

在产品服务化供应链运营过程中，当价格敏感性参数发生变化时，供应链成员企业制造商与零售商的收益也会发生相应的变化，为了深入研究价格敏感性参数 ϑ 对制造商、零售商的收益，以及产品服务化供应链的全渠道收益的影响作用，假设初始化服务需求 $d=60$，价格敏感性参数 $\vartheta \in [0.6, 1.8]$，服务需求变化范围参数 $b \in [-10, 10]$，服务能力单位成本 $c=0.8$，规模不经济成本 $\psi=0.2$，服务能力闲置的均值 $r=4$，服务能力不足的机会成本 $k=3.2$。将上述初始化参数代入收益模型之中，分别从制造商主导型和零售商主导型两种不同角度，计算可得制造商、零售商的收益以及供应链的全渠道收益如表 3-1、表 3-2 所示。并通过图 3-5 和图 3-6 进一步揭示了价格敏感性参数与制造商、零售商以及供应链收益水平之间的影响关系，数值分析结果如下：

表3-1 制造商主导型产品服务化供应链的收益

价格敏感性参数	0.6	0.8	1.0	1.2	1.4	1.6	1.8
零售商收益	168.24	127.56	89.48	73.86	64.65	42.26	38.59
制造商收益	187.82	132.65	107.24	92.96	78.62	58.38	26.48
总收益	356.06	260.21	196.72	166.82	143.27	100.64	65.07

表3-2 零售商主导型产品服务化供应链的收益

价格敏感性参数	0.6	0.8	1.0	1.2	1.4	1.6	1.8
零售商收益	162.46	156.87	148.54	132.68	116.86	89.94	77.98
制造商收益	196.62	173.49	148.35	123.64	102.75	88.24	52.65
总收益	359.08	330.36	296.89	256.32	219.61	178.18	130.63

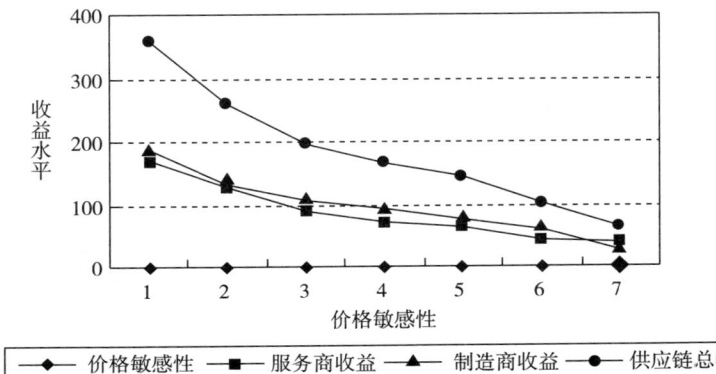

图3-5 ϑ 对制造商主导型供应链绩效的影响

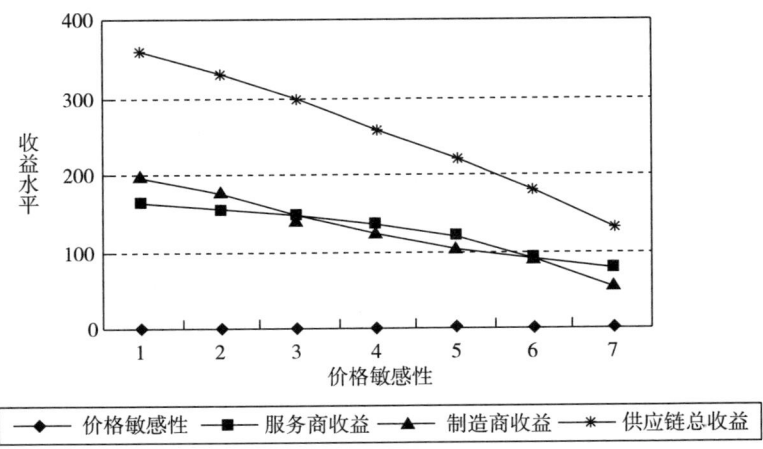

图3-6 ϑ 对零售商主导型供应链绩效的影响

根据以上的数值实例分析可以看出，当制造商进行产品服务化供应链服务能力配置时，零售商将以服务能力的最大需求量进行订购。随着价格敏感性需求的变化，由于制造商远离产品服务市场，对客户服务需求信息变化反应缓慢，引起服务能力过剩现象，造成服务能力过剩成本，导致自身收益减少，产品服务化供应链的总收益也减少。价格敏感性参数越大，制造商与零售商的收益减少就越多。在制造商主导的产品服务化供应链中，零售商处于从属地位，在应对客户服务需求快速变化方面显得比较被动，并且与制造商相比，零售商收益水平降低的速度偏快。

对于零售商主导型产品服务化供应链，零售商负责进行服务能力配置，承担整个供应链服务能力过剩或不足造成的费用损失。首先，零售商根据现有客户订单和销售市场客户潜在需求信息，及时对客户需求准确地进行预测，避免产生服务能力过剩成本；其次，零售商不定期地对客户服务市场进行调查，搜集客户服务新信息，掌控产品服务市场需求变化趋势，同时对制造商提交的产品服务集成化方案进行严格审查，实时监督产品的关键生产运作过程，控制产品服务方案整合进度，积极协调产品服务运作过程中出现的问题。尤其针对客户的多样化产品服务需求，零售商应快速进行产品服务定位，快速进行产品服务方案设计，快速满足客户需求，从而保证产品服务即时化，实现企业价值增值。然而由于制造商不承担服务能力过剩或不足成本，并且与市场客户没有直接接触，对于产品服务市场中的价格敏感性需求变化，制造商反应缓慢，缺乏灵活的应对能力。通过对图3-5和图3-6的数值结果进行分析，当制造商和零售商分别从各自收益角度出发，对产品服务方案的运作过程进行协调控制时，均不能对价格敏感性需求参数变化做出快速反应。随着价格敏感性参数不断增加，零售商、制造商的收益以及产品服务供应链整体收益水平均出现下滑趋势。在制造商主导型产品服务化供应链中，制造商收益水平降低的速度超过了零售商收益水平降低的速度。而在零售商主导型产品服务化供应链中，零售商收益水平降低的速度超过了制造商收益水平降低的速度。

第三节　本章小结

通过分析产品服务嵌入的驱动因素，将产品服务嵌入过程划分为产品嵌入阶段、服务嵌入阶段、产品服务双重嵌入阶段，并且分析了产品服务化供应链的服务能力管理问题。在制造商、零售商、客户构成的产品服务化供应链中，零售商以产品服务系统的方式，从制造商处采购服务能力，然后将增值后的服务能力销售给客户，通过最优服务能力订购量和产品服务集成化价格来实现期望收益最大化。然而制造商通过确定最优服务能力价格来实现自身期望收益最大化。在价格敏感性随机服务需求情景下,分别从制造商和零售商各自收益的角度,结合服务能力过剩或不足引起的成本损失,建立了产品服务化供应链收益模型和配置管理模型,进一步分析了价格敏感性需求变化对于供应链绩效的影响作用。

  研究发现:在制造商主导型产品服务化供应链中,制造商收益水平降低的速度超过了零售商收益水平降低的速度。而在零售商主导型产品服务化供应链中,零售商收益水平降低的速度超过了制造商收益水平降低的速度。因此,合作双方需要通过服务能力合作契约来建立产品服务敏捷化协调机构,实时地对服务能力进行动态优化调节。同时应加强敏捷化协调机构的信息资源共享平台建设,及时掌控价格敏感性需求信息的变化,加强企业间的信息交流和资源共享,及时地调整服务能力,增强产品服务化供应链的整体收益能力。

第四章 嵌入性视角下产品服务能力配置演变过程

服务嵌入模块化是当前企业适应市场客户需求变化的一种生产组织创新模式。针对客户大规模定制化需求问题,指出制造业产品服务模块化过程包括产品模块化、生产过程模块化、组织和供应链模块化、服务模块化四个阶段。并在产品模块化和服务模块化的基础上,结合服务型制造模式的特点,创建了产品服务嵌入模块化的过程模型。研究表明产品服务嵌入模块化在服务绩效、服务能力、服务创新、客户价值增值等方面积极地促进了制造业的发展,进一步提升了制造业的服务创新能力。

第一节 问题描述

在传统产品经济向服务经济转型的过程中,服务创新已成为制造业价值增值的核心。制造企业关注点已经由产品生产领域延伸到服务领域。制造与服务之间相互依赖,相互嵌入,两者之间的界限越来越模糊,并且服务在企业价值创造中的比重越来越高。服务型制造就是制造与服务相互嵌入的产业形态,是一种全新的先进制造模式。服务型制造业通过实现产品与服务的有效嵌入来吸引客户全程参与、制造企业之间相互提供生产性服务和服务性生产,高度整合各种制造资源,高度协同企业间的产品服务能力,在实现顾客价值最大化的同时获取收益。然而当市场环境和技术环境发生变化,尤其是出现客户大规模定制化服务需求时,制造商将无法及时为客户提供集产品—服务于一体的集成化服务方案。因此,制造商需要根据客户定制化需求将集成化产品服务系统分解成多个不同的独立模块,然后分包给服务模块供应商去完成。制造商与服务模块供应商根据市场环境的变化,对制造战略进行动态调整,实现资源互补,缩短了服务产品的开发时间,加快了服务产品进入市场的速度,在满足客户需求的同时增强各自获利能力,实现互惠互利的多赢局面。同时在模块供应商之间,可以通过合作集中资源,分担风险,降低交易成本,增强各自的竞争优势。显然,在制造业服务化背景下,有必要对产品服务模块化进行深入研究。

20世纪90年代,在模块化理论应用方面,国外学者获得了一些研究成果。Clark和Fujimot指出,制造商和服务模块供应商之间的合作能够改进生产工艺、加快新产品开发,最终提升产品的市场竞争力和盈利能力。Sanchez和Mahoney通过研究产品设计模块化与组织模块化之间的关系,指出产品设计模块化能够促进组织模块化,而企业组织模块化对产品模块化设计具有一定的指导作用。在制造业产品生产领域,Robertson利用模块化思想将企业生产网络分为核心生产网络和分散生产网络两种类型。目前Liang – Chieh（Victor）Cheng（2011）研究发现,日益激烈的市场竞争和客户定制化服务促使制造商使用组织模块化对供应链进行管理。组织模块化在产品多样化、生产能力利用、网络资源分配方面展现了其独特的敏捷性和灵活性。研究结果表明,组织模块化对美国制造业产生了积极作用,逐步提高了企业设备利用率、投资回收率和资产利润率,并能够有效降低模块化在复杂供应链协调中产生的鲁棒效应。在复杂多变的跨国企业经营环境下,Sangeeta Ray和Pradeep Kanta Ray（2011）建议,通过供应商在产品零部件设计方面的合作,实施模块化集成设计,能够降低产品成本,消除生产运营的不确定性风险。然而当面临合作不确定性和产品差异性时,Alexander Richte、Tim Sadek和Marion Steven（2010）针对企业合作环境动态不确定性特点,建立了柔性程度的度量模型,利用产品服务系统柔性协调客户与供应商之间的关系。Zhe Song和Andrew Kusiak（2010）研究了模块化理论在延迟产品差异化方面的应用问题。利用历史销售数据预测需求概率和客户偏好,建立了多目标优化模型,并求得帕累托最优解。

国内学者在制造业模块化方面也开展了一些研究工作。徐宏玲利用模块化组织对模块化生产方式进行管理与控制。模块化组织具有技术模块化、市场模块化和组织模块化的演变特点,建议企业充分利用模块化组织价值链和产业价值链有效分解和整合,实现价值创新。苟昂和廖飞围绕产品或功能的模块化问题,对企业价值链进行了分解,开展了企业内部模块化研究工作。然而企业外部模块化主要利用产品服务外包、代工及企业联盟三种合作形式,实现以核心企业协调主体的供应链模块化。在组织模块化设计的价值创新方面,郝斌和任浩利用结构重建、制度设计、价值创新三种方式规范了组织模块化的逻辑路径。

目前模块化研究文献多集中于产品模块化设计方面,而对服务模块化因素考虑相对较少。借助模块化思想,在对产品模块化和服务模块化研究基础上,进一步提出了产品服务嵌入产品服务模块化的理论框架。产品服务模块化能够为客户提供产品价值与服务价值嵌入的产品服务系统,同时对于提高客户满意度,实现制造服务化成功转型具有一定的指导意义。

对于模块化的概念,普遍认可的是 Baldwin 和 Clark's (2000) 的观点:"模块就是一个既能紧密联系自身结构要素又能与其他要素存在弱相关关系的单元系统。"而 Ulrich 和 Tung (1991) 以及 Ulrich (1995) 认为:"模块化是产品功能和物理结构之间的关联,即在功能与物理结构之间所存在的多对一或一对一的交互式关系,实现模块间的交互关联最小化。"其他学者针对模块化的设计方法、类型、互换性和弱耦合性,以及模块化与产品绩效等问题进行了深入研究(Asanetal, 2003; Arnheiter and Harren, 2005)。同时认为,实施模块化有助于实现产品多样化、提高产品灵活性、简化产品系统设计、节约产品成本 (Guo and Gershenson, 2007; Pekkarinen and Ulkuniemi, 2008)(见表 4-1)。

表 4-1 模块化的典型研究文献

作者	研究视角	解决问题
Asanetal (2003)	产品模块化设计的方法	提出了模块化结构设计的方法;指出要从客户、功能、结构设计等不同角度设计模块化过程
Arnheiter 和 Harren (2005)	模块化潜在本质的挖掘	界定了制造模块化及其四种不同的类型:制造、产品应用、有限生命周期和数据访问
Fredriksson (2006)	模块化集中处理的物流运作特点	发现模块化过程设计能够支持企业业务活动控制和资源整合,同时强调广泛进行外部协调
Guo 和 Gershenson (2007)	模块化与成本之间的关系研究	明确了产品模块化与产品成本之间的关系。当大规模模块发生变化时,生命周期模块与生命周期成本之间存在显著相关性
Lauetal (2007)	供应链产品协调发展、产品模块化、产品绩效	研究了如何通过供应链产品协调发展和模块化产品设计提高企业绩效。实施产品模块化能够改进产品柔性、改善客户服务、提高产品绩效
Highetal (2008)	弱耦合系统中创建并保持相关性	解决了在弱耦合系统中如何保持相关性问题。实施方法包括:服务管理、应用服务总线、工业模型与语义技术以及管理控制
Pekkarinen 和 Ulkuniemi (2008)	模块化在商业服务中的应用	将产品生产制造领域的模块化理念引入商业服务领域。开发了商业服务平台,包括服务、过程、组织和用户界面四个维度

因此，模块化就是在劳动分工和知识分工的基础上，通过模块分解和模块整合的过程，把复杂产品系统分解为相互独立的组成部分，再通过即插即用接口把各自独立的部分整合成一个完整系统的过程。

第二节　产品服务能力模块化

在对研究文献进行归纳整理的基础上，结合制造业服务化转型背景下生产流程的特点，产品服务模块化的演化发展包括产品模块化、生产过程模块化、服务模块化和供应键模块化四个阶段。其中服务模块化包括产品服务模块化、服务开发模块化、生产服务模块化以及组织与供应链服务模块化。下面将分别从这四个关键问题角度，深入分析制造业服务转型过程中的模块化发展问题。

一、产品模块化

由于产品是由若干个零部件构成的，从直观上很容易了解产品模块，但目前对于产品模块化的定义却始终未能达成一致。Jacobs（2007）认为，产品模块化是一种设计策略，以此来避免在产品各组件间产生过度的依赖关系。可以把一个模块看作是一个能够进行无损转移的整体性单元。产品模块化采用标准化交互式的组件来配置各种各样的高端产品。

Lauetal（2007）认为，产品模块化是一个连续体，产品系统中部件具有分离性、专一性以及可转移性等特征。产品模块分离性是指在不丧失功能的前提下，对产品进行拆分并重新组合成新产品的难易程度。专一性是指产品部件在产品系统中应具有一项明确的、独特的产品功能的程度。可转移性是指产品部件在不同的产品系统之间进行转移并被重复利用的程度。此外，产品模块化具有灵活性。随着不同产品需求的变化，不同模块的部件之间可以相互替代，而不需要进行重复性设计。这种低耦合的特点使产品模块组件能够根据产品需求的变化进行动态匹配，尽可能从独特的功能和性能方面改进产品组合（Sanchez and Mahoney，1996）。

总之，产品模块化的关键问题是实现产品部件之间的弱耦合，也就是在不同产品系统中，降低具有相同功能的可替换标准化产品部件之间的关联度。产品模块化能够促进大批量产品配置，加快产品开发。并有助于增强生产的灵活性，实现大批量定制化生产。

二、生产过程模块化

在产品模块化确定之后,通过生产部件标准化、匹配原则与替代原则标准化来创建生产过程模块化,以便完成最终产品配置,满足客户需求。在过程模块化成功应用方面计算机行业处于领先地位。根据 Campagnolo 和 Camuffo(2009)的研究,发现 IT 行业处于模块化研究的前沿,并引导制造企业使用模块化思想进行规范化管理。

首先,过程模块化将制造过程分解为标准化子过程和定制化子过程;其次,将标准化子过程置于定制化子过程之前,提高制造过程的灵活性,实现敏捷制造。例如,产品装配中心能够对客户需求变化快速进行模块化组装,准时配送到客户需求地。并且可以通过对模块化组装流水线上的工作站和工序进行灵活分配,适应不同模块化过程对于生产能力的需求,保持产能负荷平衡(Tuetal,2003)。

生产过程模块化以客户需求的产品为目标,需要高效组织部门通过专业化信息系统和标准化契约去协调企业内外部的各种生产资源,实现产品模块化与生产过程模块化密切衔接,确保满足客户产品定制化需求。

三、服务模块化

在产品服务嵌入过程中,一方面,客户满意取决于产品价值;另一方面,取决于与产品相关的服务价值。为了提高客户满意度,需要通过产品模块化、生产过程模块化、组织模块化来改进产品质量,通过服务模块化来改进服务质量。当前服务模块化是一种新的研究热点问题。

Hyotylainen 和 Moller(2007)认为,首先,服务模块化将各个独特的功能打包,形成面向特定需求的服务包;其次,结合硬软件和混合动力技术,通过模块重用持续地为客户提供满意的产品服务。硬件技术是指用技术性的机械运作替代一般的人员活动;软件技术是指以合理化、专业化的人类活动参与服务,并且要对相关服务活动进行重新包装和模块化。混合技术是硬件技术和软件技术的结合。Janssen 和 Joha(2008)发现,服务定位的形成来自于服务型体系结构(SOA)。在 SOA 中,模块内容是隐藏的,只有服务接口与外部环境接触,模块内部元素的变化不影响外部接口。Voss 和 Hsuan(2009)通过分析服务异质性、人在服务个性化和定制化中的作用,以及产品服务本质,认为服务设计所面临的困难是开展服务产品设计还是开展服务过程设计的问题。然而在研究服务结构时,考虑产品和服务之间的相同点和差异点显得尤为重要。两者在设备、人员、信息和消息流程的管理规则等服务接口元素方面存在一定共性。但在分析服务具有生产与消耗同时性特点基础上,建立用于测量单一服务模块化程度和多种服务模块化程度的服务模块功能模型,可以对不同类型的服务系统进行仿真模拟。

四、供应链模块化

为了保证产品质量和过程质量符合客户定制化要求,需要将模块化理论引入组织管理之中,通过在企业内外设置专业职能化部门,对产品研发设计和生产制造过程进行全方位监控评测。组织模块化就是指根据健全管理制度,在企业内部门之间开展职能专业化分工过程。如果借助于合作协议在外部企业之间进行的专业化职能整合,则称为供应链模块化。Campagnolo 和 Camuffo(2009)研究发现,当前制造企业组织模块化程度越来越高,并建议通过合同制造、交替式任务分工、企业合作联盟这三种方法去提高模块化程度,降低耦合度。因此,组织模块化管理目标是处理好产品模块分包策略与组织模块化网络之间的关系,协调好产品模块化与企业内部资源之间的关系。

在供应链模块化方面,通过削减产品零部件的数量,与特定的供应商建立长期的合作关系,减少一级供应商数量三种途径简化的供应链网络结构,实现供应链的模块化管理。Tuetal(2003)发现,组织模块化对企业供应链产业结构存在极其重要的影响作用,有助于构建满足客户个性化需求的低成本、快速反应式敏捷供应链。Voordijk H.、Meijboom B. 和 Haan J.(2006)认为,一个模块化供应链由地理分散性企业、多层次性组织、多样性文化和网络通信系统构成。需要通过地理邻近性、组织邻近性、文化邻近性、网络通信邻近性四个维度因素对供应链模块性进行度量。制造业模块化生产使产品部件独立性增强,提高了产品部件之间的弱耦合度,产品结构下的不同制造商之间很少进行协调。此时通过弱耦合产品模块化所产生的"嵌入式协调"方法去处理企业间的协作与冲突问题是非常必要的(Galvin and Morkel, 2001)。

在制造企业中,模块化通常表现为一种设计策略,它能够通过改进劳动分工,增强专业化程度,并且能够利用并行工程激发创新。因此,模块化对企业创新能力影响作用的大小反映了组织模块化水平高低(Jose and Tollenaere, 2005)。模块化要求产品服务相关企业之间要进行供应链协作交流,通过在知识水平和组织水平方面的协调合作,进一步增强劳动力分工的程度,提高整个供应链绩效水平。然而实现企业间协作的供应链协调活动包括标准、协议、协定和规则。因此,供应链模块化与"弱耦合"模块化产品结构相关,允许在多个企业间进行专业化劳动分工与业务外包,甚至在不同产业水平上产生不同层次的产品模块化结构,最终通过企业合作供应链模块化满足定制化客户需求。

通过上述分析,制造企业逐步由产品模块化向服务模块化进行拓展,产品模块化注重客户需求变化,根据需求动态性变化规律实施调整产品服务能力配置方案。由于服务无形性特点,服务模块化注重服务嵌入矢位和服务运作过程控制问题。供应链产品服务模块化不仅要考虑客户需求动态性和服务嵌入矢位的变化,也要考虑产品服务化供应链成员企业之间转移支付、渠道权力以及服务投机行为问题,如图4-1所示。表4-2依次从产品、生产过程、组织机构、服务四个方面归纳了产品与服务模块化演变过程中的研究问题。

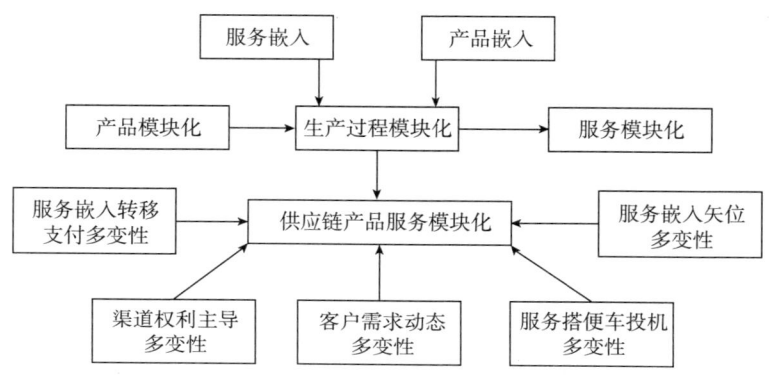

图4-1 产品服务能力模块化

表4-2 产品与服务模块化

演变流程	模块	接口	结构图
产品模块化	元件、零件组件、功能产品特征	元件/零件/组件之间的接口; 顾客与产品之间的接口; 标准化硬件/技术接口; 弱耦合	产品设计图
生产过程模块化	子过程、工序	员工任务分工说明书; 软件/人员与硬件/技术之间的过程接口; 弱耦合	生产流程图
组织/供应链模块化	供应链成员组织单位战略业务单位业务模式模块	组织与组织单位之间接口; 软件/人员接口;标准合同; 质量水平;弱耦合	组织机构图,供应链结构图

续表

演变流程	模块	接口	结构图
服务模块化	服务特点、服务类型、功能	员工任务分工说明书； 顾客与服务之间的接口； 软件/人员与硬件/技术之间的过程接口； 弱耦合； 员工任务分工说明书	服务设计图
服务过程/服务生产模块化	子过程、工序 服务业务模式模块	服务过程之间的接口 软件/人员与硬件/技术之间的过程接口； 弱耦合	服务流程图
服务组织/服务供应链	服务供应链的成员、组织单位 服务业务单元 服务业务模式模块	组织与组织单元之间的接口； 软件/人员之间的接口；标准化合同；服务质量水平；弱耦合	组织机构图 服务供应链结构图

目前服务模块化主要研究功能集成、标准化接口、模块的可替换性与可重用性问题。当前对服务模块化进行研究是一项创新性工作，服务模块化能够促进自动化技术与信息技术在商业服务中的应用，从而改进服务过程质量，推动制造业服务创新。

第三节 产品服务能力配置演变过程

运用模块化理论，通过考虑要素、过程、组织、供应链构成等因素，产品模块化、服务模块化、供应链模块化相继演进，产品服务能力呈现出客户需求动态性、服务嵌入矢位变化性、服务嵌入转移支付多变性、渠道权利主导性以及服务嵌入投机性等多个方面特征。结合产品服务供应链模块化和产品服务能力特征的变化，依次提出五种不同的产品服务能力配置模型，如图4-2所示。

运用产品服务嵌入模块化思想，从产品和服务两个要素维度，分析产品服务需求动态变化规律，刻画产品服务能力演变特征：客户需求动态多变性、服务嵌入矢位多变性、服务嵌入转移支付多变性、渠道权利主导多变性、服务投机行为多变性。通过剖析产品服务能力特征与配置方式之间的关系，构建有效的产品服务能力配置模型。首先，针对单个制造商为客户提供产品服务情形，研究考虑客

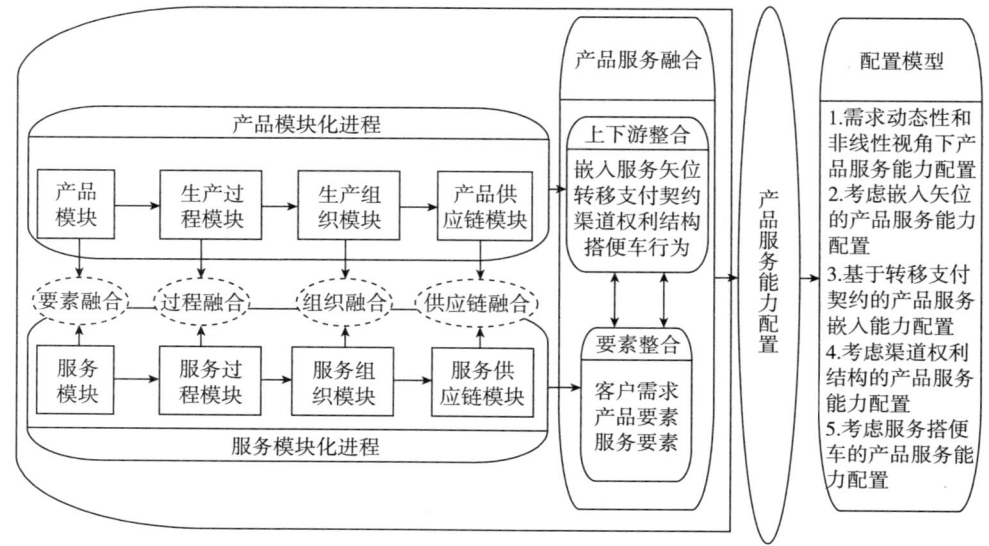

图4-2 模块化视角下产品服务能力配置

户需求动态性变化的产品服务能力配置问题;其次,针对产品服务化供应链成员企业不同服务提供方式,研究考虑嵌入矢位的产品服务能力配置问题;再次,针对产品服务化供应链成员企业之间竞争和利益转移问题,研究考虑服务嵌入转移支付的产品服务能力配置问题;又次,针对产品服务化供应链竞争和利益分配中主导权力问题,研究考虑渠道权利主导多变性的产品服务能力配置;最后,针对渠道主导产品服务化供应链中服务投机行为问题,研究考虑服务投机行为多变性的产品服务能力配置问题。在产品服务模块化嵌入演变过程中,研究产品服务能力特征与配置模型对应关系如图4-3所示。

由图4-3分析可知,为了响应不同客户的产品服务需求,提出考虑需求动态性的产品服务能力配置模型。从服务能力和价格两个方面运用排队优化模型构建出成本领先策略、服务能力领先策略、价格领先策略和产品服务能力配置联合策略;考虑到产品服务在企业价值创造中的比重越来越高,在服务型模式下实施模块化,不能单一强调产品模块化或服务模块化。而是要在产品模块化与服务模块化的基础上,根据服务嵌入矢位不同,刻画制造商嵌入、零售商嵌入和制造商—零售商双重嵌入三种嵌入阶段。服务嵌入模式是传统产品经济与服务相互嵌入的产业形态,是一种高效的产品服务运营管理模式。为了协调产品服务化供应链成员企业产品服务提供方式,实现产品与服务的高效嵌入,优化企业间的产品服务能力,结合零售商嵌入、制造商嵌入以及制造商—零售商双重嵌入演进阶段,构建考虑服务嵌入矢位的产品服务能力配置模型。通过分析服务能力与产品

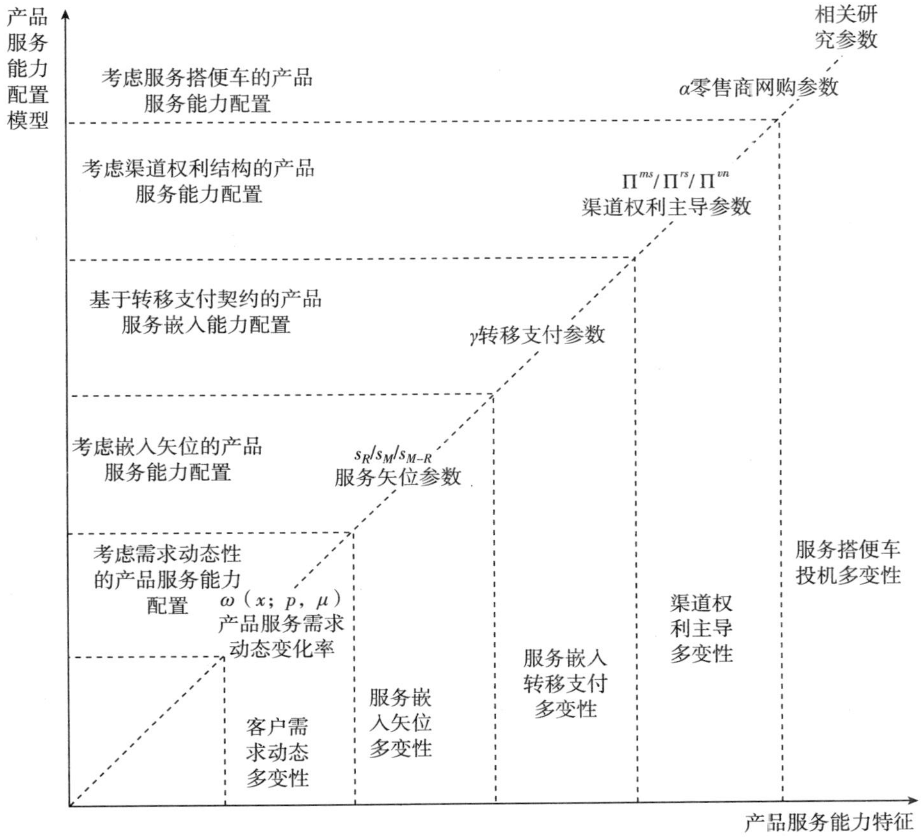

图4-3 产品服务能力特征与配置模型对应关系

价格的内在联系,从三个不同的嵌入矢位验证嵌入服务模式的优越性以及产品服务能力均衡配置的策略问题。在明确服务嵌入位置情形下,当多制造商服务嵌入、多零售商服务嵌入,以及制造商—零售商协同服务嵌入时,与产品服务化供应链成员利益相关的转移支付问题成为研究重点。为了确保产品服务能力的有效实施以及供应链成员之间稳定协作,研究考虑转移支付的产品服务嵌入能力配置模型。在零售商服务嵌入竞争、制造商服务嵌入竞争以及制造商—零售商双重服务嵌入竞争不同情形下,供应链成员渠道权利主导结构相应地发生变化,进一步研究考虑渠道权力结构多变性的制造商之间嵌入式服务竞争、零售商之间嵌入式服务竞争以及制造商—零售商之间交叉嵌入式服务竞争问题,从而结合客户需求动态性变化,提出考虑渠道权力结构多变性的产品服务能力交叉嵌入配置策略。然而产品服务能力的交叉嵌入难免产生商家的投机行为,产品服务化供应链中零售商之间的投机行为,线下零售商通过实体销售的形式为顾客提供服务,网上零售商则通过投机行为节省服务成本来增加均衡利润,有必要研究考虑服务投机行为的产品服务能力配置问题。

一、考虑需求动态性的产品服务能力配置

产品服务嵌入模块化是在产品模块与服务模块的基础上,根据客户的产品服务需求动态变化情况,将产品模块与服务模块分解成相应产品要素和服务要素,在不同属性的产品要素与服务要素之间进行动态匹配嵌入,整合形成能够满足客户需求动态变化的集成化产品服务方案。为了快速响应客户需求的动态变化和提高产品服务能力配置,运用状态相关需求动态变化率函数和成本收益率函数,建立用以解决产品服务需求动态性和非线性难题的排队配置。通过考虑产品服务化过程中客户需求变化特征,从服务能力和价格两个维度将客户划分为实惠型、经济型、专业型和品质型四个不同类型。依据客户产品服务需求动态演变阶段,针对服务能力与价格的内在关联性,运用 $M/M/s/k$ 排队配置构建产品服务能力配置联合策略。通过验证产品服务能力配置联合策略的优越性,给出产品服务能力配置联合策略演化路径及其实施对策。

二、考虑嵌入矢位的产品服务能力配置

在明确客户产品服务需求动态变化基础上,根据产品服务模块化演变过程,将客户动态需求在产品与服务两个维度进行剖析,结合客户产品服务需求变化,确定服务嵌入矢位进行产品服务能力配置。根据服务嵌入矢位不同,划分零售商嵌入、制造商嵌入以及制造商—零售商双重嵌入三种类型,然后结合供应链成员企业在产品服务嵌入管理过程中主导权力水平的高低,分别从零售商主导型(RS)、制造商主导型(MS)、垂直 Nash(VN)三种情形,研究制造商和零售商的产品服务能力配置均衡策略和预期利润变化情况。

三、考虑转移支付的产品服务嵌入能力配置

在不同服务嵌入位置基础上,为了维护产品服务化供应链服务能力配置合作稳定,提升产品服务能力配置效率,产品服务化供应链成员企业间转移支付问题有待进一步研究。因此,通过引入产品服务嵌入度参数,将以产品为基础的生产能力配置问题延伸至以产品为依托、以标准化服务包为基础的产品服务能力配置问题。运用 Cournot 博弈,以产品服务化供应链中的制造商—零售商为对象,将企业间的转移支付问题划分为制造商嵌入性转移支付、零售商嵌入性转移支付以及制造商—零售商双重嵌入性转移支付三种不同模块,运用转移支付契约分别对

各个模块,研究不同情形下产品服务能力配置问题。目的在于协调双方利益关系要素,实现收益公平分配的转移支付契约机制,能够对协调后的总收益增加值进行公平合理的分配,确保产品服务化供应链成员企业合作的长期性和稳定性。

四、考虑渠道权利结构的产品服务能力配置

在处理好产品服务化供应链成员企业之间转移支付的基础上,深入考虑服务嵌入过程中产品服务化供应链成员企业渠道权利主导多变性问题。针对产品服务化供应链的不同企业成员结构,分别从制造商之间嵌入式服务竞争、零售商之间嵌入式服务竞争、制造商—零售商之间交叉嵌入式服务竞争三种情形,研究产品服务能力嵌入式竞争问题,推理供应链成员企业的产品服务能力均衡策略。根据服务过程模块化原则,对服务模块内相关服务要素进行动态匹配和集成,同时为了满足客户需求动态性变化,选择合理的产品要素和服务要素进行整合,构建不同渠道权利结构下的产品服务能力嵌入配置方案。同时结合产品服务成本与不同渠道权利结构下均衡结果之间的变化关系,提出能够满足客户需求动态变化特征的产品服务能力配置策略,有效地推动了产品服务动态竞争机制研究。

五、考虑服务投机行为的产品服务能力配置

在服务嵌入过程中,通过分析产品服务化供应链成员企业之间转移支付和渠道权利多变性问题,提升了产品服务能力配置效率。为了体现产品服务化供应链服务能力配置公平性,保持企业间协作稳定性,还需进一步研究产品服务化供应链能力配置中服务投机性行为所引起的道德风险问题。针对由两个制造商与一个零售商构成的产品服务化供应链,其中制造商分为直销和网销两种类型。根据三者之间的服务投机行为关系和零售商产品服务行为变化,分别构建考虑单向服务投机行为和双向服务投机行为的产品服务能力配置模型,研究不同情形下产品服务能力均衡解以及服务投机行为对两制造商价格竞争及其供应链整体利润的影响。

综上所述,在产品模块化、服务模块化和供应链模块化演变过程中,服务嵌入逐步由制造商服务嵌入、零售商服务嵌入向制造商—零售商双重服务嵌入进行阶段性转变,产品服务化供应链成员结构相应发生变化。由此导致产品服务能力特征从客户需求动态多变性、服务嵌入矢位多变性、服务嵌入转移支付多变性、渠道权利主导多变性向服务投机行为多变性演进。结合服务嵌入阶段、供应链成员结构以及产品服务能力特征总体变化情况,给出能够满足客户动态性需求的产品服务能力配置方案演变过程:考虑需求动态性的产品服务能力配置、考虑服务矢位的产品服务能力配置、考虑转移支付的产品服务能力配置、考虑渠道权利结构的产品服务能力配置以及考虑服务投机行为的产品服务能力配置，如图4-4所示。

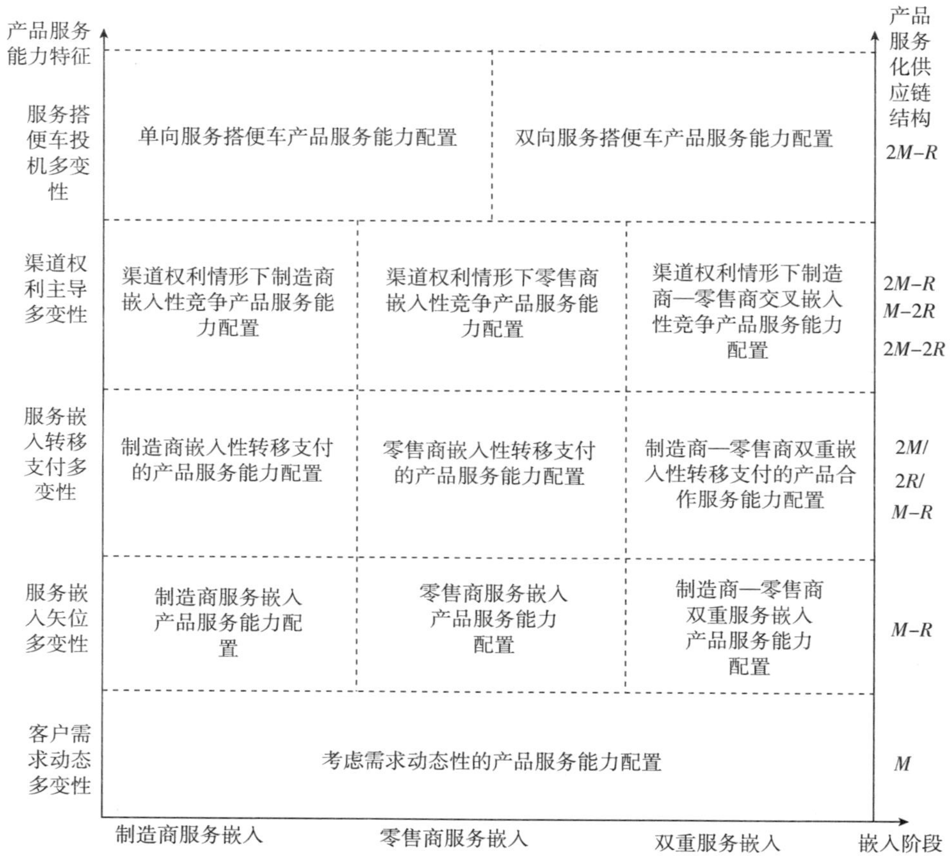

产品服务能力特征				产品服务化供应链结构
服务搭便车投机多变性	单向服务搭便车产品服务能力配置		双向服务搭便车产品服务能力配置	2M-R
渠道权利主导多变性	渠道权利情形下制造商嵌入性竞争产品服务能力配置	渠道权利情形下零售商嵌入性竞争产品服务能力配置	渠道权利情形下制造商—零售商交叉嵌入性竞争产品服务能力配置	2M-R M-2R 2M-2R
服务嵌入转移支付多变性	制造商嵌入性转移支付的产品服务能力配置	零售商嵌入性转移支付的产品服务能力配置	制造商—零售商双重嵌入性转移支付的产品合作服务能力配置	2M/ 2R/ M-R
服务嵌入矢位多变性	制造商服务嵌入产品服务能力配置	零售商服务嵌入产品服务能力配置	制造商—零售商双重服务嵌入产品服务能力配置	M-R
客户需求动态多变性	考虑需求动态性的产品服务能力配置			M
	制造商服务嵌入	零售商服务嵌入	双重服务嵌入	嵌入阶段

图4-4　产品服务能力配置演变过程

第四节　本章小结

在制造业服务化转型过程中，一方面，制造企业为客户提供低成本、高质量的产品；另一方面，要为客户创建满意的服务体验和创新过程。当面临大规模客户定制化需求时，制造业将模块化设计理念嵌入产品服务领域，对产品和服务进行模块化设计,创建出能够满足客户个性化需求的各种低成本、多样化产品服务系统。在制造业产品模块化和服务模块化的基础上,结合产品服务嵌入过程特点,分析各个模块之间的交互关系,依次分别从客户需求动态性、服务嵌入位置、竞合转变性、渠道权利主导性、产品服务合作投机性等方面,循序渐进地提出了涵盖五个阶段的产品服务能力配置演变过程模型:考虑需求动态性的产品服务能力配置、考虑嵌入矢位的产品服务能力配置、考虑转移支付的产品服务嵌入能力配置、考虑渠道权利结构的产品服务能力配置、考虑服务投机行为的产品服务能力配置,并深入分析了各个配置模型之间的关系,为后续研究奠定了理论基础。有效进行产品服务能力配置,制造企业能够实现多样化低成本高质量的产品服务集成化方案,降低产品服务成本,提高企业收益。能够在客户需求变化时动态调整产品服务组合,充分发挥产品模块或服务模块自身具备的专业化功能,拓展了产品模块与服务模块的互补空间,提升制造业产品服务能力。产品服务能力配置避免重复性产品服务开发,缩短产品服务准备时间,降低了产品服务运营成本。注重客户互动效应,能够实现双边共赢。通过与客户互动交流,及时掌握客户新的产品服务需求,并将其转化为制造业产品服务创新的动力,从而通过产品服务创新实现客户价值增值。在产品服务能力配置模型演变过程中,产品模块与服务模块交互嵌入影响,服务模块是以产品模块的存在为前提的,而产品模块只有与服务模块有机整合才能符合产品服务能力配置演变发展的要求。一方面,制造企业要充分利用自身的产品模块优势;另一方面,加强服务模块嵌入进程,运用相互衔接的产品服务能力配置带动产品服务创新,提升制造企业的核心竞争优势。

第五章　考虑需求动态性的产品服务能力配置模型

在服务嵌入过程中，为了快速响应客户需求的动态变化和提高产品服务能力配置效率，运用状态相关需求动态变化率函数和成本收益率函数，建立用以解决产品服务需求动态性和非线性难题的排队优化模型。首先，通过考虑产品服务化过程中客户需求变化特征，从服务能力和价格两个维度将客户划分为实惠型、经济型、专业型和品质型四个不同类别；其次，依据客户产品服务需求动态演变阶段，针对服务能力与价格的内在关联性，运用 $M/M/s/k$ 排队优化模型分别构建了成本领先策略、服务能力领先策略、价格领先策略和产品服务能力配置联合策略；最后，借助南阳泵业企业运营实例，验证了产品服务能力配置联合策略的优越性，并给出产品服务能力定价联合策略演化路径及其实施对策。

第一节　问题描述

随着全球经济的发展，中国制造业逐渐失去了以往的劳动力成本和资源优势，在当前资源环境约束条件下，原有经济增长模式已经无法支撑中国制造业未来的可持续发展，亟须寻找一种新的经济增长方式。制造与服务的嵌入顺应了经济增长模式转变的需要，服务型制造成为当前制造企业变革的先进制造模式。实施服务型制造，能够有效地整合各种制造服务资源，高度协同企业间产品服务能力，吸引客户全程参与，实现产品与服务的有机嵌入，提高企业预期收益水平。在制造业服务化转型过程中，市场需求日趋个性化、多样化，客户由以往对产品功能需求转变为基于产品的个性化消费体验和心理满足程度，也就是对产品服务集成化方案的需求。为满足未来客户大规模定制化和个性化需求，中国制造业有必要从以提供产品为中心向以提供产品服务集成化系统为中心的方向转变，不断

第五章 考虑需求动态性的产品服务能力配置模型

增强企业自身的产品服务能力。因此，如何界定产品服务能力、如何实现产品服务能力管理策略优化成为当前中国制造企业亟待解决的问题。

对于产品服务能力管理问题，国外研究主要从服务能力内涵、服务能力配置、服务能力预售等多个方面展开，例如，Bergetal 等从能力供应角度来看，认为服务能力是指供应商在一段时间内传递服务的本领，能力的大小取决于企业可用资源的多少。而 Mohebbi 从系统角度来看，将服务运作系统抽象为"生产—库存系统"，指出系统服务能力是企业在既定时间内客户服务需求的最大处理数量。Mookherjee 和 Friesz 通过分析产品服务供应链中集成商与上游服务提供商之间的服务能力配置问题，运用估算价格弹性参数预测客户需求，制定服务能力配置方案，提高服务能力的专业化和柔性化程度。Lee 和 Ng 进一步研究了市场价格敏感性对能力配置和在能力预售过程中最优定价的影响作用。国内研究侧重于生产能力控制与优化问题，而对服务因素考虑较少。例如，包兴和季建华等对生产制造型运作系统的能力概念进行了界定，认为企业生产运作能力是人员能力、设施能力、物料供应能力以及管理能力的交互作用结合体。丁胡送和徐晓燕进一步研究了生产能力变异性与"牛鞭效应"之间的关系，指出与生产能力大小对"牛鞭效应"影响相比，生产能力变异性对"牛鞭效应"的影响更为敏感。在当前需求不确定性环境下，为了满足客户需求，除了考虑变异性之外，还需研究生产能力约束性因素。白东伟和余永林等结合生产系统中冲突消解和约束满足问题，提出了一种基于约束条件的服务能力匹配方法。

在产品服务能力度量方面，一般通过企业可用资源数量多少或客户等待时间长短表示产品服务能力水平高低。从生产运作管理角度来看，在不降低企业收益和服务质量的前提下，制造服务企业运用可用资源的多少表示服务能力高低。从服务营销角度来看，制造服务企业利用客户平均等待时间的长短表示服务能力高低。然而本书从产品服务系统营销视角，以服务率作为评价产品服务能力水平的指标。服务率是指制造企业为满足客户需求，单位时间内所能提供的产品服务方案的数量多少。如此一来，就兼顾了资源和时间两种维度要素优势，有助于从不同经营策略视角研究服务能力决策问题。一方面，服务能力水平提升会增加服务收入；另一方面，也会引起服务成本增加。为了保持服务成本增加额与服务收入增加额之间的均衡关系，制造企业将以预期目标收益为驱动力，积极采取营销与运作相结合的服务能力定价联合策略。

针对产品服务能力定价策略问题，国内外学者开展了一系列研究工作。例如，Cachon 和 Harker 将产品服务价格与等待时间聚合成一个全价单变量，用产品服务价格加上预期等待时间的倍数表示客户等待总成本。Chen 和 Wan 在产品服务预订情形下，建立基于客户等待总成本的价格竞争模型，给出产品服务能力定价的有效策略。而 Juan 和 Hugo 等认为，每一位客户决策基准点是实际等待时间，而不是平均等待时间。在此基础上，Yang 等运用客户等待时间评价产品服务质量水平，研究通信行业产品服务捆绑定价问题。侯琳琳和邱菀华指出，不同业务等待时间异质性在客户的决策方面起到主导性作用，并最终对产品服务需求总量产生影响。Tan 则从客户等待时间角度，研究了制造商网络中的生产能力合作与定价问题。上述文献仅从等待时间角度研究产品服务能力定价策略问题，尚未考虑产品服务需求的动态性和非线性特点。

然而本章利用状态相关需求动态变化率函数和成本收益率函数，针对产品服务需求的动态性和非线性特点，建立考虑潜在状态拟生灭过程的排队优化模型，并结合客户需求动态变化特征，提出四种竞争性产品服务能力配置策略。与已有文献的区别在于：首先，在传统 $M/M/s/k$ 排队模型基础上，从需求价格敏感性和服务敏感性双重视角，建立价格—服务双重敏感性需求动态变化率函数，体现了产品服务需求的非线性和动态性特点；其次，从服务能力和价格两个维度刻画客户动态需求，将客户划分为实惠型、经济型、专业型和品质型四个不同类别；再次，根据客户产品服务需求的动态演变，运用 $M/M/s/k$ 排队优化模型针对服务能力与价格的内在关联性，分别构建了成本领先策略、服务能力领先策略、价格领先策略和产品服务能力配置联合策略；最后，结合南阳泵业企业运营实例，验证了产品服务能力配置联合策略的优越性，进一步指出产品服务能力配置联合策略演化路径和有效实施对策。

第二节　初始模型与参数界定

排队论在产品服务运作管理领域具有一定的应用价值。对于 $M/M/s/k$ 产品服务排队优化模型，假定当前制造企业拥有产品服务台的数量为 s，产品服务方案最大供应量为 k，客户订单的最大等待量为 r，$k=s+r$。每个产品服务方案服务时间遵循服务率为 μ 的指数分布，服务率 μ 表示为满足客户需求，单位时间内所提供产品服务方案的数量，既反映了后台的产品生产能力水平，又反映了前台的客户服务能力水平。整个产品服务过程采用先来先服务规则，并且假定客户一旦签订协议，在后期产品服务过程中就不会中止合作。当面临产品服务实际需求量为 x 时，企业决策目标是运用不同的竞争性策略，通过安排专业化的服务人员，制定合理的产品服务价格 p，完善原有的产品服务质量标准，进而实现制造企业预期收益最大化。

第五章 考虑需求动态性的产品服务能力配置模型

下面首先构建了考虑价格—服务双重敏感性的需求动态变化率函数 $\omega(x;p,\mu)$ 和产品服务能力定价策略的状态分布函数 $\zeta(x;p,\mu)$,结合产品服务运营过程中的劳动力成本、设备成本等相关因素,建立了制造企业的收益率函数 $\pi(x;p,\mu)$ 和预期收益函数 $\prod(p,\mu)$;其次针对实惠型、经济型、专业型以及品质型等不同类型客户需求特征,建立四种产品服务运营策略的预期收益函数模型:成本领先策略 $\prod_C(\mu_L,p_L)$、服务能力领先策略 $\prod_R(\mu_H,p_L)$、价格领先策略 $\prod_P(\mu_L,p_H)$ 和产品服务能力配置联合策略 $\prod_J(\mu_H,p_H)$。通过比较四种替代性竞争策略的收益水平,寻求最优的产品服务能力定价策略 (p^*,μ^*)。

一、价格—服务双重敏感性需求动态变化率函数

在产品服务集成化方案运营过程中,综合考虑了客户对于价格和服务变化的反应,运用指数函数 $\vartheta(p)$ 表示客户的需求价格敏感性变化,运用客户期望等待时间函数 $T[W|x]$ 表示客户的服务敏感性变化,从而在 M/M/s/k 排队优化模型中,进一步体现了产品服务需求的非线性和动态性特点:

$$\vartheta(p) = \vartheta_0 e^{\beta p} \tag{5-1}$$

$$T[W|x] = \begin{cases} 0, & x < s \\ (x-s+1)/s\mu, & x \geq s \end{cases} \tag{5-2}$$

其中,ϑ_0 是潜在客户外生需求率,需求价格敏感性函数 $\vartheta(p)$ 注重价格的变化,长期影响着产品服务的定价水平。服务敏感性函数 $T[W|x]$ 注重服务人员的技能水平,是一种短期效应函数。然而产品服务需求动态变化率函数 $\omega(x;p,\mu)$ 又是 $T[W|x]$ 的函数,结合价格—服务关联性对于产品服务需求的影响,将产品服务需求动态变化率函数 $\omega(x;p,\mu)$ 表示为:

$$\omega(x;p,\mu) = \vartheta(p)h(T[W|x]) = \vartheta_0 e^{\beta p}h((x-s+1)/s\mu) \tag{5-3}$$

其中,$h(T[W|x])$ 表示能够接受等待时间超过 $T[W|x]$ 的客户比例,且 $h(T[W|x]) \in [0,1]$。式(5-3)既从产品营销角度分析了长期价格敏感性函数 $\vartheta(p)$,又从服务运作管理角度分析了短期服务敏感性函数 $T[W|x]$,全面研究了价格和服务敏感性对于产品服务需求率变化的影响作用。

二、产品服务能力定价策略的状态分布函数

根据客户产品服务需求的变化,制造企业运用考虑价格—服务关联性的 M/M/s/k 排队优化模型,在产品服务方案空间 Ω 中,动态地调整产品服务能力定价策略 (p,μ),以便实现预期收益最大化。$\zeta(x;p,\mu)$ 表示产品服务方案 (p,μ) 的状态分布函数:

$$\zeta_0 = \left\{ \sum_{x=0}^{s-1} \frac{\prod_{j=0}^{x-1}\omega_j}{x!\mu^x} + \sum_{x=s}^{k} \frac{\prod_{j=0}^{x-1}\omega_j}{s!s^{k-x}\mu^x} \right\}^{-1} \qquad (5-4)$$

$$\zeta(x;p,\mu) = \frac{\prod_{j=0}^{x-1}\omega_j}{x!\mu^x}\zeta_0, \quad 1 \leq x < s \qquad (5-5)$$

$$\zeta(x;p,\mu) = \frac{\prod_{j=0}^{x-1}\omega_j}{s!s^{k-x}\mu^n}\zeta_0, \quad s \leq x \leq k \qquad (5-6)$$

三、预期收益函数

在已知产品服务需求动态变化率函数 $\omega(x;p,\mu)$ 和制造企业产品服务方案 (p,μ) 的状态分布函数 $\zeta(x;p,\mu)$ 的基础上，综合考虑劳动力成本、设备成本等相关因素，构建了制造企业的收益率函数 $\pi(x;p,\mu)$ 和预期收益函数 $\prod(p,\mu)$：

$$\pi(x;p,\mu) = \omega(x;p,\mu)p - c_0\omega(x;p,\mu)p - c_s s\mu - c_r(r+s) \qquad (5-7)$$

其中，$\omega(x;p,u)p$ 表示收益率；$c_0\omega(x;p,u)p$ 表示变动成本率；$c_s s\mu$ 表示劳动力成本率；$c_r(r+s)$ 表示设备成本率。常数 c_0、c_s 和 c_r 分别表示单位变动成本、单位劳动力成本和单位设备成本。

在产品服务方案空间 Ω 中，制造企业结合不同产品服务运营策略的状态分布情况，将预期收益函数表示为：

$$\max_{(p,\mu)} \prod(p,\mu) = \sum_{x=0}^{k}\zeta(x;p,\mu)\pi(x;p,\mu) \qquad (5-8)$$

$$\text{s.t.} \quad P(t) = Pr\{W \leq t\} \geq \alpha \qquad (5-9)$$

$$p \in [\underline{p}, \overline{p}] \qquad (5-10)$$

$$\mu \in [\underline{\mu}, \overline{\mu}] \qquad (5-11)$$

其中，式（5-9）表示等待时间约束，具体指 $\alpha\%$ 以上客户的等待时间不超过 t 天，说明通过缩短等待时间，能够进一步提升产品服务水平。式（5-10）表示产品服务价格约束条件，其高低主要取决于产品质量和服务质量。式（5-11）表示产品服务系统的服务率，主要由服务人员素质技能水平确定。满足以上约束条件的产品服务方案空间 Ω 是一个由多种产品服务运营策略构成的有限集。

第三节 产品服务能力配置模型

在制造企业服务化转型过程中，客户需求会发生动态化演变，由产品主导型需求逐步向服务主导型需求方向进行嵌入。制造企业为满足客户需求变化，逐渐由提供产品的生产能力供应商转变为提供产品服务集成化方案的服务能力供应商。依据产品服务能力 μ 与产品服务价格 p 的动态变化关系，将客户产品服务需求特征刻画为：$\omega_C(\mu_L, p_L)$ =（低能力，低价格）、$\omega_R(\mu_H, p_L)$ =（高能力，低价格）、$\omega_P(\mu_L, p_H)$ =（低能力，高价格）、$\omega_J(\mu_H, p_H)$ =（高能力，高价格），对应的客户类型分别为：实惠型客户、经济型客户、专业型客户和品质型客户，如图 5-1 所示。为满足不同客户的产品服务需求，制造企业相应地采取有效的产品服务运营策略：成本领先策略 $\Pi_C(\mu_L, p_L)$、服务能力领先策略 $\Pi_R(\mu_H, p_L)$、价格领先策略 $\Pi_P(\mu_L, p_H)$ 和产品服务能力配置联合策略 $\Pi_J(\mu_H, p_H)$，如图 5-2 所示。

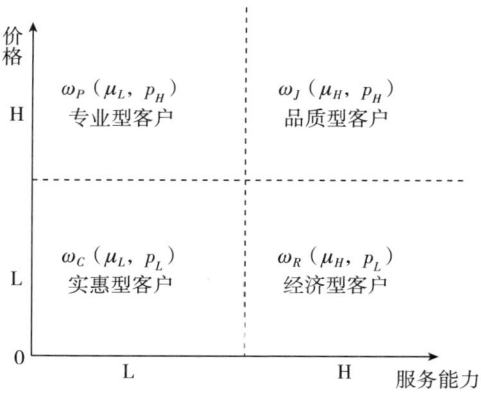

图 5-1　客户类型细分

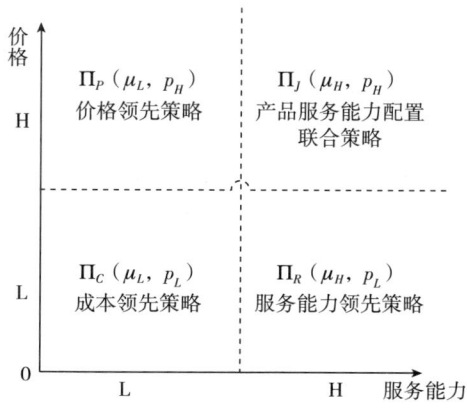

图 5-2　产品服务能力配置策略类型

面对产品服务能力水平要求不高,并且不断追求低价格的实惠型客户,制造企业应运用成本领先策略为实惠型客户提供产品服务;面对产品服务能力水平要求较高,而不断追求低价格的经济型客户,制造企业应运用服务能力领先策略为经济型客户提供产品服务;在卖方主导的垄断经营市场中,面对产品服务能力水平要求不高,而能够接受高价格的专业型客户,制造企业应运用价格领先策略为专业型客户提供产品服务;面对产品服务能力水平要求较高,并且能够接收高价格的品质型客户,制造企业应运用产品服务能力配置联合策略为品质型客户提供产品服务。因此,在产品服务方案空间 Ω 内,具有四个具体的产品服务运营方案 Ω (Ω_1, Ω_2, Ω_3, Ω_4): ω_C (μ_L, p_L) $\in \Omega_1$, ω_R (μ_H, p_L) $\in \Omega_2$, ω_P (μ_L, p_H) $\in \Omega_3$, ω_J (μ_H, p_H) $\in \Omega_4$。下面以式 (5-8) 中的预期收益函数 $\prod$ (p, μ) 为基础,针对不同类型的客户需求,运用 M/M/s/k 排队优化模型,分别建立上述四种竞争性产品服务策略的预期收益函数模型: $\prod_C$ (μ_L, p_L)、$\prod_R$ (μ_H, p_L)、$\prod_P$ (μ_L, p_H) 和 $\prod_J$ (μ_H, p_H)。在制造企业产品服务总能力 k 既定条件下,当产品服务需求量不小于服务台数量时,即 $s \leq x < k$,比较不同竞争性策略情形下产品服务能力定价方案的预期收益水平,进而寻求最优的产品服务能力定价策略 (p^*, μ^*)。

一、成本领先策略

针对实惠型客户的低能力、低价格需求,成本领先策略需要综合考虑产品服务过程中的变动成本、劳动力成本以及设备成本因素,通过不断降低产品服务运营成本,增强自身的低成本竞争优势,进而提高制造企业的预期收益水平。

由式 (5-7) 可得成本领先策略下制造企业收益率函数:

$$\pi_C(x; \mu_L, p_L) = \omega_C(x; \mu_L, p_L)p_L - c_0\omega_C(x; \mu_L, p_L)p_L - c_s s\mu_L - c_r(r+s)$$

(5-12)

由式 (5-8) 可得成本领先策略下制造企业预期收益函数:

$$\max_{(p,\mu) \in \Omega_1} \prod_C (\mu_L, p_L) = \sum_{x=0}^{k} \zeta(x; \mu_L, p_L)\pi_C(x; \mu_L, p_L) = \sum_{x=0}^{k} \zeta(x; \mu_L, p_L)[\omega_C(x; \mu_L, p_L)p_L - c_0\omega_C(x; \mu_L, p_L)p_L - c_s s\mu_L - c_r(r+s)]$$

$$= \sum_{x=0}^{k} \left[\frac{\prod_{j=0}^{x-1}\omega_j}{s!s^{k-x}\mu_L^{n}} \middle/ \left(\sum_{x=0}^{s-1} \frac{\prod_{j=0}^{x-1}\omega_j}{x!\mu_L^{x}} + \sum_{x=s}^{k} \frac{\prod_{j=0}^{x-1}\omega_j}{s!s^{k-x}\mu_L^{x}} \right) \right] [\omega_C(x; \mu_L, p_L)p_L - c_0\omega_C(x; \mu_L, p_L)p_L - c_s s\mu_L - c_r(r+s)] \quad (5-13)$$

二、服务能力领先策略

针对经济型客户的高能力、低价格需求,制造企业在成本领先策略的基础上一方面借助已有的低成本优势,采取产品服务低价格方式,保持现有客户数量规模;另一方面制造企业更注重通过改进产品加工工艺,完善产品服务方案,拓展服务运营网络,增强产品服务能力,吸引更多的客户参与,从而提高企业的预期收益水平。与成本领先策略相比,服务能力领先策略重点考虑由于能力水平提升而引起的产品服务变动成本:$c_0\omega_R(x;\mu_H,p_L)p_L$。

由式(5-7)可得服务能力领先策略下制造企业收益率函数:

$$\pi_R(x;\mu_H,p_L) = \omega_R(x;\mu_H,p_L)p_L - c_0\omega_R(x;\mu_H,p_L)p_L \quad (5-14)$$

由式(5-8)可得服务能力领先策略下制造企业预期收益函数:

$$\max_{(p,\mu)\in\Omega_2}\prod_R(\mu_H,p_L) = \sum_{x=0}^{k}\zeta(x;\mu_H,p_L)\pi_R(x;\mu_H,p_L)$$

$$= \sum_{x=0}^{k}\zeta(x;\mu_H,p_L)[\omega_R(x;\mu_H,p_L)p_L - c_0\omega_R(x;\mu_H,p_L)p_L]$$

$$= \sum_{x=0}^{k}\left[\frac{\prod_{j=0}^{x-1}\omega_j}{s!s^{k-x}\mu_H^n}\bigg/\left(\sum_{x=0}^{s-1}\frac{\prod_{j=0}^{x-1}\omega_j}{x!\mu_H^x} + \sum_{x=s}^{k}\frac{\prod_{j=0}^{x-1}\omega_j}{s!s^{k-x}\mu_H^x}\right)\right]$$

$$[\omega_R(x;\mu_H,p_L)p_L - c_0\omega_R(x;\mu_H,p_L)p_L] \quad (5-15)$$

三、价格领先策略

在产品服务市场中,制造企业的产品研发和生产工艺的技术水平处于领先地位,服务运营理念已融入产品全生命周期之中,进入产品服务高度嵌入阶段,具备了其他相关企业无法比拟的技术优势。制造企业在成本领先策略的基础上,引进新的产品研发技术,整合生产工艺流程,不断增强产品差异化的核心竞争优势。针对愿意接受低能力、高价格的专业型客户,制造企业通过提高产品服务价格,实施垄断经营,持续地提高预期收益水平。

由式(5-7)可得价格领先策略下制造企业收益率函数:

$$\pi_P(x;\mu_L,p_H) = \omega_P(x;\mu_L,p_H)p_H - c_0\omega_P(x;\mu_L,p_H)p_H - c_s s\mu_L - c_r(r+s) \quad (5-16)$$

由式(5-8)可得价格领先策略下制造企业预期收益函数:

$$\max_{(p,\mu)\in\Omega_3}\prod_P(\mu_L,p_H) = \sum_{x=0}^{k}\zeta(x;\mu_L,p_H)\pi_P(x;\mu_L,p_H) = \sum_{x=0}^{k}\zeta(x;\mu_L,p_H)$$

$$[\omega_P(x;\mu_L,p_H)p_H - c_0\omega_P(x;\mu_L,p_H)p_H - c_s s\mu_L - c_r(r+s)]$$

$$= \sum_{x=0}^{k}\left[\frac{\prod_{j=0}^{x-1}\omega_j}{s!s^{k-x}\mu_L^n}\bigg/\left(\sum_{x=0}^{s-1}\frac{\prod_{j=0}^{x-1}\omega_j}{x!\mu_L^x} + \sum_{x=s}^{k}\frac{\prod_{j=0}^{x-1}\omega_j}{s!s^{k-x}\mu_L^x}\right)\right][\omega_P$$

$$(x;\mu_L,p_H)p_H - c_0\omega_P(x;\mu_L,p_H)p_H - c_s s\mu_L - c_r(r+s)] \quad (5-17)$$

四、产品服务能力配置联合策略

对于服务能力需求水平高,而且又能够接受高价格的品质型客户来说,首先,制造企业在价格领先策略的基础上,增加产品服务资源投入,扩大产品服务网络规模,持续地增强产品服务能力;其次,在服务能力领先策略的基础上,深入挖掘客户隐性服务需求,改进原有产品服务流程,提高产品服务价格,实现规模经济增长。在产品服务能力配置联合策略实现过程中,制造企业需要处理好产品服务价格提升与服务能力提升之间的关系。同时针对已有的产品服务方案空间 Ω(Ω_1,Ω_2,Ω_3,Ω_4),制造企业应根据客户需求变化的动态性和非线性特点,适时地调整产品服务价格水平和能力水平,寻求最优的产品服务能力配置联合策略(p^*,μ^*),实现预期收益最大化。

由式(5-7)可得产品服务能力配置联合策略下制造企业收益率函数:

$$\pi_J(x;\mu_H,p_H) = \omega_J(x;\mu_H,p_H)p_H - c_0\omega_J(x;\mu_H,p_H)p_H - c_s s\mu_H - c_r(r+s)$$
(5-18)

由式(5-8)可得产品服务能力配置联合策略下制造企业预期收益函数:

$$\max_{(p,\mu)\in\Omega_4} \prod_J(\mu_H,p_H) = \sum_{x=0}^k \zeta(x;\mu_H,p_H)\pi_J(x;\mu_H,p_H) = \sum_{x=0}^k \zeta(x;\mu_H,p_H)[\omega_J(x;\mu_H,p_H)p_H - c_0\omega_J(x;\mu_H,p_H)p_H - c_s s\mu_H - c_r(r+s)]$$

$$= \sum_{x=0}^k \left[\frac{\prod_{j=0}^{x-1}\omega_j}{s!s^{k-x}\mu_H^n}\middle/\left(\sum_{x=0}^{s-1}\frac{\prod_{j=0}^{x-1}\omega_j}{x!\mu_H^x} + \sum_{x=s}^k\frac{\prod_{j=0}^{x-1}\omega_j}{s!s^{k-x}\mu_H^x}\right)\right][\omega_J(x;\mu_H,p_H)p_H - c_0\omega_J(x;\mu_H,p_H)p_H - c_s s\mu_H - c_r(r+s)]$$
(5-19)

第四节 考虑需求动态性产品服务能力配置策略

下面通过综合考虑产品服务能力水平、定价水平、劳动力成本、设备成本以及时间等多种影响因素,在对南阳泵业制造服务化转型过程调查研究的基础上,从服务能力和价格两个变化维度刻画客户需求变化,将客户特征分为实惠型、经济型、专业型和品质型四个不同类型,相应地提出满足客户需求变化的四种有效策略方案:成本领先策略、服务能力领先策略、价格领先策略以及产品服务能力配置联合策略。并对南阳泵业四种替代性竞争策略进行比较分析,给出南阳泵业在服务化转型过程中最优的产品服务运营方案及其演化路径和实施对策。

一、产品服务能力配置状况

南洋泵业制造有限公司是专业生产水泵产品的企业,品种繁多,规格齐全。公司主要产品系列有:管道泵、排污泵、化工泵、油泵、消防泵、空调泵、中开泵、多级泵、水泵控制柜、磁力泵、离心泵及水泵成套设备,广泛应用于石油、化工、冶金、矿山、发电、热力、城市建设、污水处理、消防设施、集中采暖、农业排灌等行业。各类产品设计技术指标均已通过国家设备检测中心检测,符合ISO9001质量认证体系标准要求,并多次荣获国家、省市新产品奖,质量信得过企业,公司技术力量雄厚,生产检测设备先进,管理方法科学,产品质量稳定可靠,售后服务完善。金融危机爆发之后,制造业的竞争环境发生了变化,劳动力成本逐渐上升,生产制造环节的利润空间越来越小,国内许多产品制造企业(如陕鼓、海尔等)积极进行产业链重组,逐步将企业的经营重心由单纯生产制造向提供产品研发设计、生产流程控制、物流配送、客户管理、售后服务以及回收再制造等诸多功能的集成化产品服务系统转移方式转移。因此,南阳泵业由产品制造商转型为产品制造商,为客户提供集产品设计、生产、配送、售后服务及废品回收等诸多功能于一体的产品服务系统。

二、产品服务运营参数及预期收益

根据对南阳泵业的运营数据进行调查分析,从产品服务供给量、服务台数量、成本、价格以及时间等多个方面界定了产品服务运营参数,例如,从时间约束角度界定企业预期目标:95%以上的客户等待时间不能超过16天,其他相关参数值如表5-1所示。随着制造企业产品服务能力水平和价格水平的动态变化,四种不同产品服务运营策略的预期收益值也发生相应变化,具体数值结果如表5-2所示。

在给定产品服务运营参数初始值的基础上,为了能够全面体现四种产品服务运营策略的市场特征,需要进一步假定产品服务能力与价格的变化区间:$p_L \in [0, 5]$,$p_H \in [6, 10]$,$\mu_L \in [0, 10]$,$\mu_H \in [11, 20]$。

表5-1 产品服务运营参数

初始参数	数值
产品服务方案供给量 k	10
产品服务台数量 s	4
可变成本 c_0	0.46
劳动力成本 c_s	7.65

续表

初始参数	数值
设备成本 c_r	7.72
产品服务价格约束 p	$p \in [0, 10]$
服务能力约束 μ	$\mu \in [0, 20]$
等待时间约束 t	$t < 16$

表 5-2　产品服务运营预期收益　　　　　单位：万元

μ	p	$\Pi_C(\mu_L, p_L)$	$\Pi_J(\mu_H, p_H)$	μ	p	$\Pi_P(\mu_L, p_H)$	$\Pi_R(\mu_H, p_L)$
2	0.86	9.85	6.54	2	9.87	90.23	6.42
3	1.45	12.73	8.79	3	9.15	86.56	9.81
5	2.53	24.67	17.95	5	8.59	76.64	12.34
7	3.76	35.92	26.38	7	7.29	65.78	21.87
9	4.15	43.26	38.72	9	6.32	57.54	26.90
10	4.93	49.39	45.29	10	5.67	48.87	35.89
11	5.67	42.82	52.76	11	4.93	46.79	42.91
13	6.32	32.42	59.85	13	4.15	40.26	44.76
14	7.29	20.65	69.27	14	3.76	28.65	46.83
16	8.59	9.39	78.49	16	2.53	18.35	47.36
17	9.15	7.26	89.37	17	1.45	9.95	48.98
20	9.87	6.29	96.43	20	0.86	6.73	49.96

三、产品服务能力配置策略分析

针对当前的产品服务质量水平和定价水平，为了能够实现边际收益持续增长，而且让95%以上的客户等待时间不超过16天，南阳泵业在产品服务运营过程中，需要综合运用成本领先、服务能力领先、价格领先以及产品服务能力配置联合策略，根据客户需求的动态变化，不断地提升产品服务能力水平和改进产品服务定价策略，实现企业预期收益目标。图5-3显示了产品服务能力和价格不同组合下的制造企业预期收益变化情况。

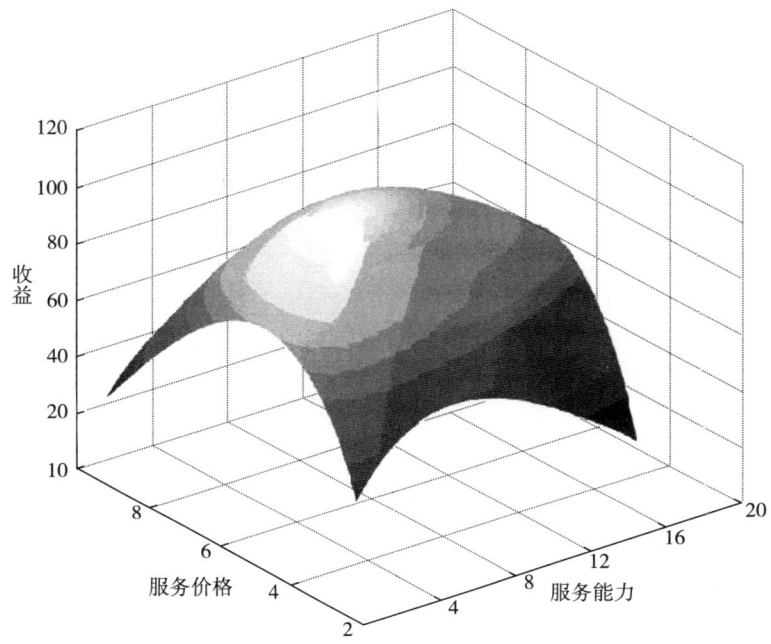

图 5-3 产品服务能力、价格与预期收益的关系

针对图 5-3 中产品服务能力、价格与预期收益之间的关系，结合成本领先、服务能力领先、价格领先以及产品服务能力定价联合四种竞争性策略，分三个演进阶段阐述采用产品服务能力配置联合策略的必要性。阶段 1 制造企业运用成本领先策略，此阶段客户需求呈现价格低、服务水平差的特点。随着产品服务能力的不断提升，或产品服务价格的不断增加，预期收益均会呈现递增趋势。阶段 2 制造企业可以运用价格领先或服务能力领先策略，针对价格领先策略而言，产品服务价格不断提升，将导致客户需求水平降低，产品服务交易量减少，预期收益将出现递减趋势。然而对于服务能力领先策略而言，随着制造服务资源不断投入，虽然客户参与规模逐步扩大，产品服务总需求量明显增加，但是制造企业产品服务运营成本也随之快速增加，而且成本增加的速度超过收益增加速度，即边际成本大于边际收益，导致制造企业预期收益出现下滑趋势。阶段 3 制造企业依据上述两个演变阶段分析，发现单一地提升服务能力或提高产品服务价格并不能有效地实现预期收益最大化。因此，有必要根据产品服务运营过程中客户需求的演变特征，兼顾并协调好服务能力与价格的增加幅度，运用产品服务能力配置联合策略，寻求产品服务能力与价格的最佳嵌入点，持续地提升预期收益水平。

当产品服务能力或价格发生变化时，运用表 5-2 中南阳泵业的产品服务运营数据，比较分析成本领先、服务能力领先、价格领先以及产品服务能力定价联合四种竞争性策略的预期收益变化。

由图 5-4 分析可知，随着产品服务能力的不断增加，成本领先策略的预期收益值先递增后递减。由于专业型客户数量少，产品服务需求总量也比较少，增加产品服务能力，将造成资源浪费，成本费用增高，预期收益持续递减。而服务能力领先策略和产品服务能力配置联合策略的预期收益值随着服务能力增加而增加，并且产品服务能力配置联合策略企业预期收益增速较快。由图 5-5 分析可知，随着产品服务价格不断增加，成本领先策略的预期收益值也先递增又递减。在服务能力领先策略情形中，提高产品服务价格，将引起经济型客户需求减少，导致制造企业预期收益呈现递减趋势。而价格领先策略和产品服务能力配置联合策略的预期收益值随着产品服务价格增加而增加，并且产品服务能力配置联合策略企业预期收益提升幅度较大。

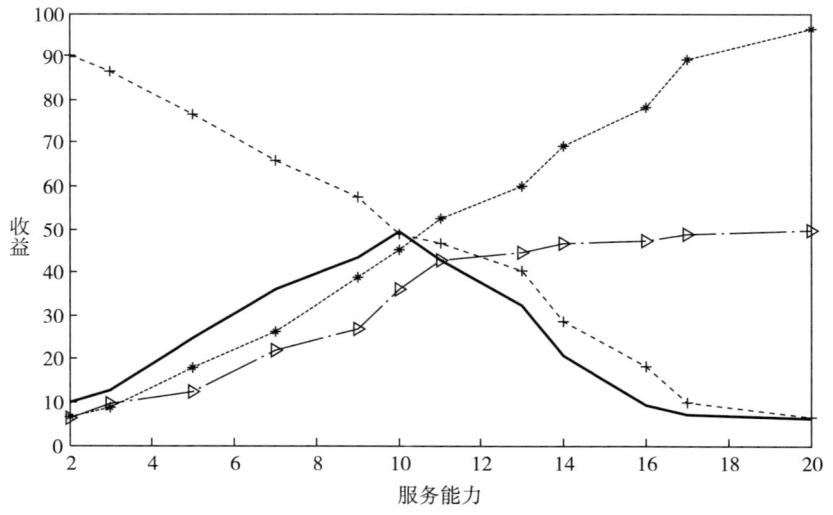

图 5-4 产品服务能力变化对预期收益的影响

当服务能力和价格双重因素同时发生变化时，结合图 5-4 和图 5-5 中的数值分析结果，进一步分析制造企业四种竞争性产品服务运营策略与四种客户类型之间的匹配性和一致性如图 5-6 所示。当产品服务能力水平和价格水平都比较低时，成本领先策略的预期收益值较高，制造企业将采取成本领先策略满足实惠型客户需求；当产品服务能力水平较低，而价格水平比较高时，价格领先策略的预期收益值较高，制造企业将采取价格领先策略满足专业型客户需求；当产品服

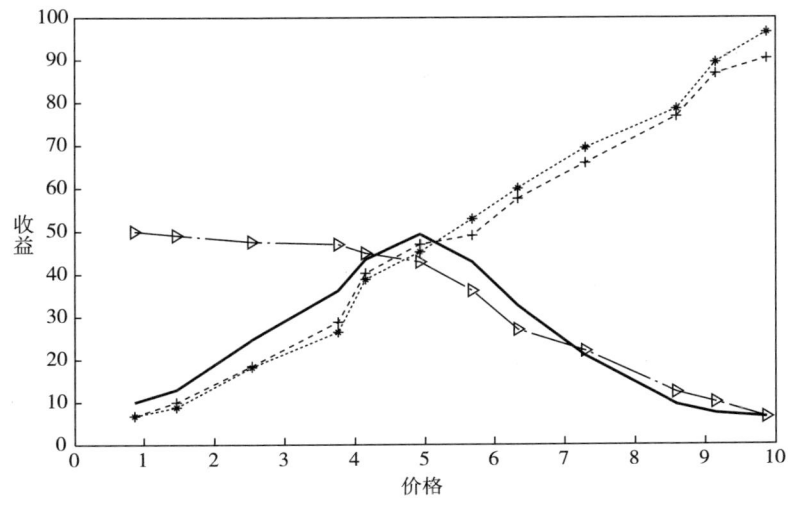

图 5-5 价格变化对预期收益的影响

务能力水平较高,而价格水平比较低时,服务能力领先策略的预期收益值较高,制造企业将采取服务能力领先策略满足经济型客户需求;当产品服务能力水平和价格水平都比较高时,产品服务能力配置联合策略的预期收益值较高,制造企业将采取产品服务能力配置联合策略满足品质型客户需求。

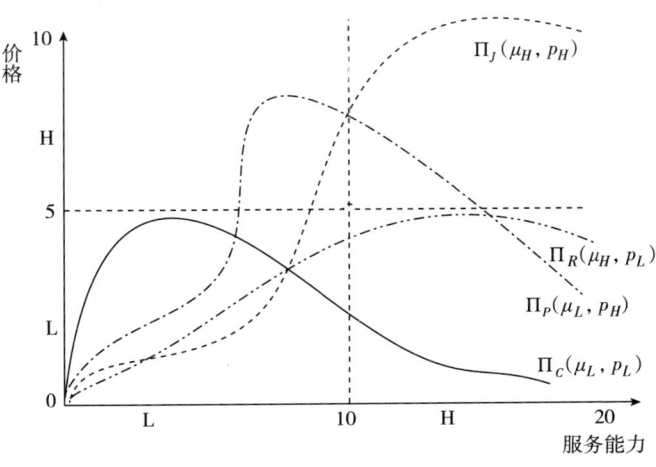

图 5-6 不同产品服务运营策略的预期收益变化

四、产品服务能力配置联合策略演化路径

根据上述研究分析发现,在产品服务嵌入过程中,客户越来越注重产品服务体验所带来的满足感,客户需求特征逐渐由关注价格向关注产品服务品质转移,客户类型也逐渐由实惠型向品质型进行转变。为了更好地应对未来产品服务市场新挑战,满足潜在客户新需求,巩固自身的产品服务竞争优势,制造企业需要实时地调整产品服务能力配置策略:从成本领先策略,经由价格领先策略或服务能力领先策略,向产品服务能力配置联合策略进行演化。产品服务能力策略演化路径如图5-7所示。

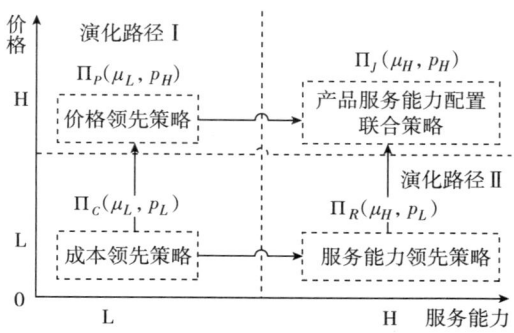

图5-7 产品服务能力配置策略演化路径

演化路径Ⅰ:成本领先策略→价格领先策略→产品服务能力配置联合策略,即$(\mu_L, p_L) \to (\mu_L, p_H) \to (\mu_H, p_H)$。由于产品服务市场同行业竞争厂商比较少,制造企业依据自身新产品研发的技术优势,先通过提高产品服务价格,增加产品边际收益,然后加大产品服务资源投入,完善产品服务网络,增强产品服务能力,逐步到达产品服务能力配置联合策略阶段,实现制造企业规模收益增长。因此演化路径Ⅰ适合于产品研发基础扎实,技术创新能力较强,产品服务营销策略完备,并且市场竞争对手较少的企业。在产品服务运营过程中,制造企业以产品创新体现产品差异化,以服务创新体现服务差异化,满足客户日益变化的动态需求,逐步形成自身产品服务核心竞争优势。

演化路径Ⅱ:成本领先策略→服务能力领先策略→产品服务能力配置联合策略,即$(\mu_L, p_L) \to (\mu_H, p_L) \to (\mu_H, p_H)$。由于产品服务市场同行业竞争厂商比较多,产品服务运营方案的替代程度比较高,首先,制造企业通过加大服务资源投入,改进产品服务流程,增强产品服务能力,获取有利的市场竞争优势;其次,再提高产品服务价格,进入产品服务能力配置联合策略阶段,实现制造企

业预期收益最大化。演化路径Ⅱ适合于产品研发基础薄弱,技术创新能力水平较低,市场竞争对手较多的企业。前期制造企业通过运用服务营销手段,开拓产品服务市场,不断地巩固市场竞争优势;后期制造企业占据主导地位后,积极开展新产品研发,完善产品服务网络,提升产品服务能力和价格,采取产品服务能力配置联合策略,持续地增强制造企业的核心竞争优势。

下面以南阳泵业的管道泵产品为切入点,分析该企业如何选取产品服务定价联合策略的演化路径。普通管道泵主要用于消防给水、污水处理、农业灌溉、高层给水,面向产品服务能力需求水平和价格需求水平较低的实惠型客户,南阳泵业运用的是成本领先策略。ISW卧式管道离心泵主要用于工业和城市给排水,增压送水,远距离输送,暖通制冷铺环、浴室等冷暖水循环增压,是南阳泵业根据温度、介质和材质变化研发的新产品,适用于石油、化工、冶金、电力、造纸等行业的专业型客户,南阳泵业运用的是价格领先策略。GDL型立式多级管道泵是常用泵型,具有节能、占地面积小、安装方便、性能稳定等特点,主要用于消防、生活供水以及空调机组循环、冷却水输送,能够满足住宅、医院、旅馆、百货大楼等经济型客户需求,南阳泵业运用的是服务能力领先策略。GDL型立式多级管道离心泵是南阳泵业在ISW卧式管道离心泵和GDL型立式多级管道泵基础上,结合客户产品服务需求动态变化,根据JB/TQ 6335—92标准研发设计的新一代产品。主要用于高压运行系统中冷热清水的循环和增压、高层建筑多台泵并联供水、消防、锅炉给水和冷却水系统,能够满足石油、化工、冶金、电力、矿山等行业的品质型客户需求,南阳泵业运用的是产品服务能力配置联合策略。

在ISW卧式管道离心泵市场中,与其他企业相比,南阳泵业产品研发技术水平较高,服务创新能力较强,而且市场竞争对手比较少。因此,在产品服务嵌入过程中,产品从普通管道泵经由ISW卧式管道离心泵升级到GDL型立式多级管道离心泵,南阳泵业应采取演化路径Ⅰ:成本领先策略→价格领先策略→产品服务能力配置联合策略,即先提升价格,后增加服务能力。在GDL型立式多级管道泵市场中,由于同行业竞争对手较多,并且南阳泵业产品研发技术水平和服务创新能力水平均比较低。因此,在产品服务嵌入过程中,产品从普通管道泵经由GDL型立式多级管道泵升级到GDL型立式多级管道离心泵,南阳泵业应采取演化路径Ⅱ:成本领先策略→服务能力领先策略→产品服务能力配置联合策略,即先增加服务能力,后提升价格。借助于以上两种演化路径,南阳泵业的产品服务运营策略逐步由低级向高级进行演化,不断地提高制造企业的预期收益水平。

第五节 本章小结

由于当前制造服务化转型过程中客户产品服务需求动态性变化，因此，开展产品服务能力管理与配置策略研究显得尤为重要。利用状态相关需求动态变化率函数和成本收益率函数，针对产品服务需求的动态性和非线性特点，建立基于潜在状态拟生灭过程的排队优化模型。同时结合产品服务化过程中客户需求变化的动态性和非线性，从服务能力和价格两个维度将客户划分为实惠型、经济型、专业型和品质型四个不同类别。并依据客户产品服务需求动态演变阶段，运用 $M/M/s/k$ 排队优化模型针对服务能力与价格的内在关联性，分别构建了成本领先策略、服务能力领先策略、价格领先策略和产品服务能力配置联合策略。最后，根据南阳泵业企业运营实例，验证产品服务能力配置联合策略的优越性，进一步指出产品服务能力配置联合策略演化路径和有效实施对策。研究结果表明，在产品服务运营过程中，与其他策略相比，产品服务能力配置联合策略是能够适应客户需求动态变化，实现制造企业预期收益最大化的最优策略。

同时指出实现产品服务能力配置联合策略的演变路径：当制造企业产品研发技术水平较高，服务创新能力较强，而且市场竞争对手比较少时，应采取演化路径Ⅰ：成本领先策略→价格领先策略→产品服务能力配置联合策略；当产品研发技术水平和服务创新能力水比较弱，并且同行业竞争对手比较多时，应采取演化路径Ⅱ：成本领先策略→服务能力领先策略→产品服务能力配置联合策略。因此，运用产品服务能力配置联合策略实时地调整服务能力与价格，能够协调好服务水平提升与服务成本降低之间的关系，实现制造企业预期收益最大化，同时有助于加快产品服务嵌入过程，指导产品服务协同创新。

第六章 考虑嵌入矢位的产品服务能力配置模型

首先,根据服务嵌入矢位不同,划分了零售商嵌入、制造商嵌入以及制造商—零售商双重嵌入三种类型;其次,结合供应链成员企业在产品服务嵌入管理过程中讨价还价能力水平的高低,分别从零售商主导型(RS)、制造商主导型(MS)、垂直Nash(VN)三种情形,研究制造商和零售商的产品服务能力配置均衡策略和预期利润变化情况。

第一节 零售商嵌入视角下产品服务能力配置

一、问题描述

供应链零售商管理研究关注网销零售商与传统零售商竞争优势比较,产品定价策略竞争,以及广告品牌效应竞争策略问题。对于网销零售商与传统零售商竞争之间的竞争问题,李文莲、夏健明(2013)在阐释"大数据"之大变革性的基础上,提出"大数据"对商业模式创新驱动的三维视角,即大数据资源与技术的工具化运用、大数据资源与技术商品化推动"大数据"产业链形成,以"大数据"为中心的扩张引发行业跨界与嵌入。刘超(2014)研究传统零售商在电子商务和网上零售业快速发展的环境下,为应对来自纯网上零售商的竞争,做出及时准确的数量决策。Holger Schneider 和 Sonke Albers(2007)探讨零售商参与比价网站的动机,分析零售商参与竞争环境下的产品定价行为的影响因素。

对于定价问题的研究,林志炳等(2006)通过分析增值服务对产品价格和市场需求的影响,推理出多个零售商的最优价格向量波动的上限。高文军、陈菊红(2010)通过分析定价博弈问题,给出基于收益共享的供应链系统成员最优定价协调策略。S. Chan Choi（1996）的研究在双寡头垄断的普通零售商的价格竞争，通过对双寡头厂商和双寡头共同零售商的渠道结构研究，分析产品分化对零售商的影响作用。Cui Cai（2011）通过对集中控制和分散控制下的闭环供应链的盈利模式，设计数量折扣契约协调模型的三级闭环供应链，研究数量折扣契约协调模型的三级闭环供应链零售商价格竞争。

对于零售商之间的品牌竞争问题，熊中楷等（2010）通过构建零售商之间的随机微分对策模型，比较分析了广告投入、制造商商誉以及广告分担比例之间的关系。吕芹、霍佳震（2011）针对两个对称性制造商和单个零售商的渠道结构，探讨自有品牌导入对渠道竞争决策产生的影响。而范小军等（2011）针对零售商与制造商品牌渠道竞争性问题，界定了制造商与零售商广告投资促销累计商誉以及广告投资成本分担系数。然而已有文献对于零售商服务运营问题关注较少，本部分则从零售商服务嵌入视角研究产品服务能力配置问题。

当零售商向客户提供产品服务时，要同时考虑价格和服务对客户需求的影响，将需求函数定义为 $D = a - bp + \lambda s$，其中，b 表示价格敏感性参数，λ 表示服务敏感性参数，并且 $b > 0$，$\lambda > 0$。由产品服务需求函数分析可知，客户产品服务需求与产品服务价格负相关，而与产品服务能力呈正相关关系，说明随着服务资源的不断投入，产品服务措施不断完善，能够吸引更多的客户参与，进而提高制造企业的规模收益。具体结构如图 6-1 所示。

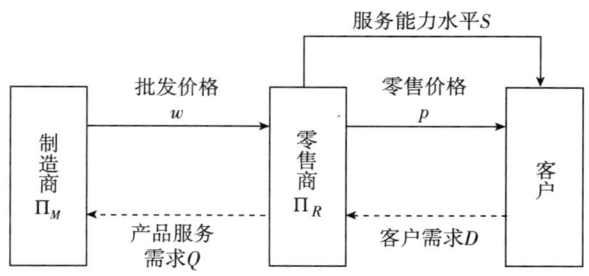

图 6-1　零售商嵌入视角下产品服务能力配置

依据产品服务需求函数，将制造商与零售商的利润函数定义为：

$$\pi_m = (w - c)(a - bp + \lambda s) \tag{6-1}$$

$$\pi_r = (p - w)(a - bp + \lambda s) - \eta s^2 / 2 \tag{6-2}$$

下面分别从零售商 Stackelberg、制造商 Stackelberg 以及垂直 Nash 三种情形研究供应链成员企业的均衡策略和利润。

二、零售商主导服务能力配置

在零售商 Stackelberg 情形下,零售商是领导者,决策变量为零售价格 p,服务能力水平 s。制造商是追随者,决策变量为批发价格 w。零售商先做决策,确定最优零售价格 p^* 和服务能力水平 s^*,然后制造商再求解最优的批发价格 w^*。假定零售商边际利润 $g = p - w$,则制造商利润函数 $\pi_m = (w-c)(a-b(w+g)+\lambda s) = (w-c)(a-bw-bg+\lambda s)$。运用 π_m 对 w 求一阶导数 $\partial \pi_m / \partial w = (a-bw-bg+\lambda s) + (w-c)(-b) = 0$,求得制造商反应函数:

$$w_4^* = \frac{a - bg + \lambda s + bc}{2b} \quad (6-3)$$

将式(6-3)代入式(6-2),求得零售商利润函数:

$$\pi_r = g\left[a - b \times \left(\frac{a-bg+\lambda s+bc}{2b}+g\right) + \lambda s\right] - \eta s^2/2 = \frac{g}{2}(a-bc-bg+\lambda s) - \eta s^2/2$$

π_r 分别对服务能力水平 s、边际利润 g 求一阶导数:

$$\partial \pi_r / \partial s = g\lambda/2 - \eta s = 0 \quad (6-4)$$
$$\partial \pi_r / \partial g = (a - bc - bg + \lambda s)/2 - gb/2 = 0 \quad (6-5)$$

由式(6-4)、式(6-5)解得零售商的边际利润、服务水平以及零售价格:

$$g_4^* = \frac{2\eta a - 2\eta bc}{4b\eta - \lambda^2}$$

$$s_4^* = \frac{\lambda(a-bc)}{4b\eta - \lambda^2}$$

$$p_4^* = w^* + g^* = \frac{a - bg + \lambda s + bc}{2b} + g = \frac{1}{2b}(a + bc + bg + \lambda s)$$

$$= \frac{1}{2b}(a + bc + b \times \frac{2\eta a - 2\eta bc}{4b\eta - \lambda^2} + \lambda \frac{\lambda(a-bc)}{4b\eta - \lambda^2})$$

$$= \frac{3\eta a + \eta bc - \lambda^2 c}{4b\eta - \lambda^2}$$

制造商利润:

$$\pi_{m4} = (w-c)(a-bp+\lambda s) = (p-g-c)(a-bp+\lambda s)$$

$$= \left[\frac{3\eta a + \eta bc - \lambda^2 c}{4b\eta - \lambda^2} - \frac{2\eta a - 2\eta bc}{4b\eta - \lambda^2} - c\right] \times \left[a - b\frac{3\eta a + \eta bc - \lambda^2 c}{4b\eta - \lambda^2} + \lambda \times \frac{\lambda(a-bc)}{4b\eta - \lambda^2}\right]$$

$$= \frac{2\eta^2 b(a-bc)^2}{(4b\eta - \lambda^2)^2}$$

零售商利润:

$$\pi_{r4} = \frac{g}{2}(a - bc - bg + \lambda s) - \eta s^2/2$$

$$= \frac{1}{2} \times \frac{2\eta a - 2\eta bc}{4b\eta - \lambda^2}(a - bc - b \times \frac{2\eta a - 2\eta bc}{4b\eta - \lambda^2} + \lambda \times \frac{\lambda(a-bc)}{4b\eta - \lambda^2}) - \frac{\eta}{2} \times \frac{\lambda^2 (a-bc)^2}{(4b\eta - \lambda^2)^2}$$

$$= \frac{\eta (a-bc)^2}{2(4b\eta - \lambda^2)}$$

供应链总利润:

$$\pi_{T4} = \pi_{m4} + \pi_{r4} = \frac{2\eta^2 b (a-bc)^2}{(4b\eta - \lambda^2)^2} + \frac{\eta (a-bc)^2}{2(4b\eta - \lambda^2)} = \frac{\eta (a-bc)^2 (6b\eta - \lambda^2)}{2(4b\eta - \lambda^2)^2}$$

三、制造商主导服务能力配置

在制造商 Stackelberg 情形下,制造商是领导者,决策变量为批发价格 w。零售商是追随者,决策变量为零售价格 p,服务能力水平 s。

制造商先做决策,确定最优的批发价格 w^*,然后零售商再求解最优零售价格 p^* 和服务能力水平 s^*。根据式(6-2),零售商的利润函数 π_r 分别对零售价格 p 和服务能力水平 s 求一阶导数:

$$\partial \pi_r / \partial p = a - 2bp + wb + \lambda s = 0 \tag{6-6}$$

$$\partial \pi_r / \partial s = \lambda p - \lambda w - \eta s = 0 \tag{6-7}$$

由式(6-6)、式(6-7)解得零售商反应函数:

$$s = \frac{\lambda a - \lambda bw}{2b\eta - \lambda^2} \tag{6-8}$$

$$p = \frac{\eta a + \eta bw - \lambda^2 w}{2b\eta - \lambda^2} \tag{6-9}$$

由 $\partial \pi_m / \partial w = 0$,解得制造商的批发价格策略:

$$w = \frac{a + bc}{2b} \tag{6-10}$$

将式(6-10)代入式(6-8)、式(6-9),可得零售商批发价格和服务能力水平的最优值:

$$p_5^* = \frac{3\eta ab + \eta b^2 c - \lambda^2 a - \lambda^2 bc}{2b(2b\eta - \lambda^2)}$$

$$s_5^* = \frac{\lambda (a-bc)}{2(2b\eta - \lambda^2)}$$

制造商利润:

$$\pi_{m5} = (w-c)(a - bp + \lambda s)$$

$$= \left(\frac{a+bc}{2b} - c\right)\left(a - b \times \frac{\eta a + \eta bw - \lambda^2 w}{2b\eta - \lambda^2} + \lambda \times \frac{\lambda a - \lambda bw}{2b\eta - \lambda^2}\right)$$

$$= \frac{\eta b}{2\eta b - \lambda^2} \times \left(\frac{a+bc}{2b} - c\right) \times \left(a - b \times \frac{a+bc}{2b}\right)$$

$$= \frac{\eta(a-bc)^2}{4(2\eta b - \lambda^2)}$$

零售商利润:

$$\pi_{r5} = (p-w)(a-bp+\lambda s) - \eta s^2/2 = \left[\frac{3\eta ab + \eta b^2 c - \lambda^2 a - \lambda^2 bc}{2b(2b\eta - \lambda^2)} - \frac{a+bc}{2b}\right]$$

$$\left[\frac{\eta b}{2\eta b - \lambda^2} \times \left(a - b \times \frac{a+bc}{2b}\right)\right] - \frac{\eta}{2}\left[\frac{\lambda(a-bc)}{2(2b\eta - \lambda^2)}\right]^2 = \frac{\eta(a-bc)^2}{8(2b\eta - \lambda^2)}$$

供应链总利润:

$$\pi_{T5} = \pi_{m5} + \pi_{r5} = \frac{\eta(a-bc)^2}{4(2\eta b - \lambda^2)} + \frac{\eta(a-bc)^2}{8(2b\eta - \lambda^2)} = \frac{3\eta(a-bc)^2}{8(2b\eta - \lambda^2)}$$

四、制造商—零售商双重主导服务能力配置

在垂直 Nash 情形下，制造商与零售商的讨价还价能力相同，双方分别对各自的决策变量：批发价格 w、零售价格 p、服务能力水平 s 进行求导优化，解得最优的经营策略和利润：

据零售商的边际利润 $g = p - w$，制造商与零售商的利润函数：

$$\pi_{m6} = (w-c)(a-bw-bg+\lambda s) \quad (6-11)$$

$$\pi_{r6} = g(a-bw-bg+\lambda s) - \eta s^2/2 \quad (6-12)$$

由 $\partial \pi_{m6}/\partial w = 0$，$\partial \pi_{r6}/\partial g = 0$，$\partial \pi_{r6}/\partial s = 0$，可得方程组：

$$\begin{cases} a - 2bw - bg + \lambda s + bc = 0 \\ a - bw - 2bg + \lambda s = 0 \\ \lambda g - \eta s = 0 \end{cases} \quad (6-13)$$

通过求解方程组 (6-13)，零售商的边际利润和服务能力水平的最优值：

$$g_6^* = \frac{\eta(a-bc)}{3\eta b - \lambda^2}$$

$$s_6^* = \frac{\lambda(a-bc)}{3\eta b - \lambda^2}$$

由式（6-13）推理可得，批发价格 $w_6^* = g + c = \frac{\eta(a-bc)}{3\eta b - \lambda^2} + c = \frac{\eta(a-bc) + c(3\eta b - \lambda^2)}{3\eta b - \lambda^2}$；零售价格 $p_6^* = w_6^* + g_6^* = \frac{\eta(a-bc) + c(3\eta b - \lambda^2)}{3\eta b - \lambda^2} + \frac{\eta(a-bc)}{3\eta b - \lambda^2} = \frac{2\eta a + \eta bc - \lambda^2 c}{3\eta b - \lambda^2}$。因此，制造商利润、零售商利润以及供应链总利润分别为：

$$\pi_{m6} = g(a - bp + \lambda s)$$
$$= \frac{\eta(a-bc)}{3\eta b - \lambda^2}\Big[a - b \times \frac{2\eta a + \eta bc - \lambda^2 c}{3\eta b - \lambda^2} + \lambda \times \frac{\lambda(a-bc)}{3\eta b - \lambda^2}\Big] = \frac{\eta^2 b\ (a-bc)^2}{(3\eta b - \lambda^2)^2}$$

$$\pi_{r6} = g(a - bp + \lambda s) - \eta s^2/2$$
$$= \frac{\eta(a-bc)}{3\eta b - \lambda^2}\Big[a - b \times \frac{2\eta a + \eta bc - \lambda^2 c}{3\eta b - \lambda^2} + \lambda \times \frac{\lambda(a-bc)}{3\eta b - \lambda^2}\Big] - \frac{\eta}{2}\Big[\frac{\lambda(a-bc)}{3\eta b - \lambda^2}\Big]^2$$
$$= \frac{\eta\ (a-bc)^2(2\eta b - \lambda^2)}{2\ (3\eta b - \lambda^2)^2}$$

$$\pi_{T6} = \pi_{m6} + \pi_{r6} = \frac{\eta^2 b\ (a-bc)^2}{(3\eta b - \lambda^2)^2} + \frac{\eta\ (a-bc)^2(2\eta b - \lambda^2)}{2\ (3\eta b - \lambda^2)^2} = \frac{\eta\ (a-bc)^2(4\eta b - \lambda^2)}{2\ (3\eta b - \lambda^2)^2}$$

五、数值分析

在零售商嵌入视角下产品服务能力配置中，为了深入研究服务敏感性对 RS、MS、VN 情形制造商利润的影响作用。假设价格替代率 $\alpha = 2$，服务替代率 $\beta = 2.3$，产品单位成本 $c = 3$，服务成本因子 $\eta = 1.4$，服务能力水平 $S \in [0, 2]$。将上述初始化参数代入制造商利润模型中，通过运用 SAS 数值软件，分析了服务敏感性对 RS、MS、VN 情形制造商利润的影响关系。

通过对图 6 - 2 的分析，零售商嵌入 RS 情形下制造商利润随着服务敏感性增加而缓慢增加。总体变化不大，而在零售商嵌入 MS 情形下，当服务敏感性在前期时，制造商利润上升缓慢，处于较低水平，比较平缓，而当服务敏感性在后期，制造商利润急剧增长，远远超过了 RS 情形下制造商利润。在 VN 情形下，随着服务敏感性增加，制造商利润缓慢上升，呈较低水平，变化相比 MS 情形下更为平缓，当服务敏感性在前期时，VN 与 MS 情形下基本处于同样的水平，但后期明显低于 RS 和 MS 情形制造商利润。综合总结 RS 情形下制造商利润长期处于稳定发展的较高状态，MS 情形制造商利润前期较低，后期开始飞速增长，而 VN 情形下制造商总体发展缓慢。

在零售商嵌入视角下产品服务能力配置中，为了深入研究服务敏感性对 RS、MS、VN 情形零售商利润的影响作用。假设价格替代率 $\alpha = 2$，服务替代率 $\beta = 2.3$，产品单位成本 $c = 3$，服务成本因子 $\eta = 1.4$，服务能力水平 $S \in [0, 2]$。将上述初始化参数代入零售商利润模型中，通过运用 SAS 数值软件，分析服务敏感性对 RS、MS、VN 情形零售商利润的影响关系。

通过对图 6 - 3 的分析，当服务敏感性在前期时，在 RS、MS、VN 三种情形下零售商利润都处于较低水平，三者差距很小，随着服务敏感性增加零售商利润基本保持不变。当服务敏感性后期时，随着服务敏感性增加，VN 情形零售商利润开始逐渐减少，零售商利润接近为零，而服务敏感性后期 RS 情形零售商利润缓慢上升，而当服务敏感性在后期时，MS 情形零售商利润开始急剧上升，超过了 MS 和 VN 情行零售商利润。综合三种情况来看，RS、MS、VN 三种情形下零售商利润在前期基本处于稳定状态，无太大变化，后期 MS 情形下零售商利润处于急剧增长发展阶段，RS 情形下零售商利润依旧稳定无变化，而 VN 情形下开始缓慢减少至无利润状态。

在零售商嵌入视角下产品服务能力配置中，为了深入研究服务敏感性对 RS、MS、VN 情形供应链总利润的影响作用。假设价格替代率 $\alpha = 2$，服务替代率 $\beta = 2.3$，产品单位成本 $c = 3$，服务成本因子 $\eta = 1.4$，服务能力水平 $S \in [0, 2]$。将上述初始化参数代入供应链总利润模型中，通过运用 SAS 数值软件，分析服务敏感性对 RS、MS、VN 情形供应链总利润的影响关系。

通过对图 6-4 的分析，VN 情形供应链总利润随着服务敏感性增加而缓慢增加，较为平缓，而 MS 情形供应链总利润随着服务敏感性增加而保持不变，供应链总利润为无，RS 情形供应链总利润随着服务敏感性增加而快速减少，供应链总利润呈负利润状态。总体来看，在 MS 情形下供应链总利润一直保持不变，而在 VN 情形下供应链总利润变化缓慢，而在 RS 情形下供应链总利润一直处于负利润状态且减少的速度逐渐加快，入不敷出，亏损越来越多。

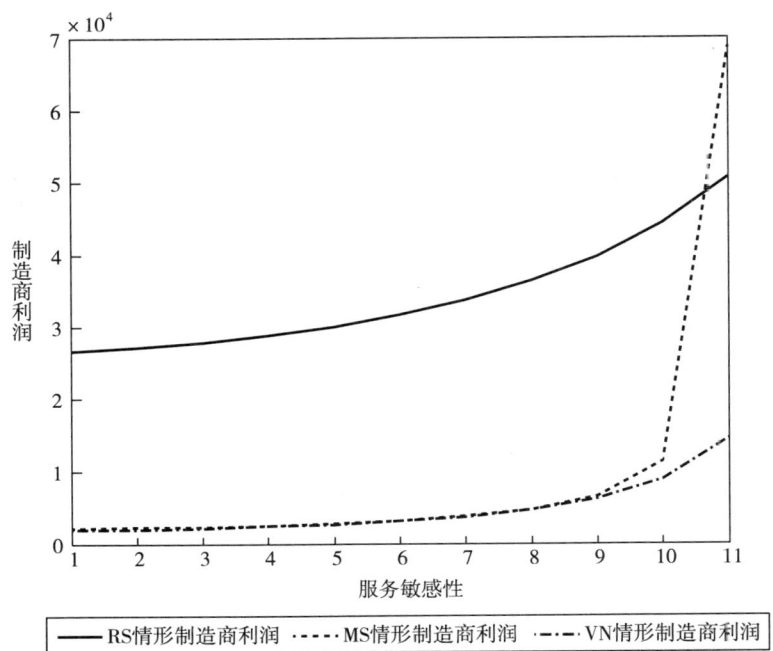

图 6-2 零售商嵌入 RS/MS/VN 情形下制造商利润比较分析

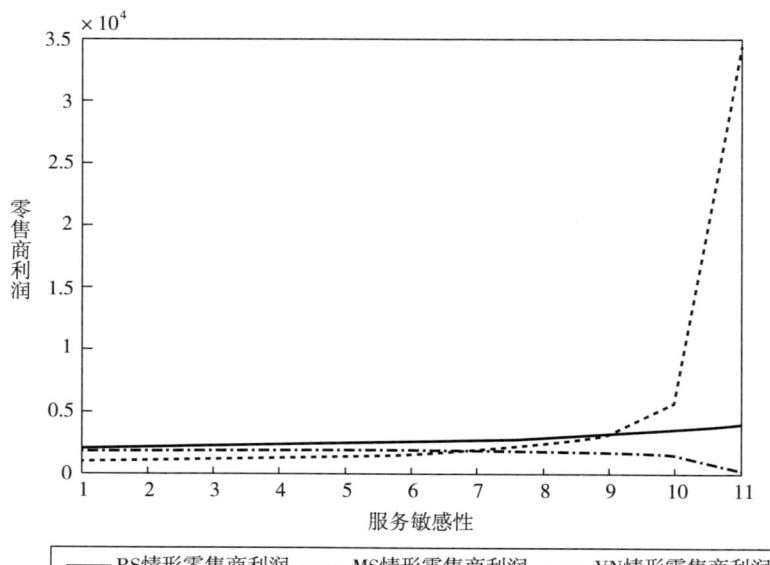

图 6-3 零售商嵌入 RS/MS/VN 情形下零售商利润比较分析

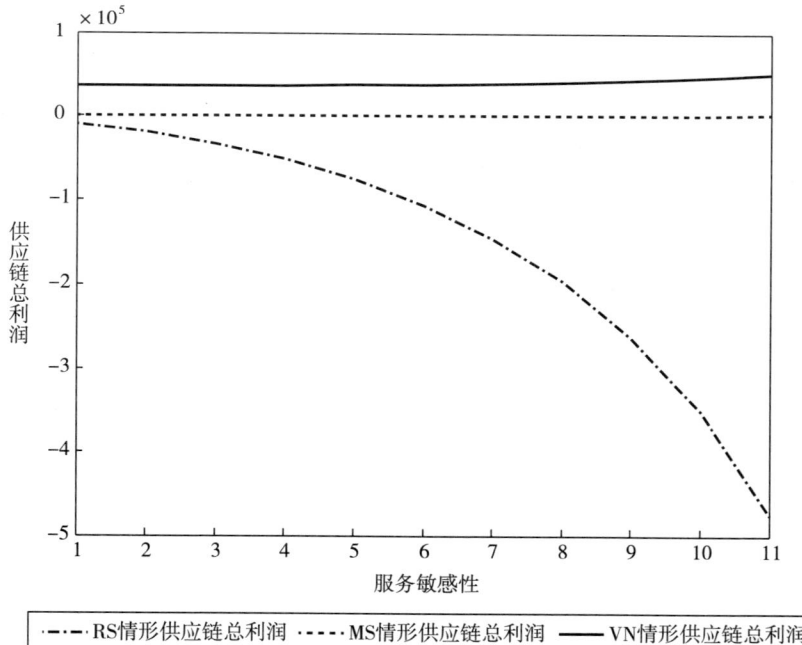

图 6-4 零售商嵌入 RS/MS/VN 情形下供应链总利润比较分析

第二节 制造商嵌入视角下产品服务能力配置

一、问题描述

对于供应链制造商管理问题，黄永等（2013）建立了两周期双寡头垄断的闭环供应链定价和生产优化模型，得到产品再制造和降低成本的最优策略。李晓莉等（2012）从循环经济视角出发，结合闭环供应链中制造商的定价策略，研究对多个制造商与零售商组成的闭环供应链系统的回收价格和回收率，分析政府生态经济补贴和客户生态意识供应链总利润的影响。王文宾、陈琴、达庆利（2013）通过考虑不同奖惩机制下制造商竞争的闭环供应链问题，积极引导制造商、零售商参与回收积极性，实现整个闭环供应链的成员企业协作高效性。曹晓刚、郑本荣、黄松等（2013）通过考虑新产品与再制造产品的关联性，分析竞争型制造商和零售商构成的再制造系统的再制造回收努力问题，提出基于改进的"通道费"契约的再制造系统协调机制。申成然、刘名武、熊中楷（2014）运用博弈论求解制造商和再制造商竞争情况下的再制造回收最优决策，并从收取专利许可费角度，探讨不同参数对新产品和再制造品定价策略的影响。谢印成、高鹏、聂佳佳（2015）从消费者绿色偏好角度，研究零售商预测信息的分享对制造商横向竞争绿色供应链的影响，指出制造商绿色成本系数和市场份额的差异影响绿色供应链成员的价值。王玉燕（2013）从绿色产品的竞争策略角度，提出绿色产品的生产最优策略以及激励潜在市场进入者的进入绿色市场的最佳策略。刚号、唐小我（2014）在非对称信息和对称信息条件下，分析供应商存在着选择单位成本的机会主义倾向问题，推理了供应链均衡策略。金会鹏（2014）利用消费者效用理论建立需求函数，研究了以制造商为主方、分销商为从方的 Stackelberg 主从定价和双方同时行动的 Bertrand 定价两种价格竞争策略，指出制造商选择的 Stackelberg 价格竞争策略。

Xu Jing-yi、Yang De-li（2006）分析了决策者的主从关系的供应链系统的退货政策下的制造商竞争，基于报童模型和信息揭示原理建立了退货策略系统的决策模型，该模型的分析和数值模拟表明，系统的最优数量只受信息隐蔽因素的影响，与厂商的竞争不相关。然而，制造商的竞争对信贷收益的影响显著提高了零售商的价格决策地位。

Owen Q. Wu（2012）认为，处理高风险供应商是制造企业日常经营的一个组成部分,通过分析在过去几年的情况,发现国内汽车供应行业也面临着众多的困难,一些最大的公司徘徊在破产边缘,近30%的北美汽车供应基地已申请在2008年底破产,一半被预测为2010年底前破产。Jye-Chyi Lu、Yu-Chung Tsao (2011) 运用博弈论研究了制造商Stackelberg、零售商Stackelberg和垂直Nash三种情形,发现消费者获得更高的服务水平时,每个通道成员拥有平等的议价能力。然而已有文献对制造商服务运营问题关注较少,本部分从制造商服务嵌入视角研究产品服务能力配置问题。

当制造商向客户提供产品服务时,面对客户需求动态变化,制造商的决策重点是确定最优的批发价格和服务能力水平,零售商的决策重点是确定最优的零售价格。具体结构如图6-5所示。

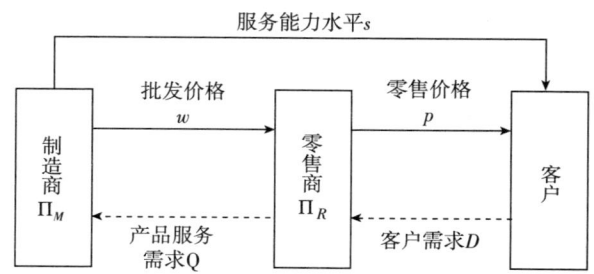

图6-5 制造商嵌入视角下产品服务能力配置

依据产品服务需求函数 $D = a - bp + \lambda s$,将制造商与零售商的利润函数定义为:

$$\pi_{m7} = (w-c)(a - bp + \lambda s) - \eta s^2/2 \tag{6-14}$$

$$\pi_{r7} = (p-w)(a - bp + \lambda s) \tag{6-15}$$

下面分别从零售商Stackelberg、制造商Stackelberg以及垂直Nash三种情形研究供应链成员企业的均衡策略和利润。

二、零售商主导服务能力配置

在零售商Stackelberg情形下,零售商是领导者,决策变量为零售价格p。制造商是追随者,决策变量为批发价格w,服务能力水平s。零售商先做决策,确定最优零售价格p^*,然后制造商再求解最优的批发价格w^*和服务能力水平s^*。已知零售商边际利润$g = p - w$,则制造商利润函数$\pi_{m7} = (w-c)(a - bw - bg + \lambda s) - \eta s^2/2$。运用$\pi_{m7}$分别对$w$,$s$求一阶导数$\partial \pi_{m7}/\partial w = 0$,$\partial \pi_{m7}/\partial s = 0$,得制造商反应函数:

$$a - 2bw - bg + bc + \lambda s = 0 \quad (6-16)$$
$$\lambda w - \lambda c - \eta s = 0 \quad (6-17)$$

然而，零售商利润函数 $\pi_{r7} = g(a - bw - bg + \lambda s)$，运用 π_{r7} 分别对 g 求一阶导数 $\partial \pi_{r7}/\partial g = 0$，得零售商反应函数：

$$a - bw - 2bg + \lambda s = 0 \quad (6-18)$$

由式（6-16）~式（6-18）解得制造商批发价格和服务能力水平的最优值：

$$w_7^* = \frac{\eta a + 2\eta bc - \lambda^2 c}{3\eta b - \lambda^2}$$

$$s_7^* = \frac{\lambda(a - bc)}{3\eta b - \lambda^2}$$

由式（6-16）、式（6-18）解得零售商边际利润：

$$g_7^* = \frac{1}{3b}(a - bc + \lambda s) = \frac{1}{3b}\left(a - bc + \lambda \frac{\lambda(a - bc)}{3\eta b - \lambda^2}\right) = \frac{\eta(a - bc)}{3\eta b - \lambda^2}$$

零售价格：$p_7^* = w_7^* + g_7^* = \dfrac{\eta a + 2\eta bc - \lambda^2 c}{3\eta b - \lambda^2} + \dfrac{\eta(a - bc)}{3\eta b - \lambda^2} = \dfrac{2\eta a + \eta bc - \lambda^2 c}{3\eta b - \lambda^2}$

因此，制造商利润、零售商利润以及供应链总利润分别为：

$$\pi_{m7} = \frac{\eta(a - bc)^2(2\eta b - \lambda^2)}{2(3\eta b - \lambda^2)^2}$$

$$\pi_{r7} = \frac{\eta^2 b(a - bc)^2}{(3\eta b - \lambda^2)^2}$$

$$\pi_{T7} = \pi_{m7} + \pi_{r7} = \frac{\eta(a - bc)^2(2\eta b - \lambda^2)}{2(3\eta b - \lambda^2)^2} + \frac{\eta^2 b(a - bc)^2}{(3\eta b - \lambda^2)^2} = \frac{\eta(a - bc)^2(4\eta b - \lambda^2)}{2(3\eta b - \lambda^2)^2}$$

三、制造商主导服务能力配置

在制造商 Stackelberg 情形下，制造商是领导者，决策变量为批发价格 w 与服务能力水平 s。零售商是追随者，决策变量为零售价格 p。制造商先做决策，确定最优的批发价格 w_8^* 和服务能力水平 s_8^*，然后零售商再求解最优零售价格 p_8^*。根据式（6-15），零售商的利润函数 π_{r8} 分别对零售价格 p 求一阶导数 $\partial \pi_{r8}/\partial p = a - 2bp + bw + \lambda s = 0$，得到零售商反应函数：

$$p = \frac{a + bw + \lambda s}{2b} \quad (6-19)$$

将式（6-19）中的零售价格 p 代入 π_{m8}，求得制造商利润函数：

$$\pi_{m8} = \frac{1}{2}[(w - c)(a - bw + \lambda s) - \eta s^2] \quad (6-20)$$

运用制造商利润函数 π_{m8} 分别对批发价格 w 与服务能力水平 s 求一阶导数

$\partial \pi_{m8}/\partial w = 0$，$\partial \pi_{m8}/\partial s = 0$：

$a - 2bw + bc + \lambda s = 0$ (6-21)

$\lambda w - \lambda c - \eta s = 0$ (6-22)

由式（6-21）、式（6-22）解得制造商最优的批发价格 w_8^* 和服务能力水平 s_8^*：

$$w_8^* = \frac{\eta a + \eta bc - \lambda^2 c}{2\eta b - \lambda^2} \quad (6-23)$$

$$s_8^* = \frac{\lambda(a - bc)}{2\eta b - \lambda^2} \quad (6-24)$$

将式（6-23）、式（6-24）代入式（6-19），可得零售价格最优值：

$$p_8^* = \frac{a + bw_8^* + \lambda s_8^*}{2b}$$

$$= \frac{1}{2b}\left[a + b \times \frac{\eta a + \eta bc - \lambda^2 c}{2\eta b - \lambda^2} + \lambda \times \frac{\lambda(a - bc)}{2\eta b - \lambda^2}\right]$$

$$= \frac{3\eta a + \eta bc - 2\lambda^2 c}{2(2\eta b - \lambda^2)}$$

因此，制造商利润、零售商利润以及供应链总利润分别为：

$$\pi_{m8} = \frac{\eta(a - bc)^2(\eta b - \lambda^2)}{2(2\eta b - \lambda^2)^2}$$

$$\pi_{r8} = \frac{\eta^2 b(a - bc)^2}{4(2\eta b - \lambda^2)^2}$$

$$\pi_{T8} = \pi_{m8} + \pi_{r8} = \frac{\eta(a - bc)^2(3\eta b - \lambda^2)}{4(2\eta b - \lambda^2)^2}$$

四、制造商—零售商双重主导服务能力配置

在垂直 Nash 情形下，制造商与零售商的讨价还价能力相同，双方分别对各自的决策变量：批发价格 w、零售价格 p、服务能力水平 s 进行求导优化，解得最优的经营策略和利润。

根据零售商的边际利润 $g = p - w$，制造商与零售商的利润函数：

$\pi_{m9} = (w - c)(a - bw - bg + \lambda s) - \eta s^2/2$ (6-25)

$\pi_{r9} = g(a - bw - bg + \lambda s)$ (6-26)

由 $\partial \pi_{m9}/\partial w = 0$，$\partial \pi_{m9}/\partial s = 0$，$\partial \pi_{r9}/\partial g = 0$，可得方程组：

$$\begin{cases} a - 2bw - bg + \lambda s + bc = 0 \\ \lambda w - \lambda c - \eta s = 0 \\ a - bw - 2bg + \lambda s = 0 \end{cases} \quad (6-27)$$

通过求解方程组（6-27），制造商的批发价格和服务能力水平的最优值以及零售商的边际利润的最优值：

$$w_9^* = \frac{\eta a + 2\eta bc - \lambda^2 c}{3\eta b - \lambda^2}$$

$$s_9^* = \frac{\lambda(a - bc)}{3\eta b - \lambda^2}$$

$$g_9^* = \frac{\eta(a - bc)}{3\eta b - \lambda^2}$$

因此，制造商利润、零售商利润以及供应链总利润分别为：

$$\pi_{m9} = \frac{\eta(a - bc)^2(2\eta b - \lambda^2)}{2(3\eta b - \lambda^2)^2}$$

$$\pi_{r9} = \frac{\eta^2 b(a - bc)^2}{(3\eta b - \lambda^2)^2}$$

$$\pi_{T9} = \frac{\eta(a - bc)^2(4\eta b - \lambda^2)}{2(3\eta b - \lambda^2)^2}$$

五、数值分析

通过对图 6-5 的分析，在产品服务化供应链运营过程中，当服务敏感性参数发生变化时，供应链成员企业制造商与零售商的收益也会发生相应的变化，为了深入研究服务敏感性参数对制造商、零售商的收益，以及产品服务化供应链的全渠道收益的影响作用，运用 SAS 数值软件，通过图 6-6～图 6-8 揭示了服务敏感性参数与制造商、零售商以及供应链收益水平之间的影响关系。

在产品服务化供应链运营过程中，当服务敏感性参数发生变化时，供应链成员企业制造商与零售商的收益也会发生相应的变化，为了深入研究服务敏感性参数对制造商、零售商的收益，以及产品服务化供应链的全渠道收益的影响作用，运用 SAS 数值软件，通过图 6-6～图 6-8 揭示了服务敏感性参数与制造商、零售商以及供应链收益水平之间的影响关系。假设价格替代率 $\alpha = 1.5$，服务替代率 $\beta = 2$，产品单位成本 $c = 3$，服务成本因子 $\eta = 1.4$，服务能力水平 $S \in [0, 2]$，将上述参数代入制造商嵌入的 RS、MS、VN 情形中，得出制造商利润，零售商利润以及供应链总利润。

在 RS 和 VN 情景下，当服务敏感性系数不断增加时，两者的制造商利润，零售商利润及供应链总利润一直保持不变且相等，在 MS 情景下，在服务敏感性系数增加至某一数值前，制造商利润、零售商利润及供应链总利润与 RS、VN 情形下的制造商利润、零售商利润及供应链总利润保持相等，其曲线重合。当服务敏感性系数增加至这一数值以后，制造商利润随着服务敏感性参数增加呈现下滑

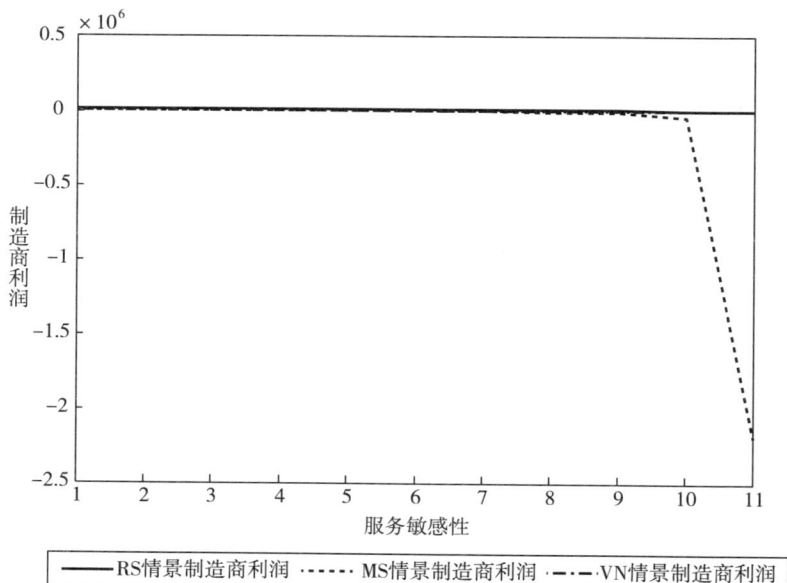

图6-6 制造商嵌入 RS/MS/VN 情形下制造商利润比较分析

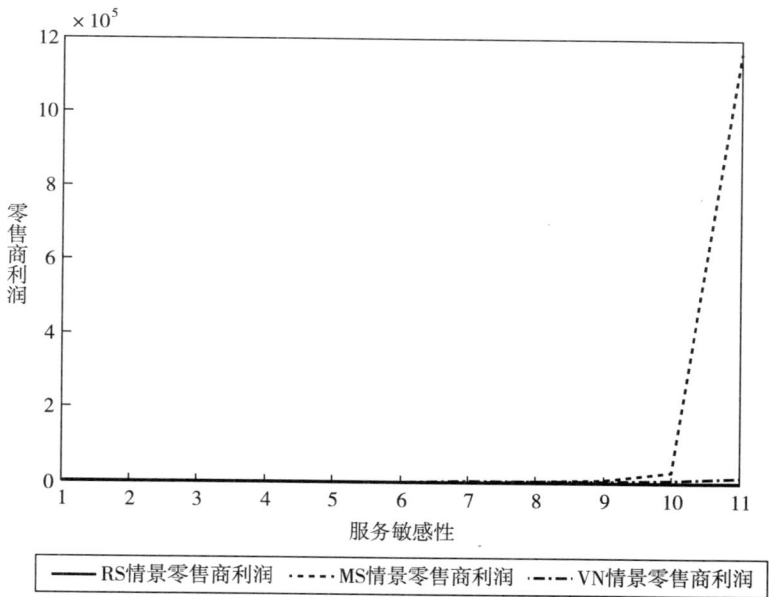

图6-7 制造商嵌入 RS/MS/VN 情形下零售商利润比较分析

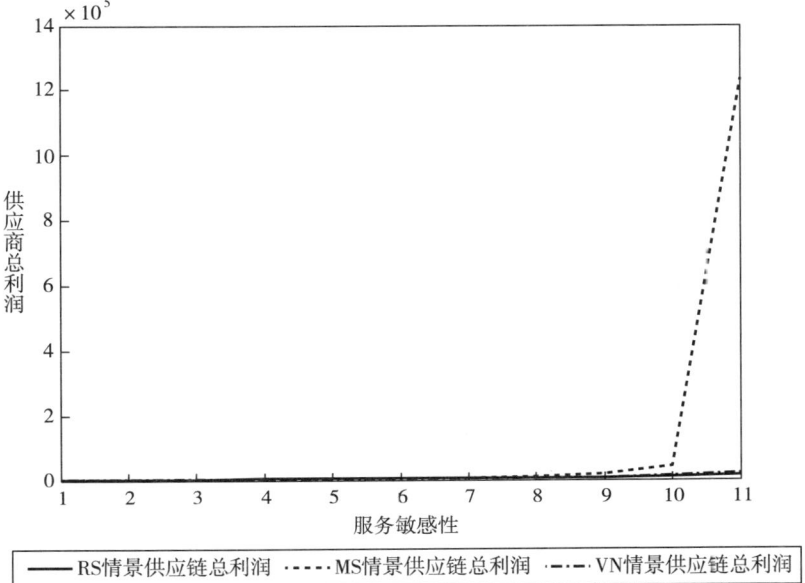

图 6-8 制造商嵌入 RS/MS/VN 情形下供应链总利润比较分析

趋势,且下滑幅度较大。此时,零售商利润及供应链总利润均呈现上升趋势,上升幅度均较大。结合图 6-6~图 6-8 中 SAS 数值分析结果,可知服务敏感性参数对 RS 情景下和 VN 情景下的制造商利润、零售商利润和供应链总利润均不会产生影响,而在 MS 情景下,当服务敏感性参数增加到某一个数值以前,同样不会对制造商利润、零售商利润及供应链总利润产生影响,但当服务敏感性参数增加到这个数值以后,会对制造商利润、零售商利润及供应链总利润产生影响。

第三节 制造商—零售商双重嵌入视角下产品服务能力配置

一、问题描述

在供应链环境下对零售商与制造商之间的合作竞争研究较多,例如,在对制造商和零售商的合作广告计划以及实现双赢的问题上运用博弈论的理论和方法,基于服务投机行为在混合渠道下制造商和零售商的定价策略,在自有品牌的驱动下制造商和零售商的竞争机制，批发定价行为在两级垂直制造商通过多个独立零售商进行销售。

曹桂梅（2009）运用博弈论，分析两级供应链合作广告问题，构建零售商与制造商之间的广告分担契约，提出制造商与零售商的最优广告策略。朱如梦、樊秀峰（2004）在分析解决工商矛盾的基础上指出，建立合作双赢的战略联盟是零售商和制造商塑造企业核心竞争力的重要手段之一。

周健、石萍、唐哲宇（2016）针对互联网迅速发展下传统的零售渠道与网络直销渠道并存的双渠道模式，基于消费者效用理论，考虑服务投机行为的消费者比率以及消费者的转移成本，分析了转移成本对价格、需求以及利润的影响趋势。研究发现投机性现象刺激了市场，提升了整体需求，制造商和零售商的利润都得到提升。丁纯洁（2012）通过引入公平因素，在混合渠道结构下，深入研究考虑公平因素的零售商均衡价格策略。

田建春、杨文勇（2011）研究发现，零售商借助强大的销售网络渠道，在引入自有品牌后，致使与制造商之间的竞争力更强，优势更加凸显，零售商若一味模仿制造商生产自有品牌产品，并不能始终占据优势；而制造商通过提升市场形象或品牌价值却有着很强的溢出效应，并且制造商的差异化投入决策需要考虑由此增加的成本是否对企业有利。

Ingene C. A.、Parry M. E.（2013）研究了批发定价行为在一个两级垂直通道组成的制造商通过多个独立零售商进行销售。Ingene C. A.、Parry M. E.（2013）在研究了存在两者之间的关税批发价格政策，共同零售商，充分协调渠道，制造商通常可以获得更大的利润通过设置一个独特的关税定价政策不协调渠道，组件的固定费两部分关税决定了通道宽度，即利润最大化独立的零售商的数量愿意参与渠道。在已有研究基础上，本部分从制造商—零售商同时提供嵌入式服务，进一步研究制造商—零售商双重嵌入视角下产品服务服务配置问题。

当制造商和零售商同时提供服务时，假设产品服务能力总需求量为 S，批发价格为 w，零售价格为 p，零售商边际利润 $g = p - w$，且制造商提供产品服务能力所占比例为 α，$\alpha \in [0, 1]$。具体结构如图 6 - 9 所示。

因此，制造商产品服务能力供给量为 αS，制造商产品服务能力供给量为 $(1 - \alpha) S$，双方的利润函数：

$$\pi_m = (w - c)(a - bw - bg + \lambda s) - \eta \alpha^2 S^2 / 2$$

$$\pi_r = g(a - bw - bg + \lambda s) - \eta (1 - \alpha)^2 S^2 / 2$$

下面分别从零售商 Stackelberg、制造商 Stackelberg 以及垂直 Nash 三种情形研究供应链成员企业的均衡策略和利润。

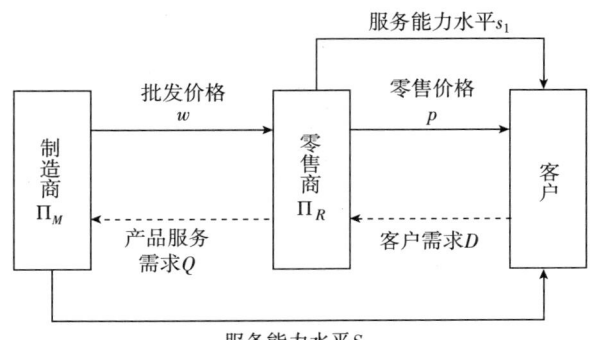

图 6-9 制造商—零售商双重嵌入视角下产品服务能力配置

二、零售商主导服务能力配置

$$\pi_{m10} = (w-c)(a-bw-bg+\lambda s) - \eta\alpha^2 S^2/2 \quad (6-28)$$

$$\pi_{r10} = g(a-bw-bg+\lambda s) - \eta(1-\alpha)^2 S^2/2 \quad (6-29)$$

在零售商 Stackelberg 情形下，零售商是领导者，决策变量为边际利润 g；而制造商是追随者，决策变量为批发价格 w，产品服务嵌入度为 α。首先，零售商先做决策，确定最优边际利润 g^*；其次，制造商再求解最优的批发价格 w^* 和产品服务嵌入度 α^*。已知零售商边际利润 $g=p-w$，则运用制造商利润函数 π_{m10} 分别对 w，α 求一阶导数 $\partial\pi_{m10}/\partial w=0$，$\partial\pi_{m10}/\partial\alpha=0$，解得制造商反应函数：

$$a - 2bw - bg + bc + \lambda S + \alpha S = 0 \quad (6-30)$$

$$w + g - c - \eta\alpha S = 0 \quad (6-31)$$

由式（6-30）可得：

$$w = c + \eta\alpha S - g \quad (6-32)$$

由式（6-31）、式（6-32）可得：

$$\alpha = \frac{a + \lambda S - bc + bg}{2\eta bS - S} \quad (6-33)$$

$$w = \frac{\eta a - \eta bg + \eta\lambda S + \eta bc + g - c}{2\eta b - 1} \quad (6-34)$$

将式（6-33）、式（6-34）代入式（6-29），可得零售商利润函数：

$$\pi_{r10} = g\left(a - b\frac{\eta a - \eta bg + \eta\lambda S + \eta bc + g - c}{2\eta b - 1} - bg + \lambda S\right) - \frac{\eta S^2}{2}\left(1 - \frac{a + \lambda S - bc + bg}{2\eta bS - S}\right)^2$$

运用 π_{r10} 分别对 g 求一阶导数 $\partial\pi_{r7}/\partial g=0$，解得零售商边际利润的最优值：

$$g_{10}^* = \frac{(2\eta b - 1)[(a+\lambda S - bc)(2\eta b - 1) + \eta bs]}{\eta b^2 (4\eta b - 1)}$$

$$\alpha_{10}^* = \frac{(a+\lambda S - bc)\left[\eta b(4\eta b - 1) + (2\eta b - 1)^2 S\right] + (2\eta b - 1)\eta b S^2}{\eta b S(4\eta b - 1)(2\eta b - 1)}$$

$$w_{10}^* = \frac{\eta a + \eta bc + \eta \lambda S - c}{2\eta b - 1} + \frac{(\eta b - 1)\left[(a + \lambda S - bc)(2\eta b - 1) + \eta b S\right]}{\eta b^2 (4\eta b - 1)(2\eta b - 1)}$$

因此，制造商利润、零售商利润以及供应链总利润分别为：

$$\pi_{m7} = \frac{\eta (a-bc)^2 (2\eta b - \lambda^2)}{2(3\eta b - \lambda^2)^2}$$

$$\pi_{r7} = \frac{\eta^2 b (a-bc)^2}{(3\eta b - \lambda^2)^2}$$

$$\pi_{T7} = \pi_{m7} + \pi_{r7} = \frac{\eta (a-bc)^2 (2\eta b - \lambda^2)}{2(3\eta b - \lambda^2)^2} + \frac{\eta^2 b (a-bc)^2}{(3\eta b - \lambda^2)^2} = \frac{\eta (a-bc)^2 (4\eta b - \lambda^2)}{2(3\eta b - \lambda^2)^2}$$

三、制造商主导服务能力配置

$$\pi_{m11} = (w-c)(a-bw-bg+\lambda s) - \eta \alpha^2 S^2 /2 \qquad (6-35)$$

$$\pi_{r11} = g(a-bw-bg+\lambda s) - \eta (1-\alpha)^2 S^2 /2 \qquad (6-36)$$

在制造商 Stackelberg 情形下，制造商是领导者，决策变量为批发价格 w 与产品服务嵌入度 α；而零售商是追随者，决策变量为边际利润 g。首先，制造商先做决策，确定最优的批发价格 w_{11}^* 和产品服务嵌入度 α_{10}^*；其次，零售商再求解最优边际利润 g_{10}^*。根据式（6-36），零售商的利润函数 π_{r11} 分别对边际利润 g 求一阶导数 $\partial \pi_{r11}/\partial g = a - bw - 2bg + \lambda S = 0$，得到零售商反应函数：

$$g = \frac{a - bw + \lambda S}{2b} \qquad (6-37)$$

将式（6-37）代入式（6-35），求得制造商利润函数：

$$\pi_{m11} = \frac{1}{2}(w-c)(a-bw+\lambda S) + \frac{1}{2b}(a+bw+\lambda S - 2bc)\alpha S - \eta \alpha^2 S^2 /2 \qquad (6-38)$$

运用制造商利润函数 π_{m11} 分别对批发价格 w 与产品服务嵌入度 α 求一阶导数 $\partial \pi_{m11}/\partial w = 0$，$\partial \pi_{m11}/\partial \alpha = 0$：

$$a - 2bw + bc + \lambda S + \alpha S = 0 \qquad (6-39)$$

$$a + bw + \lambda S - 2bc - 2\eta b \alpha S = 0 \qquad (6-40)$$

由式（6-39）、式（6-40）解得制造商最优的批发价格 w_{10}^* 和产品服务嵌入度 α_{10}^*：

$$w_{10}^* = \frac{2\eta ab + a + 2\eta b \lambda S + \lambda S + 2\eta b^2 c - 2bc}{4\eta b^2 - b} \qquad (6-41)$$

$$\alpha_{10}^* = \frac{3(a + \lambda S - bc)}{(4\eta b - 1)S} \qquad (6-42)$$

将式（6-41）、式（6-42）代入式（6-38），可得边际利润最优值：

$$g_{10}^* = \frac{(a+\lambda S - bc)(\eta b - 1)}{4\eta b^2 - b}$$

因此，制造商利润、零售商利润以及供应链总利润分别为：

$$\pi_{m11} = \frac{(a+\lambda S - bc)^2(4\eta b - 1)(\eta b + 2)}{2b(4\eta b - 1)^2}$$

$$\pi_{r11} = \frac{2(a+\lambda S - bc)^2(\eta b - 1)^2 - \eta b[(4\eta b - 1)S - 3(a+\lambda S - bc)]^2}{2b(4\eta b - 1)^2}$$

$$\pi_{T11} = \frac{3\eta b(2\eta b + 1)(a+\lambda S - bc)^2 - \eta b[(4\eta b - 1)S - 3(a+\lambda S - bc)]^2}{2b(4\eta b - 1)^2}$$

四、制造商—零售商双重主导服务能力配置

$$\pi_{m12} = (w - c)(a - bw - bg + \lambda S) - \eta \alpha^2 S^2 / 2$$

$$\pi_{r12} = g(a - bw - bg + \lambda S) - \eta(1 - \alpha)^2 S^2 / 2$$

在垂直 Nash 情形下，制造商与零售商的讨价还价能力相同，双方分别对各自的决策变量：批发价格 w、产品服务嵌入度 α、边际利润 g 进行求导优化，解得最优的经营策略和利润。

$$\partial \pi_{m12} / \partial w = a - 2bw - bg + \lambda S + bc + \alpha S = 0 \qquad (6-43)$$

$$\partial \pi_{m12} / \partial \alpha = wS + gS - cS - \eta \alpha S^2 = 0 \qquad (6-44)$$

$$\partial \pi_{r12} / \partial g = a - 2bg - bw + \lambda S = 0 \qquad (6-45)$$

由式（6-43）解得：

$$\alpha = \frac{w + g - c}{\eta S} \qquad (6-46)$$

由式（6-45）解得：

$$w = \frac{a - 2bg + \lambda S}{b} \qquad (6-47)$$

联立式（6-43）、式（6-44）得：

$$\eta a - 2\eta bw + w - \eta bg + g + \eta \lambda S + \eta bc - c = 0 \qquad (6-48)$$

将式（6-45）、式（6-46）代入式（6-48）得：

$$-\eta ab + 3\eta b^2 g - \eta b\lambda S + gb + \eta b^2 g - bc + a - 2bg + \lambda S = 0$$

$$g_{12}^* = \frac{\eta ab + \eta b\lambda S - \eta b^2 c + bc - a - \lambda S}{3\eta b^2 - b} \qquad (6-49)$$

结合式（6-46）、式（6-47）、式（6-49），解得：

$$w_{12}^* = \frac{\eta ab + \eta b\lambda S + a + \lambda S + 2\eta b^2 c - 2bc}{3\eta b^2 - b}$$

产品服务嵌入度参数：

$$\alpha^* = \frac{2a + 2\lambda S - 2bc}{(3\eta b - 1)S}$$

因此，制造商利润、零售商利润以及供应链总利润分别为：

$$\pi_{m12} = \frac{b(a+\lambda S - bc)^2(\eta^2 b^2 + 2\eta b - 1)}{(3\eta b^2 - b)^2}$$

$$\pi_{r12} = \frac{2b(a+\lambda S - bc)^2(\eta b - 1)^2 - \eta(3\eta b^2 S - bS - 2ab - 2b\lambda S + 2b^2 c)^2}{2(3\eta b^2 - b)^2}$$

$$\pi_{T12} = \frac{b(a+\lambda S - bc)^2(3\eta^2 b^2 - 2\eta b + 1) - \eta(3\eta b^2 S - bS - 2ab - 2b\lambda S + 2b^2 c)^2}{2(3\eta b^2 - b)^2}$$

五、数值分析

在制造商—零售商双重嵌入视角下，为了深入研究制造商利润分别在 RS、MS、VN 情景下受服务敏感性的影响程度。假设价格替代率 $\alpha = 2$，服务替代率 $\beta = 2$，产品单位产品 $c = 3$，服务成本因子 $\eta = 1.4$，服务能力水平 $S \in [0, 2]$ 来研究服务敏感性对不同情景下的制造商利润的影响，将上述初始化参数代入本章第三节的模型中，通过运用 SAS 数值软件分析服务敏感性与不同情景下制造商利润的影响关系。

通过对图 6-10 的数值分析，在制造商—零售商双重嵌入 RS/MS/NS 情形下，RS 情景制造商利润与 MS 情景制造商利润对服务敏感性比较敏感，而且在服务敏感性不断提高的情况下，这两种情景下的制造商利润几乎以相同比例速度大幅度提高。而服务敏感性对 VN 情景下的制造商利润在前期内几乎没有什么影响，甚至当服务敏感性到达一定值后制造商利润还会下降。

为了研究在制造商—零售商双重嵌入视角下服务敏感性分别对 RS、MS、VN 三种不同情景下零售商利润的影响。假设价格替代率为 $\alpha = 2$，服务替代率为 $\beta = 2.3$，产品单位产品为 $c = 3$，服务成本因子为 $\eta = 1$，服务能力水平为 $S \in [0, 2]$ 时，研究了服务敏感性在上述三种情景下对零售商的影响。由图 6-11 分析可知，产品服务市场中的服务敏感性变化对 MS 和 RS 零售商利润的影响较小，虽然随着服务敏感性参数的增加在 MS 情景下零售商利润会有小幅度上升，在 RS 情景下也会有一点下降，但这两种情境下的零售商利润几乎保持在一个平稳的状态。VN 情景下零售商利润对服务敏感性反应灵敏，随着服务敏感性参数不断增加，零售商利润大幅持续上升。图 6-12 表明，服务敏感性在上述三种情况下供应链总利润之间的变化关系。在市场经济下服务敏感性参数的变化都会在这三种情景下的供应链利润相应提高，其中对 RS 情景下供应链的影响最小，供应链总利润几乎保持平稳。在 MS 和 VN 情景下供应链利润则会由于服务敏感性参数的增高而产生较快的提高；其中，在 MS 情景下供应链总利润始终是这三种情景下

第六章 考虑嵌入矢位的产品服务能力配置模型

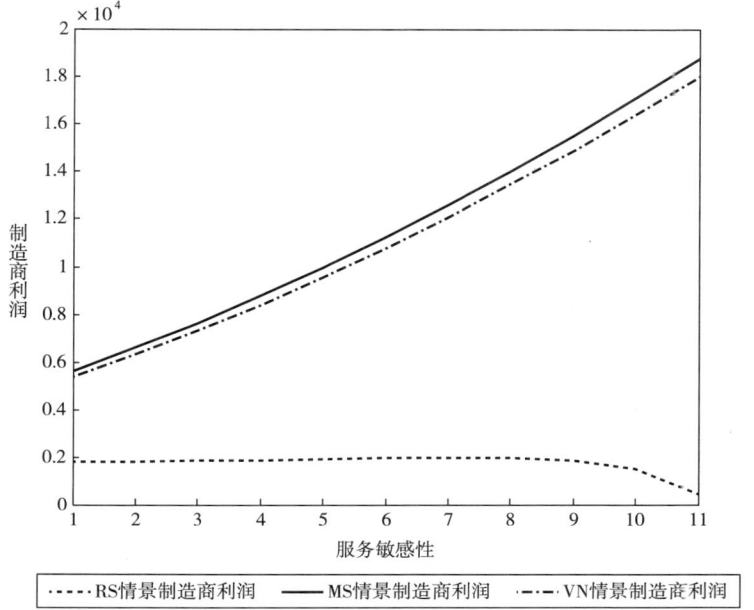

图6-10 制造商—零售商双重嵌入 RS/MS/VN 情形下制造商利润比较分析

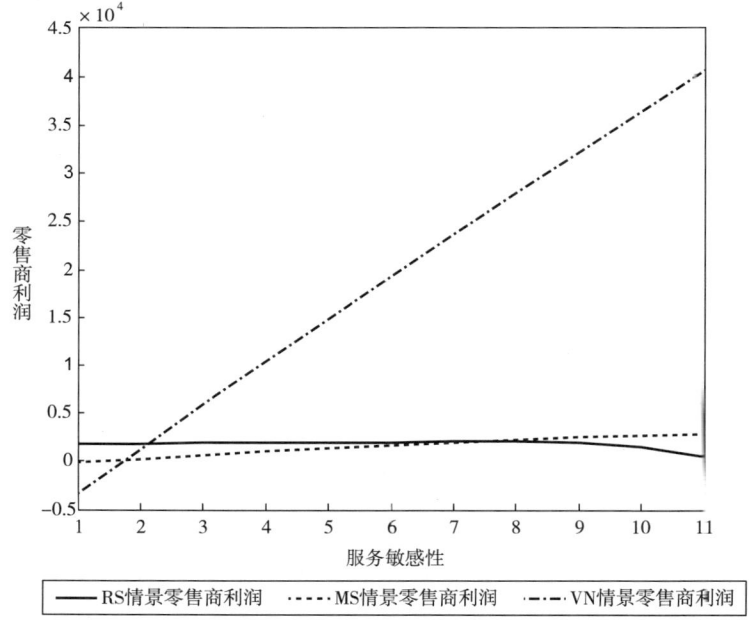

图6-11 制造商—零售商双重嵌入 RS/MS/VN 情形下零售商利润比较分析

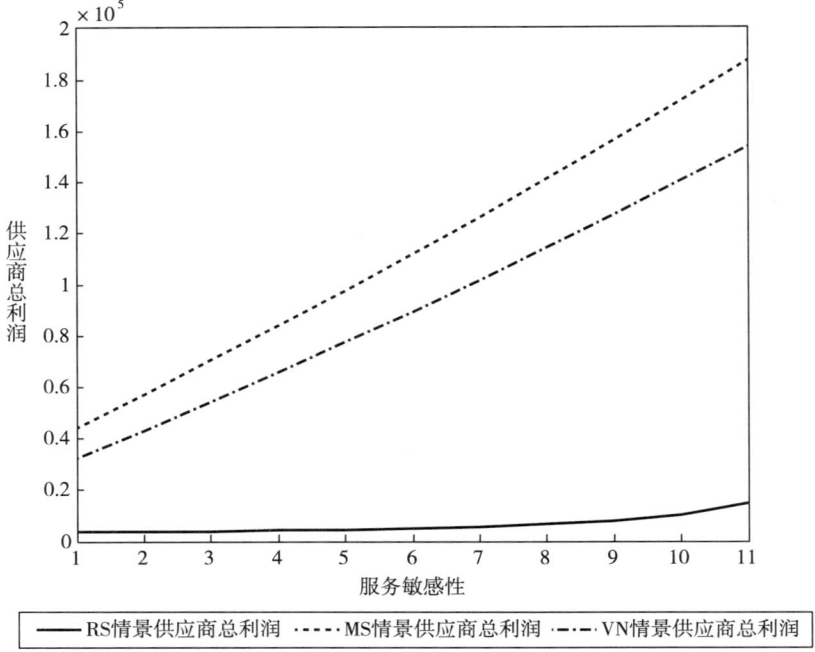

图 6-12 制造商—零售商双重嵌入 RS/MS/VN 情形下供应链总利润比较分析

供应链总利润最高的。

第四节 本章小结

本章通过服务嵌入矢位不同,分析产品服务能力配置管理问题。首先,根据服务嵌入矢位不同,划分了零售商嵌入、制造商嵌入以及制造商—零售商双重嵌入三种类型;其次,结合供应链成员企业在产品服务嵌入管理过程中讨价还价能力水平的高低,分别从零售商主导型(RS)、制造商主导型(MS)、垂直 Nash(VN)三种情形,研究制造商和零售商的产品服务能力配置均衡策略和预期利润变化情况。

结果表明,零售商服务嵌入 RS 情形下制造商利润随着服务敏感性增加而缓慢增加。总体变化不大,而在零售商嵌入 MS 情形下,当服务敏感性在前期时,制造商利润上升缓慢,处于较低水平,比较平缓,而当服务敏感性在后期,制造商利润急剧增长,远远超过了 RS 情形下制造商利润。在 VN 情形下,随着服务敏感性增加，制造商利润缓慢上升，呈较低水平，变化相比 MS 情形下更为平缓，当服务敏感性在前期时，尽管在 VN 情形与 MS 情形下基本处于同样的水平，但后期明显低于 RS 情形和 MS 情形制造商利润。制造商服务嵌入 RS 情形和 VN 情形，当服务敏感性系数不断增加时，制造商利润、零售商利润及供应链总利润一直保持不变且相等，在 MS 情景下，服务敏感性系数增加至某一数值前，制造商利润、零售商利润及供应链总利润与在 RS 情形、VN 情形下的制造商利润、零售商利润及供应链总利润保持相等，其曲线重合。当服务敏感性系数增加至这一数值以后，制造商利润随着服务敏感性参数增加呈现下滑趋势，且下滑幅度较大。此时，零售商利润及供应链总利润均呈上升趋势，上升幅度均较大。在制造商—零售商双重嵌入 RS/MS/NS 情形下，RS 情景制造商利润与 MS 情景制造商利润对服务敏感性比较敏感，而且在服务敏感性不断提高的情况下，这两种情景下的制造商利润几乎以相同比例速度高幅度提高。而服务敏感性对 VN 情景下的制造商利润在前期内几乎没有什么影响，甚至当服务敏感性到达一定值后制造商利润还会下降。

第七章　考虑转移支付的产品服务嵌入能力配置模型

通过引入产品服务嵌入度参数，将以产品为基础的生产能力配置问题延伸至以产品为依托、以标准化服务包为基础的产品服务能力配置问题。并且运用 Cournot 博弈，以产品服务化供应链中的制造商—零售商为对象，分别考虑零售商能力竞争、制造商能力竞争以及制造商—零售商能力协作三种情形下产品服务能力配置优化问题。通过构建用于协调双方利益关系，实现收益公平分配的转移支付契约机制，能够对协调后的总收益增加值进行公平合理的分配，同时能够有效地防止预先购买，哄抬价格的道德缺失现象的发生，确保产品服务化供应链成员企业合作的长期性和稳定性。

第一节　考虑制造商竞争的产品服务能力配置

一、问题描述

当前企业间的竞争已经由产品制造领域逐步延伸至服务领域，在核心竞争力提升过程中，制造企业日益关注服务运营对于企业竞争力的促进作用。产品服务化逐渐成为制造业未来发展的一种重要趋势。通过产品和服务的嵌入、客户全程参与和体验、企业相互提供生产性服务和服务性生产，实现分散化制造资源的整合和各自核心竞争力的高度协同，从而使制造价值链中各利益相关者获得价值增值的一种高效创新模式。在制造服务化转型过程中，为了满足大规模客户的定制化需求，需要对供应链成员企业的服务能力进行协调管理，在相关企业间实现信息共享、资源互补，能力合作，最终为客户提供满意的产品服务集成化解决方案。因此，由功能提供商、制造商和最终客户构成的产品服务化供应链应运而生,制造商通过整合诸多功能提供商的产品与服务,并将集成化产品—服务方案交付给最终客户。在产品供应链中,制造企业可以通过产品库存对企业间合作过程进行协调,而在产品服务化供应链中,由于服务具有易逝性和不可存储性,服务型制造企业则运用服务能力进行协调管理。在文献的基础上,利用向客户提供满意的标准化产品服务包的数量多少来衡量制造商服务能力水平的高低。

为了满足多样化的客户服务需求,降低供应链资源配置过程中的各种成本费用,需要通过建立服务能力合作机制,协调多方的利益关系,增强每个成员企业的收益能力,提高供应链的整体绩效水平。而转移支付契约已成为对供应链成员企业之间的合作关系进行协调的重要方法。Rubin 和 Carter(2003)认为,转移支付是指为了激励对方偏离个体最优方案,实现全局最优方案,在交易双方之间发生的额外资金转移。Carter 和 Ferrin(1995)指出,转移支付是指为激励合作企业在给定契约上做出让步,在合作双方之间所发生的额外资金转移,例如,降低价格、追加罚款、折扣策略及聘请费用等。通过回顾转移支付契约在两级供应链协调方面的应用问题,Cachon(2003)分析了转移支付的存在形式,包括稳定批发价格、收益共享、回购、价格折扣、销售回扣契约等。因此,供应链转移支付是指为增强供应链整体收益,而在不同成员企业之间所发生的货币资金转移,例如,转移支付、赔偿、退还、回购等。针对转移支付契约机制问题,罗定提(2001)在产品价格固定、需求是在随机的情况下,研究了转移支付激励机制对供应商和零售商收益产生的影响,并证明了该转移支付激励机制能够有效地提高供应链的运作效益。在此基础上,韩建军针对项目业主与设计承包商组成的设计外包体系,在合约不完全条件下,研究了转移支付激励机制对项目业主收益的影响。上述文献仅仅关注的是转移支付契约的内涵及其简单应用,而对于转移支付契约机制设计以及总收益增加值的公平分配问题考虑较少。

已有双寡头市场研究文献,主要从产品替代性、广告合作策略、生产差异化、消费者行为以及产量竞争等不同视角,研究了双寡头企业间的竞争问题,却忽视了双方之间的服务能力配置问题。而且生产能力配置研究文献仅从产品的角度,针对基于生产能力的价格与交货期决策问题以及生产能力约束下的供应链协调问题开展了研究,却忽视了服务因素的影响,未能构建实现互利共赢的服务能力配置机制。有鉴于此,通过引入产品服务嵌入度参数,将以产品为基础的生产能力配置问题进一步延伸至以产品为依托,以标准化服务包为基础的产品服务能力配置问题。并且运用 Cournot 博弈,以产品服务化供应链中的核心企业—制造商为对象,深入分析双寡头制造商之间的产品服务能力配置问题,构建能够实现收益公平分配的转移支付契约机制。

二、制造商竞争转移支付模型

1. 转移支付契约

在 Cournot 博弈中,两个产品制造商面临同一个产品服务需求市场,提供同质化产品服务包,在需求价格函数既定条件下,双方围绕服务能力的协调问题进行博弈。在双方非零和博弈模型中,q_1 和 q_2 分别是制造商 1 和制造商 2 的产品供给量,q_{s1} 和 q_{s2} 分别表示标准化服务包的供给量。

产品服务嵌入度 $s_i = q_{si}/q_i$,表示单位产品所配套的标准化服务包的数量。s_i 越大表示产品与服务关联性越密切,两者嵌入程度越高。制造商目标收益函数分别为 $\pi_1(q_{s1}, q_{s2})$ 和 $\pi_2(q_{s1}, q_{s2})$,(q_{s1}^N, q_{s2}^N) 表示博弈双方的 Nash 均衡解,且满足:

$$\pi_1(q_{s1}^N, q_{s2}^N) \geq \pi_1(q_{s1}, q_{s2}^N) \qquad (7-1)$$

$$\pi_2(q_{s1}^N, q_{s2}^N) \geq \pi_2(q_{s1}^N, q_{s2}) \qquad (7-2)$$

其中,$(\tilde{q}_{s1}^N, \tilde{q}_{s2}^N)$ 表示转移支付契约条件下产品制造商双方博弈的 Nash 均衡,(q_{s1}^*, q_{s2}^*) 表示系统的全局最优解,能够实现整体收益函数 $\pi(q_{s1}, q_{s2}) = \sum_{i=1}^{2} \pi_i(q_{s1}, q_{s2})$ 的最大化。$(\tilde{q}_{s1}^N, \tilde{q}_{s2}^N)$ 与 (q_{s1}^N, q_{s2}^N) 是有区别的,后者表示不考虑转移支付时原博弈的 Nash 均衡。具体如图 7-1 所示。

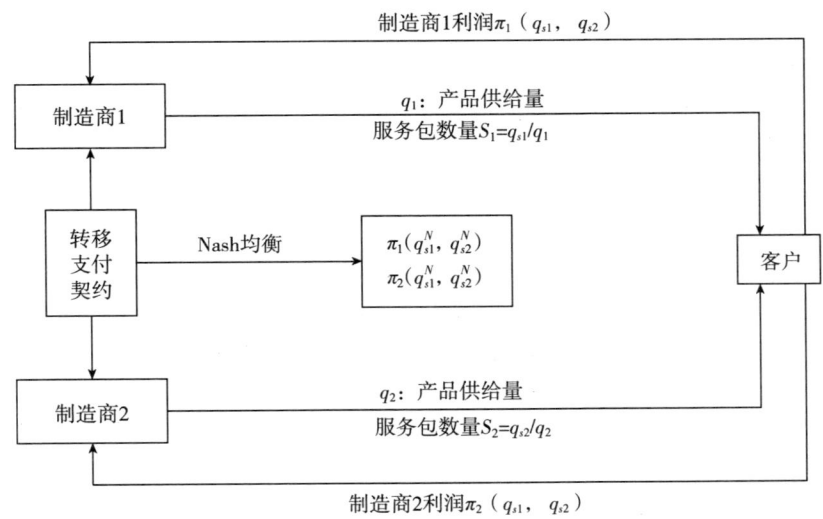

图 7-1 制造商竞争情形产品服务能力配置

第七章 考虑转移支付的产品服务嵌入能力配置模型

制造商需要通过设计合理的转移支付契约,保持企业间合作的稳定性,提高合作联盟的整体收益水平。然而转移支付契约须满足以下两个准则:

准则 1 如果转移支付方案是针对某一特定博弈而设计的,则转移支付契约下的均衡解 $(\tilde{q}_{s1}^N, \tilde{q}_{s2}^N)$ 与全局最优解 (q_{s1}^*, q_{s2}^*) 相同。

准则 2 为保持双方合作联盟的稳定性,且每个制造商的收益水平均比非合作情景有所提高,那么该转移支付契约需要满足 $\pi_i(q_{s1}^*, q_{s2}^*) \geq \pi_i(q_{s1}^N, q_{s2}^N)$, $i = 1, 2$。

运用上述准则,合作双方各自的收益函数 $\pi_i(q_{s1}, q_{s2})$ 均需增加转移支付项,最终收益函数 $\pi_i^s(q_{s1}, q_{s2})$ 可表示为:

$$\begin{cases} \pi_1^s(q_{s1}, q_{s2}) = \pi_1(q_{s1}, q_{s2}) - L(q_{s1}, q_{s2}) - \gamma \\ \pi_2^s(q_{s1}, q_{s2}) = \pi_2(q_{s1}, q_{s2}) + L(q_{s1}, q_{s2}) + \gamma \end{cases} \quad (7-3)$$

其中,$L(q_{s1}, q_{s2})$ 指制造商 1 给予制造商 2 的转移支付,取决于双方的决策行为;γ 指制造商 1 给予制造商 2 的收益分配常量。在收益函数 $\pi_i^s(q_{s1}, q_{s2})$ 中,$L(q_{s1}, q_{s2})$ 和 γ 分别指准则 1 和准则 2 的实现条件,下面运用两步法,进一步研究 $L(q_{s1}, q_{s2})$ 和 γ 的实现过程:

(1) 当不考虑收益分配常量 γ 时,通过分析 $\pi_1(q_{s1}, q_{s2}) - L(q_{s1}, q_{s2})$ 和 $\pi_2(q_{s1}, q_{s2}) + L(q_{s1}, q_{s2})$,寻求函数 $L(q_{s1}, q_{s2})$ 合理解,以确保实现准则 1;

(2) 通过使用 Nash 仲裁方案和 Shapley 值,在两个制造商之间对总收益增加值进行公平分配,并计算 γ 的值,以确保实现准则 2。

2. 转移支付函数

转移支付 $L(q_{s1}, q_{s2})$ 是 (q_{s1}, q_{s2}) 的函数,是双方之间发生的转移支付。$L(q_{s1}, q_{s2}) > 0$,表明制造商 1 向制造商 2 提供的转移支付为 $L(q_{s1}, q_{s2})$。$L(q_{s1}, q_{s2}) < 0$,表明制造商 2 向制造商 1 提供的转移支付为 $L(q_{s1}, q_{s2})$。$L(q_{s1}, q_{s2}) = 0$,表明两个制造商之间没有转移支付。当不考虑收益分配常量 γ 时,双方收益函数为:

$$\begin{cases} \bar{\pi}_1(q_{s1}, q_{s2}) = \pi_1^s(q_{s1}, q_{s2}) + \gamma = \pi_1(q_{s1}, q_{s2}) - L(q_{s1}, q_{s2}) \\ \bar{\pi}_2(q_{s1}, q_{s2}) = \pi_2^s(q_{s1}, q_{s2}) - \gamma = \pi_2(q_{s1}, q_{s2}) + L(q_{s1}, q_{s2}) \end{cases} \quad (7-4)$$

为满足准则 1,需要在 $L(q_{s1}, q_{s2})$ 中寻求合适的参数值,以便使 Nash 均衡解与全局最优解相等。

定理 1 为了实现准则 1,转移支付函数 $L(q_{s1}, q_{s2})$ 需要满足:

$$\begin{cases} \pi_1(q_{s1}^*, q_{s2}^*) - L(q_{s1}^*, q_{s2}^*) \geq \pi_1(q_{s1}, q_{s2}) - L(q_{s1}, q_{s2}) \\ \pi_2(q_{s1}^*, q_{s2}^*) + L(q_{s1}^*, q_{s2}^*) \geq \pi_1(q_{s1}, q_{s2}) - L(q_{s1}, q_{s2}) \end{cases} \quad (7-5)$$

且 $(q_{s1}^*, q_{s2}^*) = \arg\max_{q_{s1}, q_{s2}} \pi(q_{s1}, q_{s2})$

证明:

根据准则 1,全局最优解 (q_{s1}^*, q_{s2}^*) 能够实现 $\pi(q_{s1}, q_{s2}) = \sum_{i=1}^{2}\pi_i(q_{s1}, q_{s2}) = \sum_{i=1}^{2}\bar{\pi}_i(q_{s1}, q_{s2}^*)$ 最大化,并且等于含有 $L(q_{s1}, q_{s2})$ 博弈均衡解。对于所有 (q_{s1}, q_{s2}),(q_{s1}^*, q_{s2}^*) 必须满足不等式:

$\pi(q_{s1}^*, q_{s2}^*) \geq \pi(q_{s1}, q_{s2})$;

$\bar{\pi}_1(q_{s1}^*, q_{s2}^*) \geq \bar{\pi}_1(q_{s1}, q_{s2}^*)$;

$\bar{\pi}_2(q_{s1}^*, q_{s2}^*) \geq \bar{\pi}_2(q_{s1}^*, q_{s2})$。证毕

定理 2 当制造商双方的支付函数在 (q_{s1}, q_{s2}) 中的任意点均为凹函数时,为确保实现准则 1,则函数 $L(q_{s1}, q_{s2})$ 满足:

$$\frac{\partial L(q_{s1}^*, q_{s2}^*)}{\partial q_{s1}} = -\frac{\partial \pi_2(q_{s1}^*, q_{s2}^*)}{\partial q_{s1}} \quad (7-6)$$

$$\frac{\partial L(q_{s1}^*, q_{s2}^*)}{\partial q_{s2}} = -\frac{\partial \pi_1(q_{s1}^*, q_{s2}^*)}{\partial q_{s2}} \quad (7-7)$$

(q_{s1}^*, q_{s2}^*) 是全局最优解。

证明:

当 $\pi_1(q_{s1}, q_{s2})$ 和 $\pi_2(q_{s1}, q_{s2})$ 在 (q_{s1}, q_{s2}) 中是凹函数时,全局最优解 (q_{s1}^*, q_{s2}^*) 为:

$$(q_{s1}^*, q_{s2}^*) = \left\{ (q_{s1}, q_{s2}) \left| \begin{array}{l} \dfrac{\partial \pi_1(q_{s1}, q_{s2})}{\partial q_{s1}} + \dfrac{\partial \pi_2(q_{s1}, q_{s2})}{\partial q_{s1}} = 0 \\ \dfrac{\partial \pi_1(q_{s1}, q_{s2})}{\partial q_{s2}} + \dfrac{\partial \pi_2(q_{s1}, q_{s2})}{\partial q_{s2}} = 0 \end{array} \right. \right\}$$

将转移支付函数 $L(q_{s1}, q_{s2})$ 引入收益函数 $\bar{\pi}_i(q_{s1}, q_{s2})$ 后,则 Nash 均衡解 $(\tilde{q}_{s1}^N, \tilde{q}_{s2}^N)$ 为:

$$(\tilde{q}_{s1}^N, \tilde{q}_{s2}^N) = \left\{ (q_{s1}, q_{s2}) \left| \frac{\partial \bar{\pi}_1(q_{s1}, q_{s2})}{\partial q_{s1}} = 0 \frac{\partial \bar{\pi}_2(q_{s1}, q_{s2})}{\partial q_{s2}} = 0 \right. \right\}$$

$$= \left\{ (q_{s1}, q_{s2}) \left| \begin{array}{l} \dfrac{\partial \pi_1(q_{s1}, q_{s2})}{\partial q_{s1}} - \dfrac{\partial L(q_{s1}, q_{s2})}{\delta q_{s1}} = 0, \\ \dfrac{\partial \pi_2(q_{s1}, q_{s2})}{\partial q_{s2}} - \dfrac{\partial L(q_{s1}, q_{s2})}{\delta q_{s2}} = 0 \end{array} \right. \right\}$$

在 (q_{s1}^*, q_{s2}^*) 处,$(q_{s1}^N, q_{s2}^N) = (q_{s1}^*, q_{s2}^*)$,则

$$\frac{\partial L(q_{s1}, q_{s2})}{\partial q_{s1}} = -\frac{\partial \pi_2(q_{s1}, q_{s2})}{\partial q_{s1}}$$

$$\frac{\partial L(q_{s1}, q_{s2})}{\partial q_{s2}} = \frac{\partial \pi_1(q_{s1}, q_{s2})}{\partial q_{s2}}$$，实现定理2。证毕。

根据定理2，利用线性函数构建转移支付函数 $L(q_{s1}, q_{s2})$，例如，将转移支付函数定义为 $L(q_{s1}, q_{s2}) = \alpha q_{s1} + \beta q_{s2}$，其中，$\alpha = \partial L(q_{s1}, q_{s2})/\partial q_{s1}$，$\beta = \partial L(q_{s1}, q_{s2})/\partial q_{s2}$。因此，转移支付函数 $L(q_{s1}, q_{s2})$ 在点 (q_{s1}^*, q_{s2}^*) 处的均衡解为：

$$\alpha = -\partial \pi_2(q_{s1}^*, q_{s2}^*)/\partial q_{s1}, \quad \beta = -\partial \pi_1(q_{s1}^*, q_{s2}^*)/\partial q_{s2}$$

上述研究的不含收益分配常量 γ 的转移支付契约：如果制造商1决策变量 q_{s1} 每减少一个单位，将向制造商2转移支付 $\partial \pi_2(q_{s1}^*, q_{s2}^*)/\partial q_{s1}$；反之制造商2的决策变量 q_{s2} 每减少一个单位，将向制造商1转移支付 $\partial \pi_1(q_{s1}^*, q_{s2}^*)/\partial q_{s2}$。

3. 收益分配常量 γ

除了构造转移函数 $L(q_{s1}, q_{s2})$ 以确保实现准则1之外，同时也为了实现准则2，还需要确定收益分配常量 γ。γ 的值取决于博弈双方讨价还价能力。根据2.2的分析结果，合理支付函数 $L(q_{s1}, q_{s2})$ 使得均衡解 $(\tilde{q}_{s1}^N, \tilde{q}_{s2}^N)$ 与全局最优解 (q_{s1}^*, q_{s2}^*) 完全相同。在计算 γ 之前，博弈双方的支付函数分别为：

$$\bar{\pi}_1(q_{s1}^*, q_{s2}^*) = \pi_1(q_{s1}^*, q_{s2}^*) - L(q_{s1}^*, q_{s2}^*) \tag{7-8}$$

$$\bar{\pi}_2(q_{s1}^*, q_{s2}^*) = \pi_2(q_{s1}^*, q_{s2}^*) + L(q_{s1}^*, q_{s2}^*) \tag{7-9}$$

在与 (q_{s1}^N, q_{s2}^N) 对应的转移支付函数进行比较的基础上，可以计算每个服务集成商从转移支付 $L(q_{s1}, q_{s2})$ 中所获得的收益增加值：

$$K_i = \bar{\pi}_i(q_{s1}^*, q_{s2}^*) - \pi_i(q_{s1}^N, q_{s2}^N), \quad i = 1, 2 \tag{7-10}$$

如果 $K_i \geq 0$，制造商 i 的收益增加值为 K_i；否则，制造商 i 的收益损失值为 $|K_i|$，便会脱离合作联盟。由于 $\pi(q_{s1}^*, q_{s2}^*) \geq \pi(q_{s1}^N, q_{s2}^N)$，双方的总收益增加值为 $K = \pi(q_{s1}^*, q_{s2}^*) - \pi(q_{s1}^N, q_{s2}^N) \geq 0$。为了使制造商双方在分配 K 的过程中都满意，需要合理地确定 γ 值，实现对总收益增加值 K 进行公平的分配。

Nash 仲裁方案关注的是谈判集中收益增加值的分配问题。谈判集中的任何点满足以下两个条件：①能够实现 Pareto 最优；②至少在两个博弈方安全水平之上。Nash 仲裁解决方案可以通过以下方程求得：

$$\max_{f_1 \geq f_1^0, f_2 \geq f_2^0} (f_1 - f_1^0)(f_2 - f_2^0) \quad \text{s.t.} (f_1, f_2) \in \psi \tag{7-11}$$

其中，f_i 和 f_i^0 分别表示制造商 i 分配到的收益增加值和安全水平，$i = 1, 2$；ψ 表示 Pareto 最优解集。两个制造商在总收益增加值 K 的分配方面进行讨价还价，当 $K = \pi(q_{s1}^*, q_{s2}^*) - \pi(q_{s1}^N, q_{s2}^N)$ 时，Pareto 最优解集为 $\psi = \{(f_1, f_2) | f_1 + f_2 = K\}$。下面讨论两个制造商的安全水平（即 f_1^0 和 f_2^0），在转移支付中引入常数项 γ，两者的收益分别为 $\pi_1(q_{s1}^*, q_{s2}^*)$ 和 $\pi_2(q_{s1}^*, q_{s2}^*)$。当不考虑转移支付

$L(q_{s1}, q_{s2})$ 和 γ，制造商的收益分别为 $\pi_1(q_{s1}^N, q_{s2}^N)$ 和 $\pi_2(q_{s1}^N, q_{s2}^N)$。因此，两个制造商关于 K 的分配过程如下：

$$f_1 = \pi_1^s(q_{s1}^*, q_{s2}^*) - \pi_1(q_{s1}^N, q_{s2}^N)$$
$$= \bar{\pi}_1(q_{s1}^*, q_{s2}^*) - \pi_1(q_{s1}^N, q_{s2}^N) - \gamma = K_1 - \gamma \quad (7-12)$$

$$f_2 = \pi_2^s(q_{s1}^*, q_{s2}^*) - \pi_2(q_{s1}^N, q_{s2}^N)$$
$$= \bar{\pi}_2(q_{s1}^*, q_{s2}^*) - \pi_2(q_{s1}^N, q_{s2}^N) - \gamma = K_2 - \gamma \quad (7-13)$$

博弈中的安全级别是给制造商的最低分配额：$f_1 \geq 0$ 和 $f_2 \geq 0$。假设初始状态点为 $(f_1^0, f_2^0) = (0, 0)$。

Nash 仲裁方案表明，在两个制造商之间能够平等地分配总收益增加值 K，即：

$$f_1 = f_2 = K/2 = [\pi(q_{s1}^*, q_{s2}^*) - \pi(q_{s2}^N, q_{s2}^N)]/2 \quad (7-14)$$

在 Nash 仲裁方案中，式 (7-14) 表明博弈双方能够公平地分配总收益增加值 K。在此基础上，利用 Nash 仲裁计划，计算收益分配常量 γ。

定理 3 根据 Nash 仲裁方案，如果能够实现总收益增加值 K 的公平分配，则收益分配常量 γ 表示为：

$$\gamma = \sum_{i=1}^{2}(-1)^{i-1}[\pi_i(q_{s1}^*, q_{s2}^*) + (-1)^i L(q_{s1}^*, q_{s2}^*) - \pi_i(q_{s1}^N, q_{s2}^N)]/2$$

$$(7-15)$$

证明：

当引入转移支付函数 $L(q_{s1}, q_{s2})$ 时，双方的收益增加值表示为 $K_i = \bar{\pi}_i(q_{s1}^*, q_{s2}^*) - \pi_i(q_{s1}^N, q_{s2}^N)$，$i = 1, 2$。为了实现对收益盈余 K 进行公平分配，则需要通过以下三种情况分析转移支付常量 γ 的值：

(1) 如果制造商 1 存在亏损（$K_1 < 0$），首先，通过从制造商 2 处获得 $|1K_1|1$ ($-K_1$) 来弥补损失，同时还分配制造商 2 的盈余值 K，分配值为 $K/2$。因此，$\gamma = -(|1K_1|1 + K/2) = (K_1 - K_2)/2$，$\gamma < 0$，意味着制造商 1 从制造商 2 处获得转移支付为 $|\gamma|1$。

(2) 如果制造商 2 存在亏损（$K_2 < 0$），首先，通过从制造商 1 处获得 $|1K_2|1$ ($-K_2$) 来弥补损失。同时还分配制造商 1 的盈余值 K，分配值为 $K/2$。因此，当 $\gamma = |1K_2|1 + (K_1 + K_2)/2 = (K_1 - K_2)/2$，$\gamma > 0$ 时，表明制造商 1 向制造商 2 转移支付为 γ。

(3) 如果双方都没有亏损（$K_i \geq 0$，$i = 1, 2$），则对 $K = K_1 + K_2$ 进行讨价还价，每一方将分配到 $(K_1 + K_2)/2$。如果 $K_1 \geq K_2$，制造商 1 向制造商 2 转移支付为 $\gamma = K_1 - (K_1 + K_2)/2 = (K_1 - K_2)/2$；否则 $\gamma = -[K_1 - (K_1 + K_2)/2] = -(K_2 - K_1)/2$，意味着制造商 1 从制造商 2 处获得转移支付为 $(K_2 - K_1)/2$。

对于这种情况，转移支付的值不变，即：$\gamma = (K_1 - K_2)/2$。证毕。

在研究制造商的转移支付契约 ($L(q_{s1}, q_{s2}), \gamma$) 过程中，需要通过以下五个步骤寻求双方都满意的最佳解决方案：

步骤1　在不考虑转移支付的前提下，计算原博弈的 Nash 均衡 (q_{s1}^N, q_{s2}^N)。

步骤2　为实现整体收益函数 $\pi(q_{s1}, q_{s2}) = \sum_{i=1}^{2} \pi_i(q_{s1}, q_{s2})$ 最大化，计算全局最优解 (q_{s1}^*, q_{s2}^*)，并确定总收益增加值：$K = \pi(q_{s1}^*, q_{s2}^*) - \pi(q_{s1}^N, q_{s2}^N)$。

步骤3　在考虑转移函数 $L(q_{s1}, q_{s2})$ 的博弈中，计算 Nash 均衡 ($\tilde{q}_{s1}^N, \tilde{q}_{s2}^N$)。

步骤4　使 ($\tilde{q}_{s1}^N, \tilde{q}_{s2}^N$) 等于 ($q_{s1}^*, q_{s2}^*$)，计算 $L(q_{s1}, q_{s2})$ 中的契约参数值。尽量选择一种简单易处理的转移支付函数 $L(q_{s1}, q_{s2})$，如线性转移支付函数 $L(q_{s1}, q_{s2})$。

步骤5　根据定理3计算收益分配常量 γ。

三、制造商产品服务嵌入能力配置模型

在能力配置方面，Tan 运用转移支付契约，激励两个制造商进行生产能力合作，建立了能够实现能力优化整合的供应链协调模型。在此基础上，进一步研究了双寡头产品服务市场中服务能力配置机制，并对总收益增加值的公平分配问题进行深入分析。为了实现收益最大化，博弈中两个制造商分别选择各自最佳服务能力 q_{s1} 和 q_{s2}，收益函数分别为：

$$\pi_1(q_{s1}, q_{s2}) = q_{s1}[a - (q_{s1} + q_{s2}) - c] \quad (7-16)$$

$$\pi_2(q_{s1}, q_{s2}) = q_{s2}[a - (q_{s1} + q_{s2}) - c] \quad (7-17)$$

两个制造商具有相同的单位生产成本 c；以及相同的需求价格函数 $a - (q_{s1} + q_{s2})$。假设 $a > c$ 和 $a > (q_{s1} + q_{s2})$。Cournot 博弈的 Nash 均衡解为：

$$(q_{s1}^N, q_{s2}^N) = ((a-c)/3, (a-c)/3) \quad (7-18)$$

博弈双方的收益均为：

$$\pi_1(q_{s1}^N, q_{s2}^N) = \pi_2(q_{s1}^N, q_{s2}^N) = (a-c)^2/9 \quad (7-19)$$

为了协调两个制造商的决策，需将转移支付函数 $L(q_{s1}, q_{s2})$ 和收益分配常量 γ 引入 Cournot 博弈模型中进行研究。在考虑转移支付契约情境下，首先，博弈双方的均衡解能够实现整体收益最大化；其次，同时又能确保两个制造商的收益均比以前有所增加。下面通过求解整体收益函数计算全局最优解 (q_{s1}^*, q_{s2}^*)：

$$\pi(q_{s1}, q_{s2}) = \sum_{i=1}^{2} \pi_i(q_{s1}, q_{s2}) = (q_{s1} + q_{s2})[a - (q_{s1} + q_{s2}) - c]$$

目标函数具有无穷多个最优解：

$$(q_{s1}^*, q_{s2}^*) = \left\{(q_{s1}, q_{s2}) \,\middle|\, q_{s1} = \frac{a-c}{2} - z, \, q_{s2} = z\right\} \quad z \in [0, (a-c)/2]$$

由于 z 的取值范围变化,将引起双方收益变化,进而影响转移支付契约的选择,故将其称为转移支付影响度。因此,最大化整体收益为 $\pi(q_{s1}^*, q_{s2}^*) = (a-c)^2/4$。两个制造商的个体收益分别为:

$$\pi_1(q_{s1}^*, q_{s2}^*) = (a-c-2z)(a-c)/4$$
$$\pi_2(q_{s1}^*, q_{s2}^*) = (a-c)z/2 \tag{7-20}$$

而非合作情形下双方的收益之和:

$$\pi(q_{s1}^N, q_{s2}^N) = \pi_1(q_{s1}^N, q_{s2}^N) + \pi_2(q_{s1}^N, q_{s2}^N) = 2(a-c)^2/9 \tag{7-21}$$

因此总收益增加值:

$$K = \pi(q_{s1}^*, q_{s2}^*) - \pi(q_{s1}^N, q_{s2}^N) = (a-c)^2/36 \tag{7-22}$$

在 Cournot 的博弈中,为了实现两个制造商之间的协调,需要构建合理的转移支付契约 $(L(q_{s1}, q_{s2}), \gamma)$。收益函数 $\pi_1(q_{s1}, q_{s2})$ 和 $\pi_2(q_{s1}, q_{s2})$ 分别是在 q_{s2} 和 q_{s1} 递减函数,说明当其竞争对手降低服务能力时,制造商才能够获利。确切地说,制造商 1 为了让制造商 2 降低服务能力,将向制造商 2 承诺转移支付。同样,如果制造商 1 降低服务能力,制造商 2 也会向其转移支付。$L(q_{s1}, q_{s2})$ 表示由制造商 1 向制造商 2 转移支付:$L(q_{s1}, q_{s2}) = \alpha q_{s1} + \beta q_{s2}$,$\alpha \geq 0$ 且 $\beta \leq 0$。由于 $\pi_1(q_{s1}, q_{s2})$ 和 $\pi_2(q_{s1}, q_{s2})$ 是在任意 (q_{s1}, q_{s2}) 点是凹函数,可以利用定理 2 求解 α 和 β 的值:

$$\alpha = -\frac{\partial \pi_2(q_{s1}^*, q_{s2}^*)}{\partial q_{s1}} = z$$

$$\beta = -\frac{\partial \pi_1(q_{s1}^*, q_{s2}^*)}{\partial q_{s2}} = z - \frac{a-c}{2}$$

运用定理 3,计算 γ 值:

$$\gamma = \frac{\sum_{i=1}^{2}(-1)^{i+1}[\pi_i(q_{s1}^*, q_{s2}^*) + (-1)^i L(q_{s1}^*, q_{s2}^*) - \pi_i(q_{s1}^N, q_{s2}^N)]}{2}$$

$$= \frac{\left[\frac{(a-c-2z)(a-c)}{4} - \frac{(a-c)^2}{9}\right] - \left[\frac{(a-c)z}{2} - \frac{(a-c)^2}{9}\right]}{2}$$

$$= \frac{(a-c)^2 - 4z(a-c)}{8} \tag{7-23}$$

因此,在 Cournot 博弈中,为了有效地对两个制造商的服务能力进行协调,将转移支付契约设计如下:

$$L(q_{s1}, q_{s2}) = zq_{s1} + \left(z - \frac{a-c}{2}\right)q_{s2}$$

$$\gamma = \frac{(a-c)^2 - 4z(a-c)}{8} \tag{7-24}$$

且 $z \in [0, (a-c)/2]$。

此时,两个制造商会选择与全局最优解相同的均衡解。与非合作博弈情景相比,两个制造商的收益均有所提高。根据 z 的不同取值,计算转移支付契约对应的 $L(q_{s1}, q_{s2})$ 和 γ,选择合理的转移支付契约计划实施。在协调过程中,两个制造商的收益增加值分别为:

$$K_1 = \pi_1(q_{s1}^*, q_{s2}^*) - L(q_{s1}^*, q_{s2}^*) - \pi_1(q_{s1}^N, q_{s2}^N)$$
$$= \frac{(a-c)[5(a-c) - 18z]}{36} \tag{7-25}$$

$$K_2 = \pi_2(q_{s1}^*, q_{s2}^*) + L(q_{s1}^*, q_{s2}^*) - \pi_2(q_{s1}^N, q_{s2}^N)$$
$$= \frac{(a-c)[9z - 2(a-c)]}{18} \tag{7-26}$$

其中,$z \in [0, (a-c)/2]$。

下面根据转移支付影响度 z 的取值不同,分别从以下三种情形展开分析:

情形1 当 $5(a-c)/18 < z \leq (a-c)/2$,即 $5(a-c) - 18z < 0$ 和 $9z - 2(a-c) \geq 0$。因此,$K_1 \leq 0$ 和 $K_2 \geq 0$,制造商1有损失而制造商2有盈余。

$\gamma = (a-c)[(a-c) - 4z]/8$,由于 $a > c$ 且 $(a-c) - 4z = \frac{5(a-c) - 20z}{5} \leq \frac{5(a-c) - 18z}{5} < 0$,所以,制造商1向制造商2转移常数 $\gamma \leq 0$。意味着制造商1从制造商2处获得转移支付 $|1\gamma|1$。

情形2 当 $2(a-c)/9 < z \leq 5(a-c)/18$ 时,双方都有盈余,也就是 $K_1 \geq 0$ 和 $K_2 \geq 0$。在这种条件下,γ 的正负取决于 z 的值。

(1) 当 $2(a-c)/9 < z \leq (a-c)/4$,$\gamma > 0$,制造商1向制造商2转移支付 γ。

(2) 当 $(a-c)/4 < z \leq 5(a-c)/18$,$\gamma < 0$,制造商1从制造商2处获得转移支付 $|1\gamma|1$。

情形3 当 $0 \leq z \leq 2(a-c)/9$ 时,在这种情况下,制造商1有盈余而制造商2出现亏损。并且 $\gamma > 0$,所以制造商1向制造商2提供转移支付 γ。

四、数值分析

为了进一步验证制造商竞争产品服务嵌入能力配置模型的实效性,针对蜗杆砂轮磨床的两大产品制造商秦川机床和大连机床进行了分析。双方均以原设备蜗杆砂轮磨床为基础,提供产品设计、故障诊断、维修、维护、回收为一体的产品全生命周期服务。初始参数 $a = 9$,$c = 3$,制造商双方博弈的 Nash 均衡解 $(q_{s1}^N, q_{s2}^N) = (2, 2)$,在非合作博弈下的收益 $\pi_1(q_{s1}^N, q_{s2}^N) = \pi_2(q_{s1}^N, q_{s2}^N) = 4$。

当引入转移支付契约后,制造商双方最优解 $(q_{s1}^*, q_{s2}^*) = (q_{s1} = 3 - z, q_{s2} = z)$,双方收益分别为:$\pi_1(q_{s1}^*, q_{s2}^*) = 3(6-2z)/2$;$\pi_2(q_{s1}^*, q_{s2}^*) = 3z$。

总收益 $\pi(q_1^*, q_2^*) = 9$,与非合作情形相比,总收益增加值 $K = 1$。此时用于进行服务能力配置的转移支付契约为:

$L(q_{s1}, q_{s2}) = zq_{s1} + (z-3)q_{s2}$

$\gamma = 4.5 - 3z$

$z \in [0, 3]$

制造商双方总收益增加值分配量如下:

$K_1 = 5 - 3z$

$K_2 = 3z - 4$

根据转移支付影响度 z 的取值变化,在服务能力配置过程中,分析了转移支付的实现过程,如图 7-2 所示。

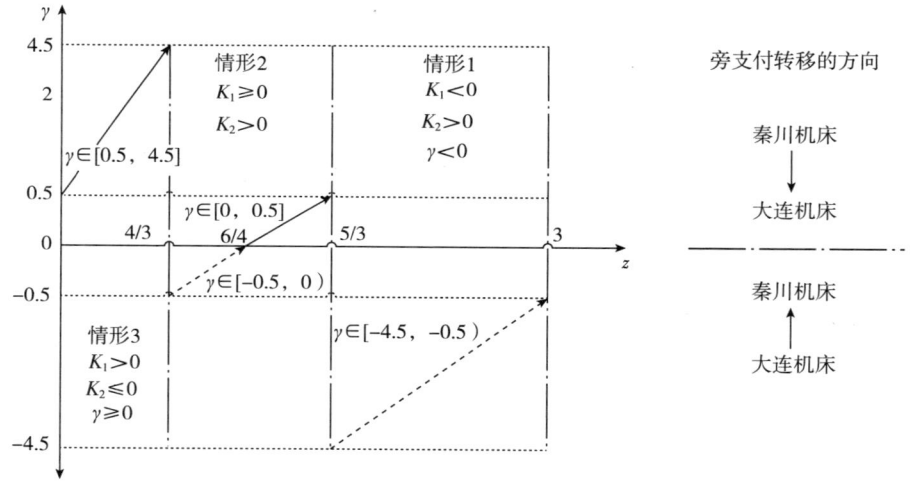

图 7-2 双寡头制造商之间转移支付过程分析

(1) 当 $5/3 < z \leq 3$ 时,秦川机床的收益分配值为 $K_1 < 0$,而大连机床的收益分配值为 $K_2 > 0$,大连机床为激励秦川机床进行合作,将向其转移支付 $|1\gamma|1 = |1(6-4z)/3|1$,可见 γ 与 z 呈负相关关系。

(2) 当 $4/3 < z \leq 5/3$ 时,秦川机床的收益分配值 $K_1 \geq 0$,而大连机床的收益分配值 $K_2 > 0$,转移支付量 $\gamma = 4.5 - 3z$。当 $\gamma = 0$ 时,$z = 1.5$ 成为该区间的分界点。

当 $4/3 < z \leq 1.5$ 时,$\gamma > 0$ 且 $\gamma \in [0, 0.5)$,秦川机床为激励大连机床进行

合作,将向其转移支付 γ。

当 $1.5 < z \leqslant 5/3$ 时,$\gamma < 0$ 且 $\gamma \in [-0.5, 0)$,大连机床为激励秦川机床进行合作,将向其转移支付 $|1\gamma|1$。

(3) 当 $0 \leqslant z \leqslant 4/3$ 时,秦川机床的收益分配值为 $K_1 > 0$,而大连机床的收益分配值为 $K_2 \leqslant 0$,$\gamma \geqslant 0$ 且 $\gamma \in [0.5, 4.5]$,秦川机床为激励大连机床进行合作,将向其转移支付 γ。

在制造服务化转型过程中,制造商向客户提供产品服务集成化解决方案。为满足大规模定制化的客户需求,在企业之间需要构建服务能力配置合作机制。对产品服务化供应链中服务能力配置问题,首先介绍了转移支付契约内涵及其初始化模型,并在 Cournot 博弈基础上,利用转移支付契约,构建了双寡头市场下两个制造商之间的服务能力配置机制。研究结果表明,通过实施转移支付契约,与非合作情景相比,两个制造商的个体收益均有所增加;并运用 Nash 仲裁方案和 Shapely 值,针对总收益增加值,建立了公平合理的收益分配机制,保持双方协作的稳定性。进一步根据转移支付影响度 z 的变化,在不同情形下探讨了转移支付契约机制在服务能力配置方面的应用问题;当 $z \in [0, 1.5]$ 时,$\gamma \geqslant 0$ 且 $\gamma \in [0, 4.5]$,秦川机床为激励大连机床进行合作,将向其转移支付 γ。当 $z \in (1.5, 3]$ 时,$\gamma < 0$ 且 $\gamma \in [-0.5, 0)$,大连机床为激励秦川机床进行合作,将向其转移支付 $|1\gamma|1$。以后研究将在以下方面进行改进:首先,文中转移支付函数是线性的,未来将使用非线性转移支付契约函数;其次,文中双寡头制造商之间的服务能力配置属于静态博弈范畴,未来将以动态博弈为视角,向多博弈方多阶段方向拓展;最后,文中将制造企业的产品服务理解为一个整体,未来将考虑产品与服务间的交互关系,即产品服务嵌入度,并要进一步研究产品服务嵌入度对非线性转移支付协调机制的影响。

第二节 考虑零售商竞争的产品服务能力配置

近年来,经济的持续增长主要是以高能耗、高污染、低附加值、低劳动效率的要素投入型的增长方式实现的。经济快速发展削弱了原有的劳动力和资源优势。在现有的资源和环境约束下,原有的经济增长模式亟须进行转变,进而寻求可持续发展的方式。对于由一个制造商和两个零售商组成的系统中,零售商的竞争已经从产品转向服务,而服务型的出现顺应了国家经济发展模式的转变。它通过强化价值链中人力资本和知识资本的创造价值,实现经济增长。对于零售商之间的竞争，单一的产品质量价格的竞争已不满足需求，现在更重要的是服务的差异对竞争的影响，而一味地竞争也不会使收益最大化。本章针对零售商之间的竞争与合作进行深入研究，提出了有效的管理对策。

一、问题描述

服务差异化已成为当前产品零售商之间竞争的热点领域。首先，针对由一个制造商和两个零售商构成的分散型产品服务系统中零售商之间的替代效应问题；其次，建立双方协同合作的转移支付机制，实现收益公平分配；最后，通过数值实例进行验证，并给出了有效的管理对策。

在当前工业经济向服务经济转型的过程中，企业间的竞争焦点逐步由产品转向服务。服务差异化是企业面对较强的竞争对手在服务内容、服务渠道和服务形象等方面采取有别于竞争对手又突出自己特点以战胜竞争对手，最后使自己在服务市场立住脚跟。零售商通过提供差异化产品服务来提高自身市场竞争力，其实质就是运用高质量的产品服务替代低质量的产品服务，即产品服务替代效应。

对于零售商产品品牌竞争问题，2003～2005 年，零售商自有品牌产品平均增长达 5%，世界零售商巨头沃尔玛 40% 的销售额、Tesco（乐购）50% 的销售额均来源于它们的品牌，此现象表明，只有品牌的零售商才有更大的竞争力。本部分针对两个零售商之间的产品服务替代效应问题，研究了一个制造商和两个零售商构成的分散型产品服务系统，构建双方协同合作的转移支付机制，机制中的转移支付函数能够鼓励制造商和零售商从全局最优的角度进行决策，固定转移支付能够公平地分配协调产生的系统利润，充分协调两个零售商的竞争合作机制，进而实现收益公平分配。

在当前工业经济向服务经济转型的过程中，企业间的竞争焦点逐步由产品转向服务。零售商通过提供差异化产品服务来提高自身市场竞争力，其实质就是运用高质量的产品服务替代低质量的产品服务，即产品服务替代效应。本部分通过研究一个制造商和两个零售商构成的分散型产品服务系统，针对两个零售商之间的产品服务替代效应问题，构建双方协同合作的转移支付机制，进而实现收益公平分配。

二、零售商竞争转移支付模型

在替代性产品市场中，Parla 构建了用于研究两个零售商之间竞合关系的博弈模型。两个零售商分别决定各自订购数量，研究如果博弈双方合作，将存在唯一的 Nash 均衡解，并进一步改进合作联盟绩效。然而，仅仅指出在两个零售商之间建立协调机制的重要性,并没有给出契约机制的实施方法。为了实现供应链中两个零售商协调合作,通过建立一个合理的转移支付契约,使双方协调合作后的收益均有所提高,并实现了供应链总成本最小化。

零售商库存成本是缺货成本与存货成本之和。在标准报童模型中,单位分别为 c_i^u 和 c_i^o。由于双方销售替代性产品,c_1^o 和 c_2^o 不存在显著差异,所以假设 $c_1^o + c_1^u \geq c_2^o$ 和 $c_2^o + c_2^u \geq c_1^o$。X 表示零售商 1 产品的随机需求,分布函数与密度函数分别为 $F(x)$ 和 $f(x)$。Y 表示零售商 2 产品的随机需求,分布函数与密度函数分别为 $M(y)$ 和 $g(y)$。由于两者产品之间具有替代性,即当一个零售商产品售完后,客户需求就转向其他零售商,用产品需求转换率加以表示。当零售商 1 的产品售完时,$a \in [0,1]$ 表示客户对产品需求由零售商 1 移向零售商 2 转换的程度。当零售商 2 的产品售完时,$b \in [0,1]$ 表示客户对产品需求由零售商 2 移向零售商 1 转换的程度。具体如图 7-3 所示。

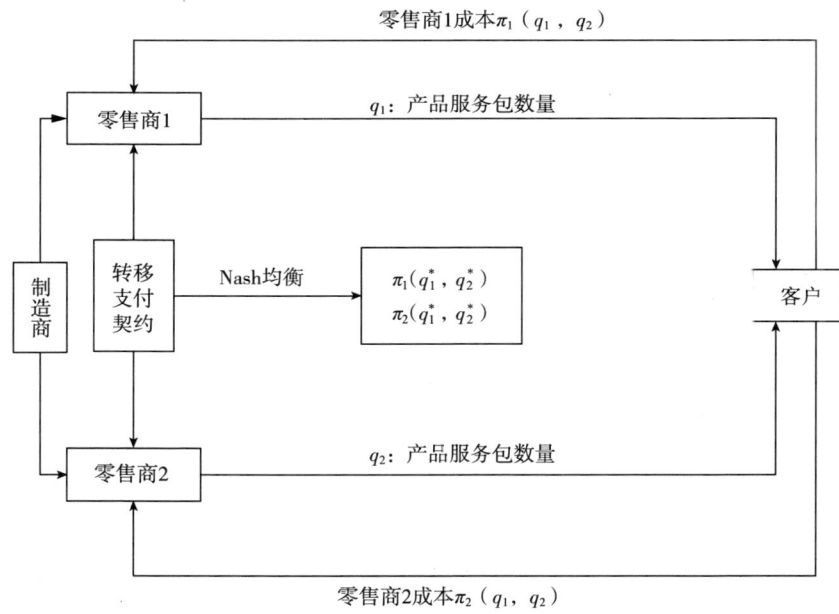

图 7-3 零售商竞争情形产品服务能力配置

三、零售商产品服务嵌入能力配置模型

零售商 1 与零售商 2 的成本函数分别为 $\prod_1(q_1, q_2)$,$\prod_2(q_2, q_1)$:

$$\prod_1(q_1, q_2) = c_1^o[q_1 - x - b(y-q_2)^+]^+ + c_1^u(x-q_1)^+$$

$$= c_1^o\Big[\int_0^{q_1}(q_1-x)f(x)\mathrm{d}xG(q_2) + \int_0^{q_1}\int_{q_2}^{\frac{q_1+bq_2-x}{b}}(q_1+bq_2-x-by)g(y)f(x)\mathrm{d}y\mathrm{d}x\Big] +$$

$$c_1^u\int_{q_1}^{\infty}(x-q_1)f(x)\mathrm{d}x \quad \prod_2(q_2;q_1) = c_2^o[q_2-y-a(x-q_1)^+]^+ + c_2^u(y-q_2)^+$$

$$= c_2^o\Big[\int_0^{q_2}(q_2-y)g(y)\mathrm{d}yF(q_1) + \int_0^{q_2}\int_{q_1}^{\frac{aq_1+q_2-y}{a}}(aq_1+q_2-y-ax)f(x)g(y)\mathrm{d}x\mathrm{d}y\Big] +$$

$$c_2^u\int_{q_2}^{\infty}(y-q_2)g(y)\mathrm{d}y$$

首先分析了在非合作情境下,双方同时决策的静态博弈模型,双方为了实现各自库存成本最小化,都会选择订购量进行决策,最终实现 Nash 均衡。

定理 4 在没有转移支付契约的非合作博弈中,实现 Nash 均衡的订货量 q_1^N 和 q_2^N 可通过下列方程求得:

$$\begin{cases} c_1^o\int_0^{q_1}M\Big(\dfrac{q_1+bq_2-x}{b}\Big)f(x)\mathrm{d}x + c_1^uF(q_1) = c_1^u \\ c_2^o\int_0^{q_2}F\Big(\dfrac{aq_1+q_2-y}{a}\Big)g(y)\mathrm{d}y + c_2^uM(q_2) = c_2^u \end{cases}$$

下面将求解供应链总成本 $\prod^c(q_1, q_2)$ 最小化,即 $\prod_1(q_1;q_2)$ 与 $\prod_2(q_2;q_1)$ 之和最小化问题。为了获得全局最优解 (q_1^*, q_2^*)。总成本函数为:

$$\prod^c(q_1, q_2) = \prod_1(q_1;q_2) + \prod_2(q_2;q_1)$$

$$= c_1^o\Big[\int_0^{q_1}(q_1-x)f(x)\mathrm{d}xM(q_2) + \int_0^{q_1}\int_{q_2}^{\frac{q_1+bq_2-x}{b}}(q_1+bq_2-x-by)f(x)g(y)\mathrm{d}x\mathrm{d}y\Big] +$$

$$c_2^o\Big[\int_0^{q_2}(q_2-y)g(y)\mathrm{d}yF(q_1) + \int_0^{q_2}\int_{q_1}^{\frac{aq_1+q_2-y}{a}}(aq_1+q_2-ax-y)f(x)g(y)\mathrm{d}x\mathrm{d}y\Big] +$$

$$c_1^u\int_{q_1}^{\infty}(x-q_1)f(x)\mathrm{d}x + c_1^u\int_{q_2}^{\infty}(y-q_2)g(y)\mathrm{d}y$$

证明:零售商 R_1 成本函数 $\prod_1(q_1;q_2)$ 对 q_1 求一阶和二阶偏导数:

$$\dfrac{\partial\prod_1(q_1;q_2)}{\partial q_1} = c_1^o\int_0^{q_1}M\Big(\dfrac{q_1+bq_2-x}{b}\Big)f(x)\mathrm{d}x - c_1^u[1-F(q_1)]$$

$$\dfrac{\partial^2\prod_1(q_1;q_2)}{\partial q_1^2} = c_1^o\Big[f(q_1)G(q_2) + \dfrac{1}{b}\int_0^{q_1}g\Big(\dfrac{q_1+bq_2-x}{b}\Big)f(x)\mathrm{d}x\Big] + c_1^uf(q_1) > 0$$

说明函数 $\pi_1(q_1;q_2)$ 在 q_1 处是严格凸函数,通过 $\partial\prod_1(q_1;q_2)/\partial q_1 = 0$,解得零售商 R_1 对于 q_2 的最优反应函数 $q_1^{BR}(q_2)$。

同样，零售商 R_2 成本函数 $\prod_2(q_1;q_2)$ 对 q_2 求一阶和二阶偏导数：

$$\frac{\partial \prod_2(q_2;q_1)}{\partial q_2} = c_2^0 \int_0^{q_2} F\left(\frac{aq_1+q_2-y}{a}\right) g(y)\mathrm{d}y - c_2^u [1-M(q_2)]$$

$$\frac{\partial^2 \prod_2(q_2;q_1)}{\partial q_2^2} = c_2^0 \left[g(q_2) F(q_1) + \frac{1}{a}\int_0^{q_2} f\left(\frac{aq_1+q_2-y}{a}\right) g(y)\mathrm{d}y \right] + c_2^U g(q_2) > 0$$

说明函数 $\prod_2(q_2;q_1)$ 在 q_2 处是严格的凸函数。通过 $\partial \prod_2(q_2;q_1)/\partial q_2 = 0$，解得零售商 R_2 对于 q_1 的最优反应函数 $q_2^{BR}(q_1)$。

为了得到 Nash 均衡解 (q_1^N, q_2^N)，需要求解以下两个方程：

$$q_1^{BR}(q_2) = q_1$$
$$q_2^{BR}(q_1) = q_2$$

定理5 能够实现总成本最小化的全局最优解 (q_1^*, q_2^*) 可通过以下方程组求得：

$$\begin{cases} c_1^o \int_0^{q_1} M\left(\frac{q_1+bq_2-x}{b}\right) f(x)\mathrm{d}x + c_2^0 a \int_0^{q_2} \left[F\left(\frac{aq_1+q_2-y}{a}\right) - F(q_1) \right] g(y)\mathrm{d}y = \\ c_1^u [1-F(q_1)] \\ c_2^o \int_0^{q_2} F\left(\frac{aq_1+q_2-y}{a}\right) g(y)\mathrm{d}y + c_1^o b \int_0^{q_1} \left[M\left(\frac{q_1+bq_2-x}{b}\right) - M(q_2) \right] f(x)\mathrm{d}x = \\ c_2^u [1-M(q_2)] \end{cases}$$

为确保实现准则1和准则2，需要设计一个合理的线性转移支付契约来实现。

证明：

总成本函数 $\prod^C(q_1, q_2)$ 关于 q_1 的一阶和二阶偏导数分别为：

$$\frac{\partial \prod^C(q_1;q_2)}{\partial q_1} = c_1^0 \int_0^{q_1} M\left(\frac{q_1+bq_2-x}{b}\right) f(x)\mathrm{d}x - c_1^u [1-F(q_1)] +$$

$$c_2^0 a \int_0^{q_2} \left[F\left(\frac{aq_1+q_2-y}{a}\right) - F(q_1) \right] g(y)\mathrm{d}y \quad \frac{\partial^2 \prod^C(q_1,q_2)}{\partial q_1^2}$$

$$= c_1^0 \left[\begin{array}{l} f(q_1)M(q_2) + \frac{1}{b}\int_0^{q_1} \\ g\left(\frac{q_1+bq_2-x}{b}\right) f(x)\mathrm{d}x \end{array} \right] + c_1^U f(q_1) + c_2^0 a \int_0^{q_2} \left[F\left(\frac{aq_1+q_2-y}{a}\right) - F(q_1) \right] g(y)\mathrm{d}y$$

$$= (c_1^0 - ac_2^0) f(q_1) M(q_2) + c_1^U f(q_1) + c_1^0 \frac{1}{b} \int_0^{q_1} g\left(\frac{q_1+bq_2-x}{b}\right) f(x)\mathrm{d}x + ac_2^0$$

$$\int_0^{q_2} \left[F\left(\frac{aq_1+q_2-y}{a}\right) - F(q_1) \right] g(y)\mathrm{d}y > (c_1^0 + c_1^U - ac_2^0) f(q_1) M(q_2) + c_1^0 \frac{1}{b}$$

$$\int_0^{q_1} g\left(\frac{q_1+bq_2-x}{b}\right)f(x)\mathrm{d}x + ac_2^0\int_0^{q_2}f\left(\frac{aq_1+q_2-y}{a}\right)g(y)\mathrm{d}y > 0$$

总成本函数 $\prod^C(q_1, q_2)$ 关于 q_2 的一阶和二阶偏导数分别为:

$$\frac{\partial\prod^C(q_1,q_2)}{\partial q_2} = c_1^0 b\int_0^{q_1}\left[M\left(\frac{q_1+bq_2-x}{b}\right)-M(q_2)\right]f(x)\mathrm{d}x + c_2^0\int_0^{q_2}F\left(\frac{aq_1+q_2-y}{a}\right)g(y)\mathrm{d}y - c_2^u[1-M(q_2)]$$

$$\frac{\partial^2\prod^C(q_1,q_2)}{\partial q_2^2} = c_1^0 b\int_0^{q_1}\left[g\left(\frac{q_1+bq_2-x}{b}\right)-g(q_2)\right]f(x)\mathrm{d}x + c_2^0\left[g(q_2)F(q_1)+\frac{1}{a}\int_0^{q_2}f\left(\frac{aq_1+q_2-y}{a}\right)g(y)\mathrm{d}y\right]+c_2^u g(q_2)$$

$$= (c_2^0 - bc_1^0)g(q_2)f(q_1) + c_2^u g(q_2) + bc_1^0\int_0^{q_1}g\left(\frac{q_1+bq_2-x}{b}\right)f(x)\mathrm{d}x + c_2^0\frac{1}{a}\int_0^{q_2}f\left(\frac{aq_1+q_2-y}{a}\right)g(y)\mathrm{d}y >$$

$$(c_2^0 + c_2^u - bc_1^0)g(q_2)F(q_1) + bc_1^0\int_0^{q_1}g\left(\frac{q_1+bq_2-x}{b}\right)f(x)\mathrm{d}x + c_2^0\frac{1}{a}\int_0^{q_2}f\left(\frac{aq_1+q_2-y}{a}\right)g(y)\mathrm{d}y > 0$$

并求得 $\prod^C(q_1, q_2)$ 混合偏导数为:

$$\frac{\partial^2\prod^C(q_1,q_2)}{\partial q_1\partial q_2} = c_1^0\int_0^{q_1}g\left(\frac{q_1+bq_2-x}{b}\right)f(x)\mathrm{d}x + c_2^0\int_0^{q_2}f\left(\frac{aq_1+q_2-y}{a}\right)g(y)\mathrm{d}y$$

$$\frac{\partial^2\prod^C(q_1,q_2)}{\partial q_1^2}\frac{\partial^2 J^C(q_1,q_2)}{\partial q_2^2} - \left(\frac{\partial^2 J^C(q_1,q_2)}{\partial q_1\partial q_2}\right)^2 =$$

$$\left[bc_1^0\int_0^{q_1}g\left(\frac{q_1+bq_2-x}{b}\right)f(x)\mathrm{d}x + \frac{1}{a}c_2^0\int_0^{q_2}f\left(\frac{aq_1+q_2-y}{a}\right)g(y)\mathrm{d}y\right]\times$$

$$[(c_1^0 - ac_2^0)G(q_2) + c_1^u]f(q_1) +$$

$$\left[\frac{1}{b}c_1^0\int_0^{q_1}g\left(\frac{q_1+bq_2-x}{b}\right)f(x)\mathrm{d}x + ac_2^0\int_0^{q_2}f\left(\frac{aq_1+q_2-y}{a}\right)g(y)\mathrm{d}y\right]\times$$

$$[(c_2^0 - bc_1^0)F(q_1) + c_2^u]g(q_2) + [(c_1^0 - ac_2^0)G(q_2) + c_1^u]$$

$$[(c_2^0 - bc_1^0)F(q_1) + c_2^u]f(q_1)g(q_2) + \left(\frac{1}{ab} + ab - 2\right)c_1^0$$

$$c_2^0\left[\int_0^{q_1}g\left(\frac{q_1+bq_2-x}{b}\right)f(x)\mathrm{d}x\right]\left[\int_0^{q_2}f\left(\frac{aq_1+q_2-y}{a}\right)g(y)\mathrm{d}y\right]$$

由于 $(c_1^0 - ac_2^0)M(q_2) + c_1^u > (c_1^0 + c_1^u - ac_2^0)M(q_2) > 0$, $(c_2^0 - bc_1^0)F(q_1) +$

$$c_2^u > (c_2^0 + c_2^u - bc_1^0)F(q_1) > 0$$

并且，$1/ab + ab \geq 2$，求得：

$$\frac{\partial^2 \prod^C(q_1, q_2)}{\partial q_1^2} \frac{\partial^2 J^C(q_1, q_2)}{\partial q_2^2} > \left(\frac{\partial^2 J^C(q_1, q_2)}{\partial q_1 \partial q_2}\right)^2$$

因此，$\prod^c(q_1, q_2)$对于q_1、q_2都是凸函数，可以通过求解$\prod^c(q_1, q_2)/\partial q_i = 0$，$i = 1, 2$，获得全局最优解$(q_1^*, q_2^*)$。证毕。

由于 $\dfrac{\partial \prod_1(q_1; q_2)}{\partial q_2} = c_1^o b \int_0^{q_1} \left[M\left(\dfrac{q_1 + bq_2 - x}{b}\right) - M(q_2) \right] f(x) \mathrm{d}x > 0$

说明零售商1的库存成本与零售商2订货量之间关系呈正相关，即当零售商2增加订货量时，零售商1的库存成本$M_1(q_1; q_2)$将上升；当零售商2减少订货量时，零售商1的库存成本$M_1(q_1; q_2)$将下降。因此，零售商1将通过向零售商2提供转移支付，使零售商2减少订货量。如果零售商2的订货量大于q_2^N，且q_2^N是在非合作情境下零售商2的均衡订货量，那么零售商1将不会参与合作，甚至会脱离联盟。因此，需要将支付函数调整为$T_1(q_2) = \beta(q_2^N - q_2)$。$\alpha > 0$，如果零售商2的订货量$q_2 > q_2^N$，$T_1(q_2) < 0$，说明零售商2需要向零售商1提供补偿费用。否则，零售商1将脱离合作联盟。

同理，$\dfrac{\partial \prod_2(q_2; q_1)}{\partial q_1} = c_2^o a \int_0^{q_2} \left[F\left(\dfrac{aq_1 + q_2 - y}{a}\right) - f(q_1) \right] g(y) \mathrm{d}y > 0$。

为了使零售商1减少订货量q_1，零售商2将向零售商1提供转移支付。因此，零售商2向零售商1提供的转移支付$T_2(q_1) = \beta(q_1^N - q_1)$。$\beta > 0$，如果零售商1的订货量$q_1 > q_1^N$，$T_2(q_1) < 0$。意味着零售商1将向零售商2提供转移支付。运用定理3计算能够实现供应链协调的γ值。

考虑到三个转移支付项$T_1(q_2)$、$T_2(q_1)$和γ，在合作情境下，零售商的目标函数为：

$$\prod_1^c(q_1, q_2) = J_1(q_1; q_2) - T_1(q_2) + T_2(q_1) - \gamma$$

$$\prod_2^c(q_1, q_2) = J_2(q_1; q_2) + T_1(q_2) - T_2(q_1) + \gamma$$

定理6 对于包含两个零售商的替代性产品供应链，实现供应链协调的转移支付契约机制设计如下：

$$\alpha = bc_1^o \int_0^{q_1^*} \left[M\left(\frac{q_1 + bq_2^* - x}{b}\right) - M(q_2^*) \right] f(x) \mathrm{d}x$$

$$\beta = ac_2^o \int_0^{q_2^*} \left[F\left(\frac{aq_1^* + q_2^* - y}{a}\right) - F(q_1^*) \right] g(y) \mathrm{d}y$$

$$\gamma = \frac{[\prod_1^c(q_1^*,q_2^*) - \prod_1(q_1^N;q_2^N)] - [\prod_2^c(q_1^*,q_2^*) - \prod_2(q_2^N;q_1^N)]}{2}$$

证明：$\prod_1^c(q_1, q_2)$ 关于 q_1 的偏导数分别为：

$$\frac{\partial \prod_1^c(q_1,q_2)}{\partial q_1} = \frac{\partial \prod_1(q_1;q_2)}{\partial q_1} - \beta$$

$$\frac{\partial^2 \prod_1^c(q_1,q_2)}{\partial q_1^2} = \frac{\partial^2 \prod_1(q_1;q_2)}{\partial q_1^2} > 0$$

$\prod_2^c(q_1, q_2)$ 关于 q_2 的偏导数分别为：

$$\frac{\partial \prod_2^c(q_1,q_2)}{\partial q_2} = \frac{\partial \prod_2(q_2;q_1)}{\partial q_2} - \alpha$$

$$\frac{\partial^2 \prod_2^c(q_1,q_2)}{\partial q_2^2} = \frac{\partial^2 \prod_2(q_2;q_1)}{\partial q_2^2} > 0$$

因此，通过求解下列方程，可求得含有转移支付的 Nash 均衡解：

$$\frac{\partial \prod_1(q_1,q_2)}{\partial q_1} - \beta = 0, \frac{\partial \prod_2(q_2;q_1)}{\partial q_2} - \alpha = 0$$

即 $\begin{cases} c_1^0 \int_0^{q_1} M\left(\frac{q_1+bq_2-x}{b}\right)f(x)\mathrm{d}x + c_1^u F(q_1) = c_1^u + \beta \\ c_2^0 \int_0^{q_2} F\left(\frac{aq_1+q_2-y}{a}\right)g(y)\mathrm{d}y + c_1^u M(q_2) = c_2^u + \alpha \end{cases}$

解得 α 的值和 β 的值及 γ 的值。证毕。

研究发现，当零售商 2 的订货量每减少 1 个单位时，零售商 1 的成本则降低 $\partial \prod_1(q_1;q_2)/\partial q_2$。也就是说，零售商 1 的节约成本是由零售商 2 订货量决策产生的，而不是靠零售商 1 自身的努力。为了体现零售商 2 所做的贡献，零售商 1 应将 $\partial \prod_1(q_1^*;q_2^*)/\partial q_2(=\alpha)$ 作为转移支付给零售商 2。同样地，如果零售商 1 的订货量每减少 1 个单位，零售商 2 也需要向零售商 1 转移支付为 $\partial \prod_2(q_2^*;q_1^*)/\partial q_1(=\beta)$。

四、数值分析

制造业服务化已成为当前企业进行转型发展的新趋势，在制造商—零售商构成的产品服务系统中，通过对零售商之间的产品服务替代效应进行深入研究，构建了双方协同合作的转移支付机制，进而实现收益分配公平化。为了直观说明双方协同合作的转移支付机制对两个零售商收益分配公平化的影响。下面在合作的情况下分析了两零售商的订货量对合作的影响。

首先,在非合作情况下,双方为了实现各自库存成本最小化,都会选择订购量进行决策,最终实现 Nash 均衡。其次,为使各自成本最小化,两零售商的订货量分别为 q_1^N、q_2^N,在双方达成协议后,总的库存成本最小化的两零售商的订货量分别为 q_1^*、q_2^*,如图 7-4 所示。当 $q_1 > q_1^N$,$T(q_1) < 0$ 时,零售商 1 需要给零售商 2 提供转移支付,如果不提供,零售商 2 将不予合作;反之零售商 1 将不予合作。

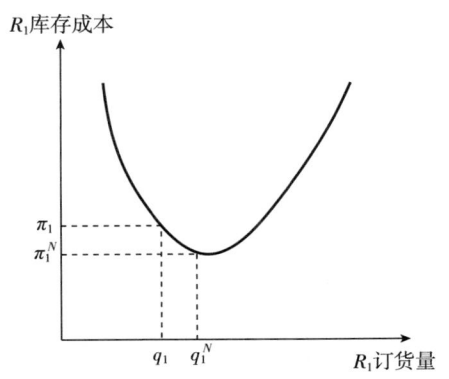
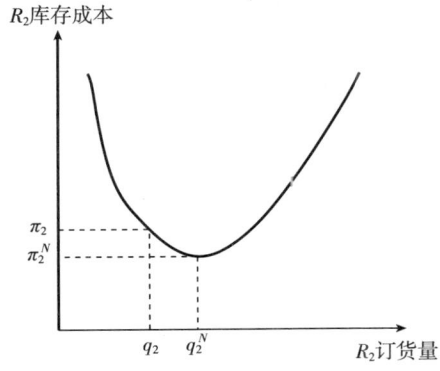

图 7-4 订货量对库存成本的影响

为了使零售商总库存成本最小化,零售商 2 需要减少订货量,使其订货量保持在 q_1^* 水平。零售商 2 的订货量每减少 1 个单位就会使零售商 1 库存成本减少 $\partial \pi_1(q_1; q_2)/\partial q_1$,即零售商 1 在库存成本上节约了 $\partial \pi_1(q_1; q_2)/\partial q_1$,零售商 1 节约的库存成本不是自身的努力使其节约的,而是零售商 2 通过减少其订货量使零售商 1 的库存成本减少的,那么作为回报零售商 1 将需要给零售商 2 提供转移支付,转移支付金额为 $\partial \pi_1(q_1^*; q_2^*)/\partial q_1$;反之,零售商 1 的订货量每减少 1 个单位就会使得零售商 2 库存成本减少 $\partial \pi_1(q_1; q_2)/\partial q_2$,即零售商 2 在库存成本上节约了 $\partial \pi_1(q_1; q_2)/\partial q_2$,零售商 2 节约的库存成本不是自身的努力使其节约的,而是零售商 1 通过减少其订货量使零售商 2 的库存成本减少的,那么作为回报零售商 2 也将需要给零售商 1 提供转移支付,转移支付金额为 $\partial \pi_1(q_1^*; q_2^*)/\partial q_2$。如图 7-5、图 7-6 所示。

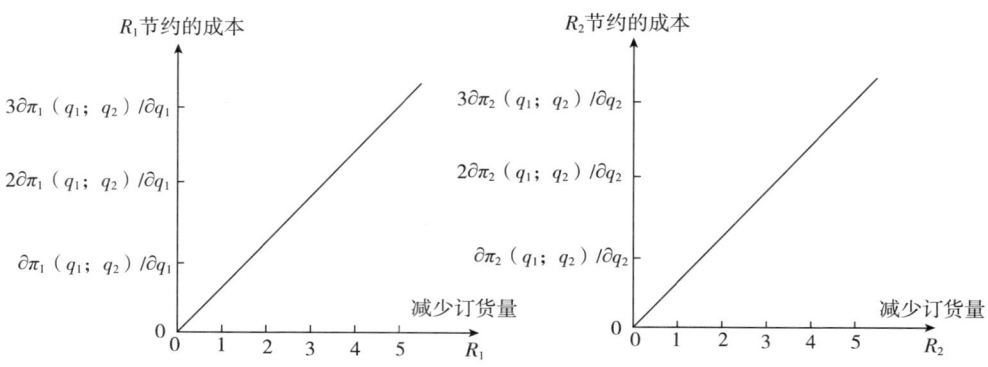

图7-5 订货量与节约成本的关系

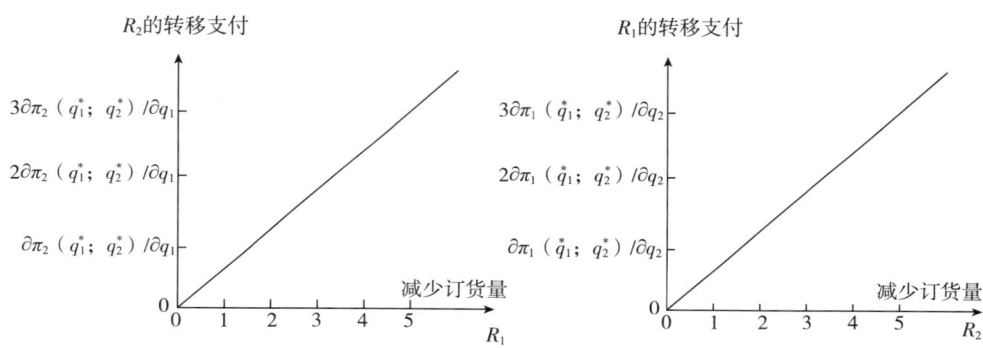

图7-6 订货量与转移支付的关系

结合两个零售商之间的产品服务替代效应问题，研究了一个制造商和两个零售商构成的分散型产品服务系统，分析了两个零售商之间的竞争合作关系。我们发现，在构建双方协同合作的转移支付机制时，首先，机制中的转移支付函数能够鼓励制造商和零售商从全局最优的角度进行决策；其次，固定转移支付能够公平地分配协调产生的系统利润，充分协调两个零售商的竞争合作机制，进而实现收益公平分配；最后，通过数值实验分析了当零售商1减少其订货量时，零售商2的库存成本也随之减少，零售商2就会给零售商1提供相应的转移支付金；当某一零售商的订货量大于q^N时，q^N是在非合作情况下其均衡订货量，那么另一零售商将不会参与合作，甚至会脱离联盟。

第三节 制造商—零售商之间产品服务能力合作配置

一、问题描述

在制造业服务化转型过程中,客户的关注点逐渐由产品转向服务,制造商不仅要生产高质量的产品,而且还要提供高品质的服务。因此,为了满足日益个性化的客户需求,由产品和服务紧密结合而成的产品服务系统应运而生。国内外学者分别从产品增值服务、制造增强型服务、产品服务化、制造业服务化和新型制造业等多个不同视角研究了产品服务系统的最新发展趋势,一致认为,产品服务系统是产品服务化与服务产品化的嵌入;前者侧重于以服务思维看待产品,注重产品质量和功能价值实现;后者侧重于服务价值和客户服务体验。

当前对产品服务系统的研究主要集中在产品服务系统的基本概念、分类以及运营模式三个方面。产品服务系统(Product Service System,PSS)是在制造业服务化背景下,制造商通过产品服务集成,资源有机整合为客户提供全生命周期服务的一种新型的商业运营模式。对于产品服务系统分类,Cook 和 Bhamra 根据产品、服务与企业核心竞争力之间的关系,从四个不同维度分析了产品服务系统的类别。杨才君等从服务化程度和在交易过程中客户所有权多少的角度进一步将产品服务系统分为面向产品的 PSS、面向应用的 PSS 和面向效用的 PSS 三类,并分析了三类产品服务系统的特点。然而,在产品服务系统运营模式方面,张旭梅等通过分析现代制造服务的内涵,提出现代制造服务的三种典型运营模式:服务外包、制造商和零售商合作服务以及制造商自营服务。顾新建等从组织优化的角度,将产品服务系统运营组织分为客户自我服务、服务外包商提供服务、制造商提供集成化服务三种不同的形式。在此基础上,龙跃和易树平分析了制造服务企业与多供应商的合作效应,以 Shapley 值法分析利益分配模式,提出了一种多汽配供应商与制造服务企业合作模式。

总之,尽管已有的研究成果主要从宏观层面对产品服务系统的概念、类别和运营模式开展了系统化分析,但尚未从微观层面对相关企业间的合作行为进行深入分析。在研究方法上以定性研究为主,定量的优化机制解决方案较少。与文献的区别在于,以转移支付契约为切入点,在客户产品服务需求确定性条件下,针对产品服务系统中的制造商与零售商,构建用于协调双方利益关系的转移支付契约机制。与讨价还价情形相比,产品服务系统中的转移支付契约机制能够对协调后的总收益增加值进行公平合理的分配,同时能够有效地防止预先购买,哄抬价格的道德缺失现象的发生,确保产品服务系统成员企业合作的长期性和稳定性。

二、制造商—零售商转移支付模型

转移支付契约主要用于协调企业之间的合作关系。许多学者对转移支付的内涵进行了界定,例如,Cachon(2003)通过回顾转移支付契约在企业间协调合作中的应用,指出转移支付契约的一般形式包括稳定批发价格、收益共享、回购、价格折扣、销售回扣契约等。Rubin 和 Carter(1990)认为,转移支付是指为了激励对方偏离个体最优方案,实现全局最优方案,在交易双方之间发生的额外资金转移。Carter 和 Ferrin(1995)指出,转移支付是指为激励合作企业在给定契约上做出让步,在合作双方之间所发生的额外资金转移,例如,降低价格、追加罚款、折扣策略等。因此,产品服务系统转移支付是指为增强产品服务系统的整体收益,而在不同成员企业之间所发生的货币资金转移,例如,转移支付、赔偿、退还、回购等。在转移支付契约机制设计方面,国内学者研究相对较少。例如,罗定提(2001)在产品价格固定、需求是在随机的情况下,研究转移支付激励机制对供应商和零售商收益产生的影响,并证明转移支付激励机制能够有效地提高供应链的运作效率。在此基础上,韩建军(2005)针对项目业主与设计承包商组成的设计外包体系,在合约不完全条件下,研究转移支付激励机制对项目业主收益的影响。上述文献仅仅关注的是转移支付契约的基本内涵,而尚未考虑在产品服务系统中转移支付契约机制的设计过程以及总收益增加值的公平分配问题。

在产品服务系统中,制造商以产品价格 w 向零售商提供产品,零售商以服务价格 p 向顾客提供集成化的产品服务,其中服务价格 p 是零售商在产品价格 w 基础上制定的产品延伸服务价格,即集成化产品服务价格。q 表示零售商从制造商处订购的产品数量。双方的收益函数分别为 $\pi_m(w, q)$ 和 $\pi_r(p, q)$,而博弈双方的 Nash 均衡策略 (w^N, q^N),(p^N, q^N) 满足条件:

$$\pi_m(w^N, q^N) \geq \pi_m(w, q^N) \tag{7-27}$$

$$\pi_r(p^N, q^N) \geq \pi_r(p^N, q) \tag{7-28}$$

其中,(w^N, q^N) 表示不考虑转移支付时的 Nash 均衡解;(w^*, q^*)、(p^*, q^*) 表示产品服务系统的全局最优解,此时产品服务系统中双方企业的整体收益函数为 $\pi(w, q) = \pi_m(w, q) + \pi_r(p, q)$,并且满足 $\pi_m(w^*, q^*) \geq \pi_m(w^N, q^N)$,$\pi_r(p^*, q^*) \geq \pi_r(p^N, q^N)$。具体如图 7-7 所示。

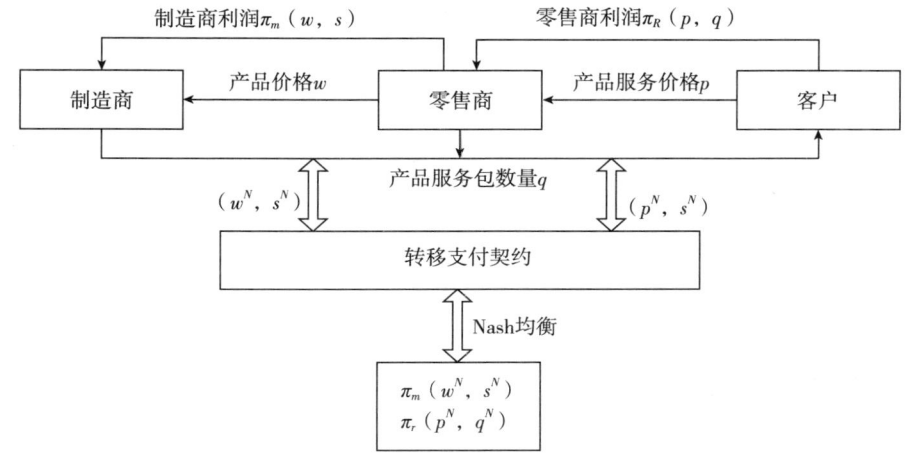

图7-7 制造商—零售商产品服务能力合作配置

制造商通过设计合理的转移支付契约来实现产品服务系统整体收益最大化,并且确保制造商—零售商双方合作的稳定性。在转移支付契约情形下,产品服务系统成员企业的收益函数 $\pi_m^c(w,q)$, $\pi_r^c(p,q)$ 表示为:

$$\begin{cases} \pi_m^c(w,q) = \pi_m(w,q) - T(w,q) - \gamma \\ \pi_r^c(p,q) = \pi_r(p,q) + T(w,q) + \gamma \end{cases} \quad (7-29)$$

其中,转移支付 $T(w,q)$ 表示制造商与零售商双方之间发生的转移支付。当 $T(w,q) > 0$ 时,制造商向零售商提供的转移支付为 $T(w,q)$;当 $T(w,q) < 0$ 时,零售商向制造商提供的转移支付为 $T(w,q)$;当 $T(w,q) = 0$ 时,产品服务系统成员企业之间没有转移支付。γ 表示转移支付合作情形下制造商认可的零售商收益分配量,当引入转移支付函数 $T(w,q)$ 后,产品服务系统成员企业收益增加值为:

$$K_m = \pi_m(w^*, q^*) - \pi_m(w^N, q^N)$$
$$K_s = \pi_r(p^*, q^*) - \pi_r(p^N, q^N)$$

如果 $K_i \geq 0$,企业 i 的收益增加值为 K_i;否则,企业 i 的收益损失值为 $|1K_i|1$,便会脱离合作联盟,$i = m, s$。双方的总收益增加值为 $K = K_m + K_s$。为了能够对总收益增加值 K 进行公平合理的分配,保持合作联盟的稳定性,需要通过以下三种情况分析收益分配常量 γ 的值:

(1) 如果制造商存在亏损 ($K_m < 0$) 时,将从零售商处获得 $|1K_m 1$ 来弥补损失。同时还分配零售商的收益增加值 K,分配值为 $K/2$。因此,$\gamma = -(|1K_m|1 + K/2) = (K_m - K_s)/2$。$\gamma < 0$,意味着制造商从零售商处获得转移支

付为 $|1\gamma|1$。

(2) 如果零售商存在亏损 ($K_s < 0$) 时，将从制造商处获得 $|1K_s|1$ 来弥补损失。同时还分配制造商的收益增加值 K，分配值为 $K/2$。因此，$\gamma = |1K_s|1 + (K_m + K_s)/2 = (K_m - K_s)/2$，$\gamma > 0$，表明制造商向零售商转移支付为 γ。

(3) 如果双方都没有存在亏损 ($K_i \geq 0$，$i = m, s$)，则对 $K = K_m + K_s$ 进行讨价还价，每一方将分配到 $(K_m + K_s)/2$。如果 $K_m \geq K_s$，制造商向零售商转移支付为 $\gamma = K_m - (K_m + K_s)/2 = (K_m - K_s)/2$；否则，$\gamma = -[K_m - (K_m + K_s)/2] = -(K_s - K_m)/2$，意味着制造商从零售商处获得转移支付为 $(K_s - K_m)/2$。对于这种情况，转移支付的值不变，即 $\gamma = (K_m - K_s)/2$。

总之，运用 Nash 仲裁方案，能够实现总收益增加值 K 公平合理分配的 γ 值为 $\gamma = (K_m - K_s)/2$。

三、制造商—零售商产品服务能力合作配置模型

1. 产品服务能力合作模型

在产品服务系统运作过程中，制造商的收益函数 $\pi_m(w, q)$ 和零售商的收益函数 $\pi_s(p, q)$ 分别为：

$$\pi_m(w, q) = g_m \left[q - \int_0^q F(y/p) \mathrm{d}y \right] + (w - c_m)q - g_m \mu \quad (7-30)$$

$$\pi_r(p, q) = (p - v + g_s) \left[q - \int_0^q F(y/p) \mathrm{d}y \right] - (w + c_s - v)q - g_s \mu \quad (7-31)$$

其中，v 表示剩余产品的单位残值，g_m 和 g_s 分别是制造商和零售商得到的单位补偿金，c_m 和 c_s 分别表示制造商的单位产品成本和零售商的单位产品服务成本，$c_m \leq w$（确保制造商的利润非负）且 $w + c_s \leq p$（确保零售商的利润非负）；$F(y/p)$ 是连续的需求概率密度函数，且 $\partial F(y/p)/\partial p > 0$。产品服务系统总收益函数为：

$$\prod(p,q) = \pi_m(w,q) + \pi_r(p,q)$$
$$= (p - v + g) \left[q - \int_0^q F(y/p) \mathrm{d}y \right] - (c - v)q - g\mu \quad (7-32)$$

其中，$g = g_m + g_s$，$c = c_m + c_s$。假设 $v \leq c < p$，则最优解 p^* 和 q^* 能够使 $\prod(p,q)$ 实现最大化。

2. 讨价还价情形

在讨价还价情形下，计算制造商和零售商的 Nash 均衡解 (w^N, q^N)、$(p^N,$

q^N):由于 $\partial \pi_m(w,q)/\partial w = q > 0$ 且 $w \leq p - c_r$,则对于任意产品服务价格 p,制造商的产品价格最优解为 $p - c_r$。此时由于零售商的收益为零,所以零售商将不会从制造商处购买产品。制造商为了激励零售商进行产品订购,需要引入批发价格基准值 w^0,且 $w^0 < p - c_r$,使零售商单位收益不低于 $p - w^0 - c_r$。假定 $w^N = w^0$,零售商的 Nash 均衡解满足:

$$\partial \pi_r(p^N, q^N)/\partial q = (p^N - v + g_s)[1 - F(q^N/p^N)] - (w^0 + c_s - v) = 0$$

$$\partial \pi_r(p^N, q^N)/\partial p = q^N - \int_0^{q^N} F(y/p^N)\mathrm{d}y - (p^N - v + g_s)\int_0^{q^N} \frac{\partial F(y|1p^N)}{\partial p}\mathrm{d}y = 0$$

(7-33)

通过分析制造商和零售商各自决策对产品服务系统总收益的影响,进一步研究双方之间的转移支付机制问题:

(1)当零售商的产品订购量满足 $\partial \pi_r(p,q)/\partial q = p - w + g_s - c_s > 0$ 时,制造商的期望收益 $\pi_m(w,q)$ 将会增加。此时制造商希望零售商能够增加订货量,但是大量订货会导致零售商产品库存积压,保管费用增加。于是制造商通过向零售商提供转移支付的方式,激励零售商增加产品订货量。当零售商的订货量要大于 q^N 时,为了使双方达成共识,以便为日后顺利开展合作,制造商承诺的转移支付为:

$$T_1(q) = \eta(q - q^N)$$

(7-34)

其中,参数 $\eta > 0$,表示当零售商订货量从 q^N 增加到 $q^N + 1$ 时,制造商向零售商提供的转移支付。如果 q 小于 q^N、$T_1(q) < 0$ 时,那么意味着小批量采购造成制造商收益损失,零售商需要向制造商提供转移支付,以便补偿制造商的损失。

$$\frac{\partial \pi_m(w,q)}{\partial p} = -g_m \int_0^q \frac{\partial F(y|1p)}{\partial p}\mathrm{d}y < 0$$

(7-35)

由式(7-35)可以看出,随着零售商的价格上升,制造商的期望收益 $\pi_m(w,q)$ 减少。

$$\pi_r(p,q)/\partial w = -q < 0$$

(7-36)

随着制造商的产品价格 w 上升,零售商的期望收益 $\pi_r(p,q)$ 同样也在减少。说明制造商希望零售商降低产品服务价格 p,同时零售商也希望制造商降低产品价格 w。为了激励零售商降低零售价格 p,制造商将根据零售商的降价幅度确定转移支付的数值。

(2)在讨价还价情形下,零售商的均衡价格为 p^N,为了使零售商降低产品服务价格 p,制造商向零售商提供的转移支付为:

$$T_{21}(p) = \omega_1(p^N - p)$$

(7-37)

其中,参数 $\omega_1 > 0$,表示当零售商将产品服务价格由 p^N 降到 $p^N - 1$ 时,制造

商向其提供的转移支付。制造商希望通过激励零售商来降低产品服务价格,增加产品销量,实现薄利多销,进一步扩大市场影响力。然而,如果零售商提高产品服务价格 p,那么 $T_{21}(p) < 0$,零售商应向制造商提供转移支付 $|1T_{21}(p)|1$,弥补制造商的费用损失。

(3) 在讨价还价情形下,为了激励制造商降低产品价格 w,零售商向制造商承诺的转移支付为:

$$T_{22}(w) = \omega_2(w^N - w) = \omega_2(w^0 - w) \tag{7-38}$$

参数 $\omega_2 > 0$,表示当制造商将产品价格从 w^0 降到 $w^0 - 1$ 时,零售商将向制造商提供的转移支付。如果制造商提高产品价格 w、$T_{22}(w) < 0$ 时,此时制造商应向零售商转移支付 $|1T_{22}(w)|1$ 来补偿零售商增加的成本费用。

3. 转移支付情形

通过引入转移支付函数 $T_1(q)$、$T_{21}(q)$ 和 $T_{22}(w)$ 和收益分配常量 γ,进一步研究存在转移支付的产品服务系统运作模型,则制造商和零售商的期望收益分别为:

$$\pi_m^c(w, q) = \pi_m(w, q) - \eta(q - q^N) - \omega_1(p^N - p) + \omega_2(w^0 - w) - \gamma$$
$$\pi_r^c(p, q) = \pi_r(p, q) + \eta(q - q^N) + \omega_1(p^N - p) - \omega_2(w^0 - w) + \gamma \tag{7-39}$$

其中,c 表示双方合作情形,在制造商与零售商之间,通过应用转移支付 $T_{21}(p)$ 和 $T_{22}(w)$ 能够有效地防止发生预先购买,哄抬价格,牟取非法利润的道德缺失行为。

$$T_{21}(p) - T_{22}(w) = \omega_1(p^N - p) - \omega_2(w^0 - w) = (\omega_1 p^N - \omega_2 w^0) - (\omega_1 p - \omega_2 w)$$
$$\tag{7-40}$$

假定 $\omega = \omega_1 = \omega_2$,表示在完全信息条件下,当制造商与零售商双方的价格均下降时,针对各自的补偿金额进行讨价还价。令 $T_2(w, p) = T_{21}(p) - T_{22}(w)$,将式(7-39)表示为:

$$T_2(w, p) = \omega[(p^N - w^0) - (p - w)] \tag{7-41}$$

$(p^N - w^0)$ 和 $(p - w)$ 分别指零售商在非合作博弈 $\Im$ 和合作博弈 $\Im^c$ 情形下的边际收益。对于不考虑转移支付的非合作博弈 $\Im$,$(p^N - w^0)$ 表示零售商的边际收益基准值。然而在考虑转移支付的合作博弈 $\Im^c$ 中,当制造商的产品价格 w 降低时,零售商也相应地降低产品服务价格 p,那么制造商便向零售商提供的转移支付为 $T_2(w, q)$,用以弥补零售商的收益损失。反之,当零售商不降低价格 p,零售商边际收益 $(p - w)$ 将会增加,便会发生预先购买现象。在预先购买过程中,$T_2(w, q) < 0$ 意味着零售商应向制造商支付罚金 $|1T_2(w, q)|1$。因此,在转移支付契约机制设计过程中,可以将 $T_2(w, q)$ 定义为边际收益补

偿方案：当零售商由于降低产品服务价格导致收益损失时，零售商边际收益每减少 1 元，制造商就给予零售商补偿 β 元。

利用式（7-41）中的边际收益补偿方案 $T_2(w, q)$，在合作博弈 $\Im^c$ 中，将制造商和零售商的收益函数 $\pi_m^c(w, q)$ 和 $\pi_s^c(p, q)$ 定义为：

$$\pi_m^c(w, q) = \pi_m(w, q) - \eta(q - q^N) - \omega[(p^N - w^0) - (p - w)] - \gamma$$
$$\pi_r^c(p, q) = \pi_r(p, q) + \eta(q - q^N) + \omega[(p^N - w^0) - (p - w)] + \gamma \quad (7-42)$$

对于合作博弈 $\Im^c$，转移支付函数 $T(w, p, q) = T_1(q) + T_2(w, p)$，零售商的 Nash 均衡 (p^{CN}, q^{CN}) 满足：

$$\frac{\partial \pi_r^c(p^{CN}, q^{CN})}{\partial q} = (p^{CN} - v + g_s)[1 - F(q^{CN} | 1p^{CN})] - (w^0 + c_s - v) + \eta = 0 \quad (7-43)$$

$$\frac{\partial \pi_r^c(p^{CN}, q^{CN})}{\partial p} = q^{CN} - \int_0^{q^{CN}} F(y | 1p^{CN}) dy - (p^{CN} - v + g_s) \int_0^{q^{CN}} \frac{\partial F(y | 1p^{CN})}{\partial p} dy - \omega = 0$$
$$(7-44)$$

同时对产品服务系统总收益求全局最优解 (p^*, q^*)，满足下列条件：

$$\frac{\partial \prod(p^*, q^*)}{\partial q} = (p^* - v + g)[1 - F(q^* | 1p^*)] - (c - v) = 0 \quad (7-45)$$

$$\frac{\partial \prod(p^*, q^*)}{\partial p} = q^* - \int_0^{q^*} F(y | 1p^*) dy - (p^* - v + g) \int_0^{q^*} \frac{\partial F(y | 1p^*)}{\partial p} dy = 0$$
$$(7-46)$$

通过式（7-43）和式（7-45）计算 η、式（7-46）和式（7-48）计算 ω，并运用 Nash 仲裁方案计算收益分配量 γ。因此，将产品服务系统中的制造商与零售商之间的转移支付契约机制设计如下：

$$\eta = g_m[1 - F(q^* | 1p^*)] + w^0 - c_m \quad (7-47)$$

$$\omega = g_m \int_0^{q^*} \frac{\partial F(y | 1p^*)}{\partial p} dy \quad (7-48)$$

$$\gamma = [\pi_m^c(w^{CN}, q^{CN}) - \pi_m(w^N, q^N)]/2 - [\pi_r^c(p^{CN}, q^{CN}) - \pi_s(p^N, q^N)]/2 \quad (7-49)$$

能够确保零售商均衡解 (p^{CN}, q^{CN}) 等于全局最优解 (p^*, q^*)，且

$$w^{CN} = \begin{cases} w^0, & q^{CN} > \omega \\ c_m, & q^{CN} < \omega \\ [c_m, w^0], & q^{CN} = \omega \end{cases}$$

参数 η 包括两部分：由于制造商丧失销售机会而得到的补偿金 $g_m[1 - F(q^* | 1p^*)]$ 和制造商的边际收益 $w^0 - c_m$，即当零售商减少订货量时，制造商的销售量就会减少，导致制造商丧失销售机会，造成成本损失。因此，零售商将

以转移支付方式向制造商提供一定的补偿。

参数 ω 与制造商丧失销售机会的成本是相关的。当零售商降低销售价格 p 时,制造商的收益 $\pi_m(w;p,q)$ 将增加 $g_m \int_0^{q^*} [\partial F(y|1p^*)/\partial p] dy$,意味着制造商的收益增加值是由于零售商降低产品服务价格 p 引起的。为了激励零售商进一步降低产品服务价格 p,制造商将向其提供转移支付。

通过上述研究分析发现,在具有转移支付 $T_1(q)$ 和 $T_2(w,p)$ 的 $\Im^c$ 博弈中,当 $q^{CN}<\omega$ 或者 $q^*<\omega$ 时,制造商均衡批发价格 w^{CN} 与单位生产成本 c_m 相同,此时制造商的收益小于等于零,将导致制造商脱离企业合作联盟。为了激励制造商积极参与协调合作,零售商将进一步改进实现双方合作的转移支付契约条件:产品价格 w^0 满足 $q^{CN} \geq \omega$,且 q^{CN} 依赖于 w^0,达到产品服务系统全局最优解。在收益分配方面,制造商与零售商对总收益增加值进行了公平合理的分配,最终实现双边共赢。

同时,由式(7-18)分析可知,当零售商提高产品服务价格 p 时,则 $T_{21}(p)<0$,零售商将以罚金的方式向制造商转移支付 $|1T_{21}(p)|1$。制造商应用 $T_{21}(p)$ 控制产品服务价格 p,防止出现零售商通过私自抬高产品服务价格进行非法获利的现象,从而维护产品在顾客心目中的品牌形象。

总之,转移支付契约机制能够实现产品服务系统协调,使合作双方的收益都有所增加,同时能够对合作后的总收益增加值进行公平合理的分配,保持制造商与零售商双方合作的长期性和稳定性。此外,还能够进一步有效地防止预先购买,哄抬价格,非法盈利的道德缺失现象的发生。

四、数值分析

下面通过数值模拟,分析转移支付契约机制在产品服务系统协调中的有效性。假设参数 $w^0=2.2$,$c_m=2.4$,$c_s=2.4$,$g_m=1.4$,$g_s=1.2$,通过运用 Matlab7.0 进行数值计算,对制造商与零售商在讨价还价和转移支付契约两种情形下的收益分配值进行比较分析,如表 7-1 所示。

表 7-1 转移支付契约下收益比较分析

w	p	讨价还价情形		转移支付契约情形		$\pi_m^c - \pi_m$	$\pi_r^c - \pi_r$	γ
		π_m	π_r	π_m^c	π_r^c			
5.2	6.3	112.52	116.82	113.68	119.98	2.16	3.16	-0.5
5.6	6.8	123.68	123.56	130.36	132.59	5.78	8.03	-1.125
6.3	8.2	128.59	132.85	135.62	131.86	7.03	9.01	-0.99

第七章 考虑转移支付的产品服务嵌入能力配置模型

续表

w	p	讨价还价情形		转移支付契约情形		$\pi_m^c - \pi_m$	$\pi_r^c - \pi_r$	γ
		π_m	π_r	π_m^c	π_r^c			
7.5	8.8	136.83	130.93	133.86	153.68	8.03	12.73	-2.355
7.8	9.2	136.98	152.85	156.53	167.36	9.56	13.61	-2.525
8.3	10.6	156.82	169.89	166.96	188.82	10.13	18.93	-3.395
8.6	10.8	165.86	173.86	173.98	190.76	8.12	16.9	-3.39
9.3	11.5	172.96	186.36	178.95	198.67	5.99	12.21	-3.11
9.6	12	178.38	190.32	182.98	198.72	3.5	8.3	-1.9
10.2	12.7	189.52	206.38	191.62	210.58	2.1	3.2	-1.05

数据结果表明:

(1) 针对不同的产品服务价格水平,通过比较制造商与零售商在讨价还价和转移支付契约两种情形下的收益分配值发现,双方在转移支付契约下的收益相对较高,即 $\pi_m^c - \pi_m > 0$,且 $\pi_r^c - \pi_r > 0$,如图 7-8、图 7-9 所示。

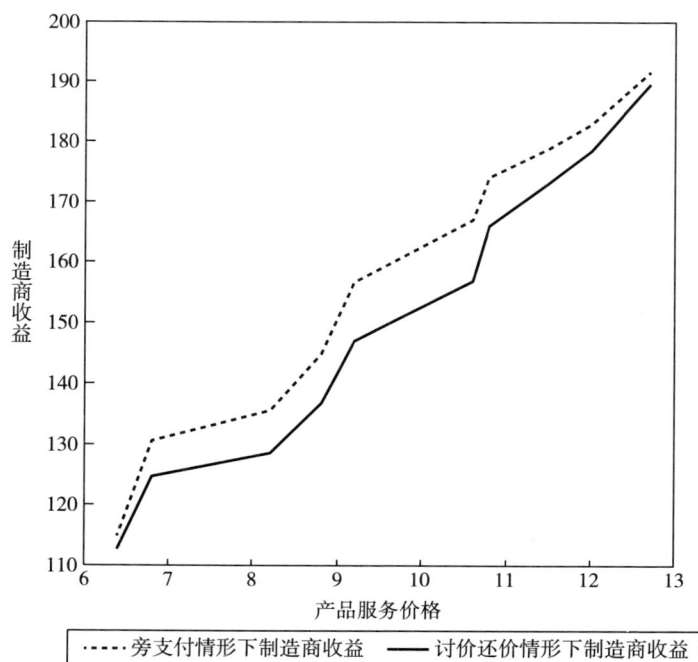

图 7-8 转移支付情形下制造商收益变化

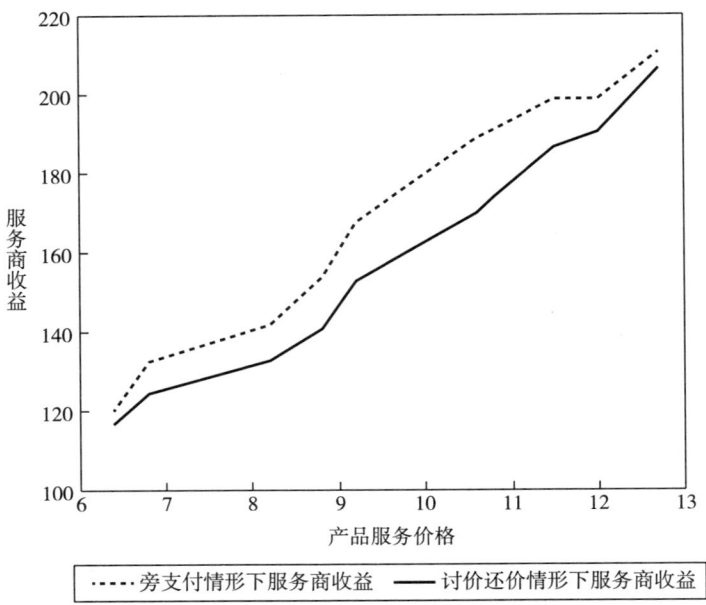

图 7-9 转移支付情形下服务商收益变化

(2) 借助于转移支付契约机制,确定了收益分配常量 γ 的值,并对制造商与零售商双方合作后的总收益增加值 $\pi_m^c - \pi_m$ 和 $\pi_r^c - \pi_r$ 进行了公平合理的分配。在表 7-1 中,$\gamma < 0$ 说明零售商需要向制造商转移支付,即减少 π_r^c,增加 π_m^c,最终达到 $\pi_m^c = \pi_r^c$,实现收益分配的公平化,确保双方合作的稳定性。

(3) 通过对表 7-1 的数据进行分析,发现随着零售商产品服务价格 p 的不断增高,制造商的收益增加值 $\pi_m^c - \pi_m$ 先增后减。为了保持收益的稳定性,维护产品品牌的市场影响力,制造商运用转移支付契约机制,以收益分配值 γ 作为罚金标准,要求私自提升产品服务价格的零售商向制造商转移支付,有效地制止了通过预先购买产品,哄抬价格的市场投机行为,如图 7-10 所示。

第四节 本章小结

在制造业服务化进程中,传统制造商的产品差异化的作用日益减弱。为了获取持续策略竞争优势,制造商逐步将经营重点从产品领域向服务领域延伸,运用服务差异化战略,通过向客户提供多样化的产品服务系统,发掘新的企业价值增

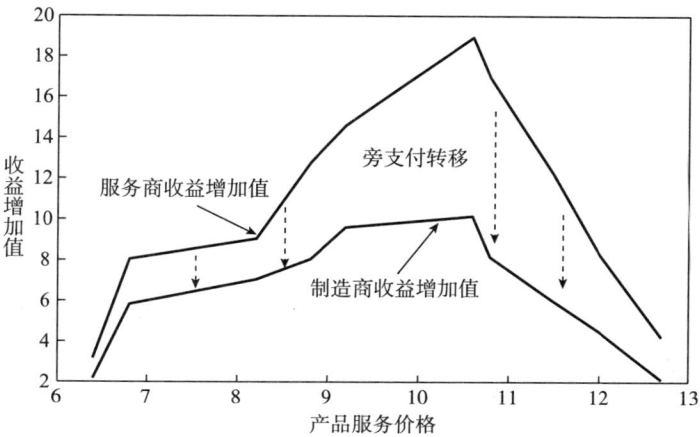

图 7-10 制造商—零售商总收益增加值变化

长点。通过引入产品服务嵌入度参数，将以产品为基础的生产能力配置问题进一步延伸至以产品为依托，以标准化服务包为基础的产品服务能力配置问题。并且运用 Cournot 博弈，以产品服务化供应链中的核心企业——制造商为对象，深入分析双寡头制造商之间的产品服务能力配置问题，构建能够实现收益公平分配的转移支付契约机制。同时将转移支付契约引入产品服务系统的运营模式之中进行微观定量研究，对制造商和零售商构成产品服务系统进行了系统化分析，建立了实现双方协调合作的转移支付契约机制。研究结果表明：与讨价还价情形相比，在产品服务系统运营过程中，构建转移支付契约机制能够使相关成员企业的收益均有所增加，进而确保参与合作的主动性和积极性；同时能够对协调后的总收益增加值进行公平合理的分配，保证了产品服务系统成员企业合作的长期性和稳定性。并且能够进一步有效地避免预先购买，哄抬价格的道德缺失现象的发生。

将转移支付契约引入产品服务系统之中主要是研究企业间决策行为的交互式影响，初步探讨了产品服务系统运营过程中制造商与零售商之间的转移支付协调机制。然而本部分的研究情况是在完全信息条件下进行的，不完全信息下产品服务系统的转移支付契约机制设计是一个值得研究的前沿问题。此外，现在考虑的是一个制造商与一个零售商的协作结构模型，未来将对多制造商、多零售商复杂性产品服务系统协作模型进行研究，同时引入风险偏好、反向补贴等多种不确定性因素，对产品服务系统运作协调机制问题进行深入研究。随着服务行业的发展，零售商对服务风险偏好以及产品服务替代效应对于收益的影响也越来越关心，在未来的研究中，如何考虑零售商的风险偏好以及产品服务替代效应对于收益的影响作用问题需要更加深入的研究。

第八章 考虑渠道权利结构的产品服务能力配置模型

针对产品服务化供应链的不同企业成员结构，分别考虑制造商之间嵌入式服务竞争、零售商之间嵌入式服务竞争、制造商—零售商之间交叉嵌入式服务竞争三种情形，研究产品服务能力嵌入式竞争问题，求解供应链成员企业的产品服务能力均衡策略。通过分析产品服务能力和价格之间的动态变化关系，将客户划分为实惠型、经济型、专业型和品质型四个不同类别。并结合产品服务成本与不同渠道权利结构下均衡结果之间的变化关系，提出能够满足不同客户需求特征的产品服务能力配置策略，有效地提高了产品服务动态配置效率。

第一节 制造商之间存在嵌入性服务竞争的产品服务能力配置

针对两个制造商和一个零售商构成的产品服务供应链，以制造商提供服务为视角，研究产品服务能力竞争问题。根据制造商与零售商的讨价还价能力高低，分别从制造商 Stackelberg、零售商 Stackelberg 和垂直 Nash 三种不同情形，求解供应链成员企业的均衡策略。通过分析服务能力水平和零售价格之间的动态变化关系，将客户划分为实惠型、经济型、专业型和品质型四个不同类别。同时结合服务成本与不同渠道权利结构下均衡结果之间的变化关系，提出能够满足不同客户需求特征的产品服务能力配置策略：RS 价格领先型策略、VN 服务领先型策略、MS 产品领先型策略和产品服务嵌入策略，有效地推动了产品服务动态竞争机制研究。

一、问题描述

在产品服务日益激烈竞争的环境中，制造企业为了持续地保持市场竞争优势,除了采取降低价格策略之外,正试图运用产品服务等非价格策略来激励消费者的购买决策行为。服务是指为了实现顾客价值最大化,制造商向客户提供一系列与产品相关的增值性活动,包括售后服务支持、产品广告、产品质量改进、产品维修等。服务已经成为制造企业提升竞争力和形成新的价值源泉的重要途径。近几年来,在国外许多知名制造企业销售收入中服务收入的比例已增至 30% ~ 50%,例如,IBM、COMPAQ、HP、GE 等。其中 GE 公司服务收入比例增速最快,由 20 多年前的 15% 上升至目前的 50%,而我国制造企业的服务收入比例仅为 5%。因此,我国制造企业有必要进行服务化转型,延伸产品价值空间,寻求新的利润增长点。通过完善产品服务渠道,灵活运用服务差异化竞争策略,提升产品服务质量,增强自身的核心竞争力。同时运用新的产品服务方法和手段,加强与客户之间的实时沟通,以新的服务内容和策略争取更多的客户,进而创造更多的客户价值,以期获得更高的市场占有率和预期利润,加快了由产品竞争型企业向服务竞争型企业转变的步伐。

早期学者主要从产品价格或产品数量角度,运用 Cournot、Bertrand、Stackelberg 博弈模型研究两个制造商之间的水平竞争问题,尚未对服务与客户需求之间的变化关系进行分析。例如,文献针对两个供应商和一个共同零售商的供应链,通过考虑各方的相对渠道能力,提出不同 Stackelberg 博弈情形的纳什均衡解。文献研究如何运用数量折扣契约实现供应商与大型零售商的协调决策。文献针对两个制造商和两个零售商构成的供应链,运用产品替代性特点,研究两个零售商之间的价格竞争问题。

当前,在产品服务运营管理领域中,主要针对服务能力、服务定价以及服务创新问题开展研究,而对产品服务竞争过程的关注力度不够。例如,许明辉、于刚、张汉勤(2010)虽然考虑了供应商和零售商在不同的条件下对服务提供的选择,以及零售商的主导型能力对供应链结构选择的影响,但忽视了供应链中的竞争因素。林志炳、张岐山(2011)在产品服务市场规模可变、需求服务线性相关的情形下,给出了零售商的最优服务函数。孙燕红、涂燚鑑、徐晓燕(2011)针对传统零售渠道和网络直销渠道的服务体验差异,从双渠道供应链服务竞争的角度,研究网络直线渠道对传统供应链的影响以及制造商如何协调两个渠道之间在顾客获取方面的冲突。鲁桂华、蔺雷、吴贵生(2005)发现,在制造企业销售收入中服务收入的比例逐年增加,认为产品既包括有形产品实体,又包括无形配套服务。通过建立完全信息动态博弈模型,分析产品服务延伸的必要性,进一步诠释制造服务增强的内在机理。刘平(2006)将制造企业产品服务分为产品销售服务和产品增值服务,并指出增值性服务差异化战略是企业竞争优势的主要来源。蔺雷和吴贵生(2007)运用因子分析(EFA、CFA)和结构方程模型(SEM)方法,指出服务差异化能够增强制造企业的竞争力。并且吴贵生、蔺雷(2011)通过考虑制造业服务增强的"质量弥补"特征,深入分析质量弥补以及服务差异化战略对于企业绩效的影响机理。张文红、张骁和翁智明(2010)认为,建立服务中介机构有助于制造企业从外部获取异质性知识,解决制造企业跨界搜索难题,促进服务创新。

在文献的基础上,针对由两个竞争性制造商和一个零售商构成的产品服务供应链系统,兼顾考虑了两个制造商之间横向竞争以及制造商与零售商之间纵向协作的双重问题。以制造商提供产品服务为切入点,分别在制造商 Stackelberg、零售商 Stackelberg、垂直 Nash 三种不同情形下,研究供应链成员企业的均衡策略。通过分析服务能力水平与零售价格之间的动态变化关系,将客户划分为实惠型、经济型、专业型和品质型四个不同类别;同时结合服务成本与不同渠道权利结构下均衡结果之间的变化关系,提出能够满足不同客户需求特征的产品服务能力配置策略。

二、初始模型

在产品服务运作过程中,两个制造商生产两种同质但存在替代效应的产品 i 和产品 j,产品需求变化主要取决于零售价格和服务能力水平的变化。制造商 i 以批发价格 w_i 将产品出售给零售商,零售商再以零售价格 p_i 将产品出售给最终客户。同时制造商以服务能力水平 s_i 向客户提供与产品相关的服务包,可供应的服务包越多,说明制造商的服务能力水平越高,反之,则制造商服务能力水平越低。产品服务竞争过程模型如图 8-1 所示:

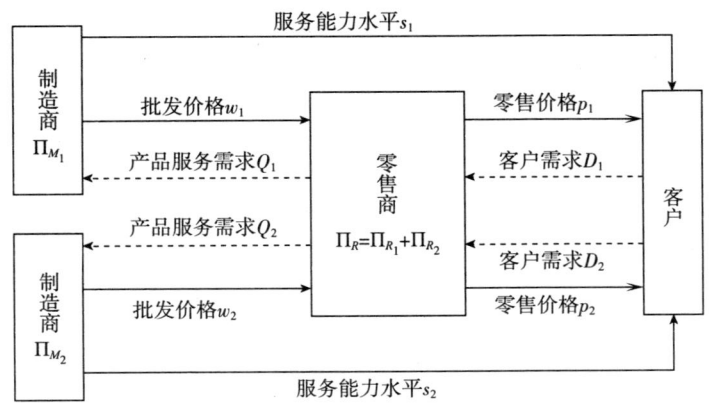

图 8-1 制造商竞争情形产品服务配置过程

1. 需求函数

在产品服务需求函数中,制造商的决策变量为批发价格 w 与服务能力水平 s,零售商的决策变量为零售价格 p。在产品需求函数建立过程中,将相关假设定义如下:

假设1:零售价格 p 和服务能力水平 s 同时影响产品需求 Q。产品 i 需求 Q_i 与零售价格 p_i 成反比,与竞争性产品 j 的零售价格 p_j 成正比。同时,产品 i 需求 Q_i 与制造商 i 的服务能力水平 s_i 成正比,与竞争性制造商 j 的服务能力水平 s_j 成反比。

假设2:a_i 表示产品 i 的需求总量,c_i 表示产品 i 的单位生产成本。为简化计算,假设两个制造商的产品需求总量和单位生产成本相同,即 $a_i = a_j = a$,$c_i = c_j = c$。

假设3:当制造商 i 降低产品批发价格 w_i 或提高服务能力水平 s_i 时,将吸引更多客户参与,从而增加产品需求 Q_i;当制造商 i 提高产品批发价格 w_i 或降低服务能力水平 s_i 时,将出现客户流失现象,导致产品需求 Q_i 减少。

结合上述三种假设条件,将产品 i 的需求函数定义为:

$$Q_i(p_i, p_j, s_i, s_j) = a - (b_p + \theta_p)p_i + (b_s + \theta_s)s_i + \theta_p p_j - \theta_s s_j \tag{8-1}$$

其中,$a > 0$,$b_p > 0$,$\theta_p > 0$,$b_s > 0$,$\theta_s > 0$,$i = 1, 2$,$j = 3 - i$。p_i 和 s_i 分别表示产品 i 的零售价格和服务能力水平。$b_p + \theta_p$ 表示零售价格 p_i 每降低一个单位而引起的产品 i 需求增加量。其中 b_p 表示由于降低零售价格 p_i,直接引起的产品 i 需求增加量;θ_p 表示由于降低零售价格 p_i,间接地从竞争性产品 j 处争取过来的产品 i 需求增加量。同样 $b_s + \theta_s$ 表示服务能力水平 s_i 每提高一个单位而引起的产品 i 需求增加量。其中 b_s 表示由于提高服务能力水平 s_i,直接引起的产品 i 需求增加量;θ_s 表示由于提高服务能力水平 s_i,间接地从竞争性产品 j 处争取过来的产品 i 需求增加量。

2. 利润函数

在产品服务运营过程中,为了给客户提供满意的产品服务,实现各自利润最大化,制造商通过调整批发价格 w 和服务能力水平 s,零售商通过调整零售价格 p 实时地响应客户需求变化。因此,零售商的利润函数为:

$$\prod_R = \sum_{i=1}^{2} \prod_{R_i} = \sum_{i=1}^{2} (p_i - w_i)Q_i(p_i, p_j, s_i, s_j) \tag{8-2}$$

由于制造商既提供产品又提供服务,则制造商运营成本包括产品生产成本和服务成本两部分。产品生产成本可通过假设2中的单位生产成本 c 计算可得。而服务成本是指企业为客户提供全生命周期产品服务时,造成的各种服务性资源费用之和,例如,产品服务渠道开发及运营管理费用、服务员工工资及培训费用、服务辅助工具租赁费用等。在 Tsay 和 Aggrawal(1998)的基础上,研究发现,随着服务资源的不断投入,服务成本不断增加,服务成本是服务能力水平的严格递增凸函数。因此,将服务成本函数定义为 $C_i(s_i) = \eta_i s_i^2/2$,其中,$\eta_i$ 是制造商 i 的服务成本因子,$\eta_i > 0$,η_i 值越大,表示制造商 i 达到相同的服务能力水平,所付出的服务成本费用越多。通过分析服务成本函数 $C_i(s_i)$,可知制造商的服务成本 $C_i(s_i)$ 随服务能力水平 s_i 的增加而增加,并且服务能力水平 s_i 越高,边际服务成本费用值越大。因此,制造商的利润函数为:

$$\prod_{M_i} = (w_i - c)Q_i(p_i, p_j, s_i, s_j) - \eta_i s_i^2/2, i = 1, 2 \qquad (8-3)$$

三、不同权利结构下产品服务能力配置模型

根据制造商与零售商讨价还价能力的高低,分别在制造商 Stackelberg、零售商 Stackelberg、垂直 Nash 三种情形下分析各自的最优策略。当制造商的讨价还价能力大于零售商的讨价还价能力时,为制造商 Stackelberg;当制造商的讨价还价能力小于零售商的讨价还价能力时,为零售商 Stackelberg;当双方的讨价还价能力相等时,为垂直 Nash。在 Stackelberg 动态博弈过程中,讨价还价能力水平高的企业为领导者,讨价还价能力水平低的企业为追随者。首先,构建追随者企业的反应函数,根据追随者企业反应函数的解释,建立领导者企业的目标利润函数模型,求解双方的最优策略。

1. 制造商 Stackelberg

在制造商 Stackelberg 情形下,制造商是领导者,而零售商是追随者。制造商利用零售商的反应函数作为确定批发价格和服务能力水平的依据。首先,零售商在给定批发价格和服务能力水平的基础上,制定相应的零售价格以实现利润最大化;其次,制造商依据零售商的零售价格,决定最优的批发价格和服务能力水平,以实现自身利润最大化。

为了实现利润最大化,零售商在博弈过程中选择零售价格 p_1^* 和 p_2^*,$p_i^* \in \arg\max_{p_i} \prod_{R_i}(p_i, p_j^* | w_1, w_2, s_1, s_2)$。$\prod_{R_i}(p_i, p_j^* | w_1, w_2, s_1, s_2)$ 表示零售商在已知制造商的决策方案(w_1, w_2, s_1, s_2)和零售价格 p_j^* 前提下,通过调整零售价格 p_i,所获取的预期利润。运用 $\prod_{R_i}$ 对 p_i 求一阶导数:

$$\frac{\partial \prod_{R_i}}{\partial p_i} = a - 2b_p p_i + \theta_p(p_j - 2p_i) + b_s s_i - \theta_s(s_j - s_i) + w_i b_p + w_i \theta_p + p_j \theta_p - w_j \theta_p = 0$$

$$(8-4)$$

其中,$i \in \{1, 2\}$,$j = 3 - i$。当 $b_p > 0$,$\theta_p > 0$ 时,$\partial \prod_{R_i}^2 / \partial p_i \partial p_j = \partial \prod_{R_i}^2 / \partial p_j \partial p_i = 2\theta_p$,$\partial \prod_{R_i}^2 / \partial p_i = -2b_p - 2\theta_p$ 构成的 Hessian 矩阵是负定阵,因此,零售商利润函数 $\prod_{R_i}$ 具有极大值。根据上述一阶和二阶导数条件,将零售商的反应

函数表示为：

$$p_i^* = \frac{w_i}{2} + \frac{(b_p + \theta_p) + \theta_p a}{2b_p(b_p + 2\theta_p)} - \frac{\theta_s(s_j - s_i)}{2(b_p + 2\theta_p)} + \frac{(b_p + \theta_p)b_s s_i + \theta_p b_s s_j}{2b_p(b_p + 2\theta_p)} \quad (8-5)$$

将式（8-5）代入式（8-1）可得产品 i 的需求量：

$$Q_i^* = \frac{a}{2} - \frac{(b_p + \theta_p)}{2} w_i + \frac{\theta_p}{2} w_j + \frac{(b_s + \theta_s)}{2} s_i - \frac{\theta_s}{2} s_j \quad (8-6)$$

其中，$i \in \{1, 2\}$，$j = 3 - i$。由式（8-5）和式（8-6）分析可知，p_i^* 和 Q_i^* 是关于批发价格、服务水平以及产品需求总量的线性函数。

根据零售商最优反应函数，分析制造商的最优的批发价格和服务能力水平。分别将式（8-5）和式（8-6）中的 p_i^* 和 Q_i^* 代入式（8-3），可得制造商利润函数 $\prod_{M_i}$。此时，批发价格和服务能力水平取值范围如下：

$$w_i^* \in \arg\max_{w_i} \prod\nolimits_{M_i}(w_i, w_j^*, s_i^*, s_j^*) \quad (8-7)$$

$$s_i^* \in \arg\max_{s_i} \prod\nolimits_{M_i}(w_i^*, w_j^*, s_i, s_j^*) \quad (8-8)$$

运用制造商利润函数 $\prod_{M_i}$ 分别对 w_i 和 s_i 求一阶导数：

$$\partial \prod\nolimits_{M_i}/\partial w_i = a - b_p \Big[w_i + \frac{(b_p + \theta_p)a + \theta_p a}{2b_p(b_p + 2\theta_p)} - \frac{\theta_s(s_j - s_i)}{2(b_p + 2\theta_p)} + \frac{(b_p + \theta_p)b_s s_i + \theta_p b_s s_j}{2b_p(b_p + 2\theta_p)} \Big] +$$

$$\theta_p \Big[w_i + \frac{w_j - 2w_i}{2} + \frac{(2\theta_s + b_s)(s_j - s_i)}{2(b_p + 2\theta_p)} \Big] + b_s s_i - \theta_s(s_j - s_i) + \frac{cb_p}{2} + \frac{c\theta_p}{2} = 0$$

$$(8-9)$$

$$\partial \prod\nolimits_{M_i}/\partial s_i = (w_i - c)\Big[-\frac{b_p \theta_s}{2(b_p + 2\theta_p)} - \frac{b_p(b_p + \theta_p)b_s}{2(b_p + 2\theta_p)} - \frac{\theta_p(b_s + 2\theta_s)}{2(b_p + 2\theta_p)} + b_s + \theta_s \Big] - \eta_i s_i = 0$$

$$(8-10)$$

其中，$i \in \{1, 2\}$，$j = 3 - i$。当 $b_p > 0$，$\theta_p > 0$ 时，$\partial \prod_{M_i}^2 / \partial w_i^2 = -b_p - \theta_p$，$\partial \prod_{M_i}^2 / \partial w_i \partial s_i = b_s + \theta_s / 2$，$\partial \prod_{s_i}^2 / \partial w_i^2 = -\eta_i$ 构成的 Hessian 矩阵是负定阵，制造商利润函数 $\prod_{M_i}$ 具有极大值。根据式（8-9）和式（8-10）求得批发价格和服务水平最优解 w_i^{ms} 和 s_i^{ms}，将 w_i^{ms} 和 s_i^{ms} 代入式（8-5），求得零售价最优解 p_i^{ms}。进一步根据式（8-2）和式（8-3），可得制造商和零售商的最大化利润 $\prod_{M_i}^{ms}$ 和 $\prod_{R_i}^{ms}$。因此，在制造商 Stackelberg 情形下，制造商与零售商的均衡策略与利润如表 8-1 所示。

表 8-1 制造商 Stackelberg 情形下制造商与零售商的均衡策略及利润

决策变量及利润	均衡解
批发价格	$w_i^{ms} = \dfrac{2\eta_i[a+[b_p+\theta_p-b_s(b_s+\theta_s)(b_p+3\theta_p)/2\eta_i(b_p+2\theta_p)]c]}{4\eta_i b_p+2\eta_i\theta_p+(b_s+\theta_s)[b_s+2\theta_s-b_s\theta_s/(b_p+2\theta_p)]}$
服务能力水平	$s_i^{ms} = \dfrac{(b_s+\theta_s)[a+[-b_p-(b_s+\theta_s)[2(b_s+\theta_s)(b_p+2\theta_p)+b_s(\theta_p-\theta_s)]/2\eta_i(b_p+2\theta_p)]c]}{4\eta_i b_p+2\eta_i\theta_p+(b_s+\theta_s)[b_s+2\theta_s-b_s\theta_s/(b_p+2\theta_p)]}$
制造商利润	$\Pi_{M_i}^{ms} = \dfrac{\eta_i[a+[-b_p-(b_s+\theta_s)[2(b_s+\theta_s)(b_p+2\theta_p)+b_s(\theta_p-\theta_s)]/2\eta_i(b_p+2\theta_p)]c]}{4\eta_i b_p+2\eta_i\theta_p+(b_s+\theta_s)[b_s+2\theta_s-b_s\theta_s/(b_p+2\theta_p)]} \times$ $\left[2\dfrac{4a\eta_i b_p[\eta_i b_p+\eta_i\theta_p+(b_s+\theta_s)[b_s+\theta_s-b_s\theta_s/2(b_p+2\theta_p)]]}{4\eta_i b_p[4\eta_i b_p+2\eta_i\theta_p+(b_s+\theta_s)[b_s+2\theta_s-b_s\theta_s/(b_p+2\theta_p)]]}+\right.$ $\left.\dfrac{b_p c[4\eta_i^2 b_p(b_p+\theta_p)+b_s(b_s+\theta_s)[2(b_s+\theta_s)^2(b_p+2\theta_p)+b_s(b_s+\theta_s)(\theta_p-\theta_s)-2\eta_i b_p\theta_p]/(b_p+2\theta_p)]}{4\eta_i b_p[4\eta_i b_p+2\eta_i\theta_p+(b_s+\theta_s)[b_s+2\theta_s-b_s\theta_s/(b_p+2\theta_p)]]}\right]-$ $\dfrac{(b_s\theta_s)^2[a+[-bp-(b_s+\theta_s)[2(b_s+\theta_s)(b_p+2\theta_p)+b_s(\theta_p-\theta_s)]/2\eta_i(b_p+2\theta_p)]c]}{2[4\eta_i b_p+2\eta_i\theta_p+(b_s+\theta_s)[b_s+2\theta_s-b_s\theta_s/(b_p+2\theta_p)]]}$
零售价格	$p_i^{ms} = \dfrac{2a\eta_i[\eta_i b_p+\eta_i\theta_p+(b_s+\theta_s)[b_s+\theta_s-b_s\theta_s/2(b_p+2\theta_p)]]}{[4\eta_i b_p+2\eta_i\theta_p+(b_s+\theta_s)[b_s+2\theta_s-b_s\theta_s/(b_p+2\theta_p)]]^2}+$ $c\left[\dfrac{4\eta_i^2 b_p(b_p+\theta_p)+b_s(b_s+\theta_s)[2(b_s+\theta_s)^2(b_p+2\theta_p)+b_s(b_s+\theta_s)(\theta_p-\theta_s)-2\eta_i b_p\theta_p]/(b_p+2\theta_p)}{4\eta_i b_p[4\eta_i b_p+2\eta_i\theta_p+(b_s+\theta_s)[b_s+2\theta_s-b_s\theta_s/(b_p+2\theta_p)]]}+\right.$ $\left.\dfrac{2\eta_i[b_p+\theta_p-b_s(b_s+\theta_s)(b_p+3\theta_p)/2\eta_i(b_p+2\theta_p)]}{4\eta_i b_p+2\eta_i\theta_p+(b_s+\theta_s)[b_s+2\theta_s-b_s\theta_s/(b_p+2\theta_p)]}\right]$
零售商利润	$\Pi_R = \sum\limits_{i=1}^{2}\Pi_{R_i}^{ms} = \sum\limits_{i=1}^{2}\dfrac{2}{b_p}\left[\dfrac{a[\eta_i b_p+\eta_i\theta_p+(b_s+\theta_s)[b_s+\theta_s-b_s\theta_s/2(b_p+2\theta_p)]]}{4\eta_i b_p+2\eta_i\theta_p+(b_s+\theta_s)[b_s+2\theta_s-b_s\theta_s/(b_p+2\theta_p)]}-\right.$ $\left.\dfrac{b_p c[4\eta_i^2 b_p(b_p+\theta_p)+b_s(b_s+\theta_s)[2(b_s+\theta_s)^2(b_p+2\theta_p)+b_s(b_s+\theta_s)(\theta_p-\theta_s)-2\eta_i b_p\theta_p]/(b_p+2\theta_p)]}{4\eta_i b_p[4\eta_i b_p+2\eta_i\theta_p+(b_s+\theta_s)[b_s+2\theta_s-b_s\theta_s/(b_p+2\theta_p)]]}\right]^2$

2. 零售商 Stackelberg

随着产品服务市场规模不断扩大,零售商通过实时地跟踪客户需求信息变化,在与制造商合作过程中逐步掌握市场主导权,成为领导者企业,制造商则为追随者企业。零售商运用制造商的反应函数作为制定最优零售价格的依据。首先,制造商在给定零售价格的基础上,制定相应的批发价格和服务能力水平以实现利润最大化;其次,零售商根据制造商的批发价格和服务能力水平,确定最优的零售价格,以实现自身利润最大化。

在两个制造商提供产品服务的过程中,制造商 i 的批发价格 w_i 和服务水平 s_i 的取值范围如下:

$$w_i^* \in \arg\max_{w_i} \prod_{M_i}(w_i, w_j^*, s_i, s_j^* | p_1, p_2) \qquad (8-11)$$

$$s_i^* \in \arg\max_{s_i} \prod_{M_i}(w_i^*, w_j^*, s_i, s_j^* | p_1, p_2) \qquad (8-12)$$

其中，$\prod_{M_i}(w_1, w_2, s_1, s_2 | p_1, p_2)$ 表示制造商 i 在已知零售商价格 p_1 和 p_2 前提下，通过调整批发价格 w_1 和 w_2，服务能力水平 s_1 和 s_2，所获取的预期利润。运用制造商利润函数 $\prod_{M_i}$ 分别对批发价格 w_i 和服务水平 s_i 求一阶导数：

$$\partial \prod_{M_i}/\partial w_i = Q_i + (w_i - c)(-b_p - \theta_p) = 0 \qquad (8-13)$$

$$\partial \prod_{M_i}/\partial s_i = (w_i - c)(b_s + \theta_s) - \eta_i s_i = 0 \qquad (8-14)$$

研究发现，由 $\partial \prod_{M_i}^2 / \partial w_i^2 = -b_p - \theta_p$，$\partial \prod_{M_i}^2 / \partial w_i \partial s_i = b_s + \theta_s/2$，$\partial \prod_{s_i}^2 / \partial w_i^2 = -\eta_i$ 构成的 Hessian 矩阵是负定阵，说明制造商利润函数 $\prod_{M_i}$ 具有极大值。根据式 (8-13) 和式 (8-14)，求得制造商 i 反应函数的最优解 w_i^* 和 s_i^*：

$$w_i^* = \frac{\eta_i[\eta_i(b_p + \theta_p) - (b_s + \theta_s)^2]}{[\eta_i(b_p + \theta_p) - (b_s + \theta_s)^2]^2 - \theta_s^2(b_p + \theta_p)^2} \times$$

$$\left[\frac{\eta_i(b_p + \theta_p) - (b_s + \theta_s)^2 - \theta_s(b_p + \theta_p)}{\eta_i(b_p + \theta_p) - (b_s + \theta_s)^2}a - \left[\frac{\theta_p \theta_s(b_p + \theta_p)}{\eta_i(b_p + \theta_p) - (b_s + \theta_s)^2} + b_p + \theta_p\right]p_i + \right.$$

$$\left.\left[\frac{\theta_s(b_p + \theta_p)^2}{\eta_i(b_p + \theta_p) - (b_s + \theta_s)^2} + \theta_p\right]p_j + \left[\frac{[\eta_i(b_p + \theta_p) - (b_s + \theta_s)^2]^2 + \theta_s^2(b_p + \theta_p)(b_s + \theta_s)}{\eta_i^2(b_p + \theta_p) - (b_s + \theta_s)^2}\right]c\right]$$

$$(8-15)$$

$$s_i^* = \frac{[\eta_i(b_p + \theta_p) - (b_s + \theta_s)^2](b_s + \theta_s)}{[\eta_i(b_p + \theta_p) - (b_s + \theta_s)^2]^2 - \theta_s^2(b_p + \theta_p)^2} \times$$

$$\left[\frac{\eta_i(b_p + \theta_p) - (b_s + \theta_s)^2 - \theta_s(b_p + \theta_p)}{\eta_i(b_p + \theta_p) - (b_s + \theta_s)^2}a - \right.$$

$$\left.\left[\frac{\theta_p \theta_s(b_p + \theta_p)}{\eta_i(b_p + \theta_p) - (b_s + \theta_s)^2} + b_p + \theta_p\right]p_i + \left[\frac{\theta_s(b_p + \theta_p)^2}{\eta_i(b_p + \theta_p) - (b_s + \theta_s)^2} + \theta_p\right]p_j\right]$$

$$(8-16)$$

将上述制造商反应函数最优解 w_i^* 和 s_i^* 代入式 (8-2)，则零售商 i 的利润函数为：

$$\prod_{R_i} = (p_i - w_i^*)Q_i(p_i, p_{3-i}, s_i^*, s_j^*) = (p_i - w_i^*)[a - (b_p + \theta_p)p_i +$$

$$(b_s + \theta_s)s_i^* + \theta_p p_j - \theta_s s_j^*], i = 1, 2 \quad j = 3 - i \qquad (8-17)$$

为实现零售商利润最大化，运用 $\prod_{R_i}$ 对零售价格 p_i 求一阶导数：

$$\frac{\partial \prod_{R_i}}{\partial p_i} = \left(1 - \frac{\partial w_i(p_i, p_j)}{\partial p_i}\right)Q_i(p_i, p_j) + (p_i - w_i(p_i, p_j))\frac{\partial Q_i(p_i, p_i)}{\partial p_i} +$$

$$\left(-\frac{\partial w_i(p_i,p_j)}{\partial p_i}\right)Q_j(p_i,p_j) + (p_j - w_j(p_i,p_j))\frac{\partial Q_j(p_i,p_j)}{\partial p_i} = 0$$

(8-18)

研究发现,由 $\partial w_i(p_i,p_j)/\partial p_i$, $\partial w_j(p_i,p_j)/\partial p_i$, $\partial w_i(p_i,p_j)/\partial p_j$ 与 $\partial w_j(p_i,p_j)/\partial p_j$ 所构成的 Hessian 矩阵为负定阵,说明式(8-17)零售商 i 利润函数 $\prod_{R_i}$ 具有极大值,并且通过式(8-18)解得零售价格最优解 p_i^{rs}。将 p_i^{rs} 代入式(8-15)和式(8-16),解得制造商批发价格和服务能力水平最优解 w_i^{rs} 和 s_i^{rs}。进一步将 w_i^{rs}、s_i^{rs} 和 p_i^{rs} 代入式(8-2)和式(8-3),得到制造商和零售商的最大化利润 $\prod_{M_i}^{rs}$ 和 $\prod_{R_i}^{rs}$。因此,在零售商 Stackelberg 情形下,制造商与零售商的均衡策略与利润如表 8-2 所示。

表 8-2 零售商 Stackelberg 情形下制造商与零售商的均衡策略及利润

决策变量及利润	均衡解
批发价格	$w_i^{rs} = \dfrac{\eta_i a + 2c[\eta_i(b_p+\theta_p) + (b_s+\theta_s)^2 + \theta_s(b_s+\theta_s)] + c\eta_i b_p}{4\eta_i b_p + 2\eta_i \theta_p + 2(b_s+\theta_s)^2 + 2\theta_s(b_s+\theta_s)}$
服务能力水平	$s_i^{rs} = \dfrac{(b_s+\theta_s)(a-b_p c)}{4\eta_i b_p + 2\eta_i \theta_p + 2(b_s+\theta_s)^2 + 2\theta_s(b_s+\theta_s)}$
制造商利润	$\prod_{M_i}^{rs} = \dfrac{\eta_i[2\eta_i(b_p+\theta_p)+(b_s+\theta_s)^2](a-b_p c)^2}{2[4\eta_i b_p + 2\eta_i \theta_p + 2(b_s+\theta_s)^2 + 2\theta_s(b_s+\theta_s)]^2}$
零售价格	$p_i^{rs} = \dfrac{a[\eta_i(b_p+\theta_p)+(b_s+\theta_s)^2+\theta_s(b_s+\theta_s)+2\eta_i\theta_p]+b_p c[\eta_i(b_p+\theta_p)+(b_s+\theta_s)^2+\theta_s(b_s+\theta_s)]}{b_p[4\eta_i b_p + 2\eta_i \theta_p + 2(b_s+\theta_s)^2 + 2\theta_s(b_s+\theta_s)]}$
零售商利润	$\prod_R^{rs} = \sum_{i=1}^{2} \prod_{R_i}^{rs} = \sum_{i=1}^{2} \dfrac{\eta_i(b_p+\theta_p)(a-b_p c)^2}{b_p[4\eta_i b_p + 2\eta_i \theta_p + 2(b_s+\theta_s)^2 + 2\theta_s(b_s+\theta_s)]}$

3. 垂直 Nash

在垂直 Nash 情形下,制造商与零售商具有相同的讨价还价能力,各自进行独立决策,相互之间不再将对方反应函数作为决策依据,而是制造商在给定零售价格的基础上,制定最优的批发价格和服务能力水平以实现利润最大化;同时零售商在给定批发价格和服务能力水平的基础上,制定最优的零售价格以实现自身利润最大化。此时,由批发价格、服务能力水平和零售价格最优解所形成的稳定均衡状态则为垂直纳什均衡,具体实现过程如下:

制造商决策：

$$\partial \prod\nolimits_{M_i}/\partial w_i = 0 \tag{8-19}$$

$$\partial \prod\nolimits_{M_i}/\partial s_i = 0 \tag{8-20}$$

零售商决策：

$$\partial \prod\nolimits_{R_i}/\partial p_i = 0 \tag{8-21}$$

通过式（8-19）~式（8-21）解得制造商批发价格和服务能力水平最优解 w_i^{vn} 和 s_i^{vn} 以及零售价格最优解 p_i^{vn}。将 w_i^{vn}、s_i^{vn}、p_i^{vn} 代入式（8-2）和式（8-3），得到制造商和零售商的最大化利润 $\prod_{M_i}^{vn}$ 和 $\prod_{R_i}^{vn}$。因此，垂直 Nash 情形下制造商与零售商的最优均衡策略和利润如表 8-3 所示。

表 8-3 垂直 Nash 情形下制造商与零售商的均衡策略及利润

决策变量及利润	均衡解
批发价格	$w_i^{vn} = \dfrac{\eta_i a + c[2[\eta_i(b_p+\theta_p)+(b_s+\theta_s)^2+\theta_s(b_s+\theta_s)]+b_s(b_s+\theta_s)]}{3\eta_i b_p + 2\eta_i \theta_p + (b_s+\theta_s)(3b_s+\theta_s)}$
服务能力水平	$s_i^{vn} = \dfrac{(b_s+\theta_s)(a-b_p c)}{3\eta_i b_p + 2\eta_i \theta_p + (b_s+\theta_s)(3b_s+\theta_s)}$
制造商利润	$\prod_{M_i}^{vn} = \dfrac{\eta_i[2\eta_i(b_p+\theta_p)+(b_s+\theta_s)^2](a-b_p c)^2}{2[3\eta_i b_p + 2\eta_i \theta_p + (b_s+\theta_s)(3b_s+\theta_s)]^2}$
零售价格	$p_i^{vn} = \dfrac{a[2\eta_i b_p + \eta_i \theta_p + (b_s+\theta_s)(b_s+\theta_s)] + b_p c[\eta_i(b_p+\theta_p)+(b_s+\theta_s)^2+\theta_s(b_s+\theta_s)]}{b_p[3\eta_i b_p + 2\eta_i \theta_p + (b_s+\theta_s)(3b_s+\theta_s)]}$
零售商利润	$\prod_R^{vn} = \sum\limits_{i=1}^{2} \prod_{R_i}^{vn} = \sum\limits_{i=1}^{2} \dfrac{2}{b_p}\left[\dfrac{\eta_i(b_p+\theta_p)(a-b_p c)}{3\eta_i b_p + 2\eta_i \theta_p + (b_s+\theta_s)(3b_s+\theta_s)}\right]^2$

四、制造商竞争情形产品服务能力配置策略

在制造业服务化转型过程中，客户越来越注重服务体验，不断追求高品质的产品服务。为了满足客户产品服务需求，制造商逐渐由产品竞争向服务竞争转变，不断地增加服务资源投入，进而导致服务成本费用持续增加。随着产品服务规模不断扩大，服务成本因子 η_i 值越大，意味着制造商 i 提升服务能力时所付出的服务成本费用越多。当前，明确服务成本与不同权利结构下均衡解之间的变化关系，构建制造企业的产品服务能力配置策略，对于增强制造企业的竞争优势显得非常必要。因此，下面以服务成本因子 η_i 作为切入点，通过分别研究 MS、

RS、VN 三种不同情形下均衡结果与服务成本之间的变化关系，提出能够满足不同客户需求特征的产品服务能力配置策略。

1. 均衡结果分析

下面通过给出各个参数的具体数值，分析 MS、RS、VN 三种不同权利结构下均衡结果与服务成本之间的变化关系，进而为产品服务能力配置策略的提出奠定基础。令 $a=150$，$c=1.5$，$b_p=1.2$，$\theta_p=1.6$，$b_s=1.8$，$\theta_s=2.4$，得到如下结论：

通过分析表 8-1 ~ 表 8-3 中不同权利结构下批发价格的均衡结果，发现随着服务成本因子 η_i 的增加，批发价格呈现递增趋势，且满足 $w_i^{rs}<w_i^{vn}<w_i^{ms}$，即制造商 Stackelberg 权利结构下的批发价格最高，零售商 Stackelberg 权利结构下的批发价格最低，如图 8-2 所示。可知批发价格 W_i 在制造商之间存在嵌入性服务竞争的产品服务能力配置的环境下，随着服务成本因子 η_i 不断变化而变化。在服务成本因子 η_i 不断增大的前期，价格曲线 W_i^{ms} 和价格曲线 W_i^{vn} 都以不同的速率相应地增大，且速率都较小，曲线较平缓而价格曲线 W_i^{rs} 则几乎无增大。在服务成本因子 η_i 不断增大的中期，各条批发价格也都以不同的速率相应地增大，且速率较大，曲线较为陡峭。在服务成本因子 η_i 不断增加的后期，各条批发价格同样以不同的速率相应地增大，且速率最大，曲线最为陡峭。在不断增大服务成本因子 η_i 中，取出具体的服务成本因子 η_i，可知它所对应的三个批发价格中，W_i^{ms} 始终保持最大值，W_i^{rs} 始终为最低值。W_i^{vn} 则始终为中间值。因此，无论在哪个过程中，W_i^{ms} 曲线始终保持在另外两条批发价格曲线之上，可得在产品服务竞争过程模型中，价格曲线 W_i^{ms} 和价格曲线 W_i^{vn} 的发展较快。价格曲线 W_i^{rs} 的增大起步较晚，速率较小。

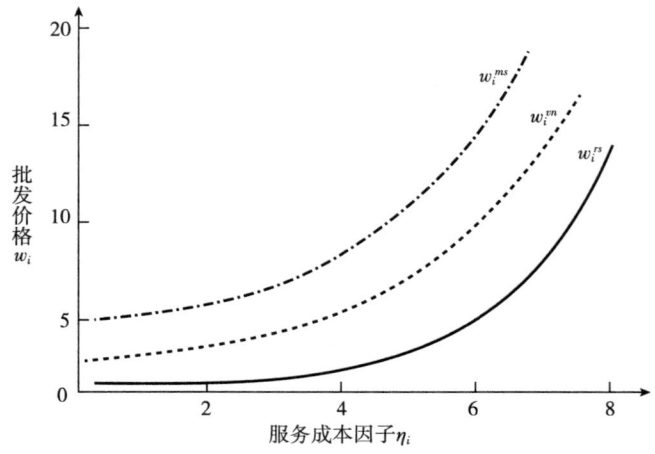

图 8-2 不同权利结构下批发价格与服务成本之间的变化关系

结果表明,当制造商处于主导地位时,制造商将通过提高批发价格,弥补服务成本损失,提高利润水平;当零售商处于主导地位时,制造商将小幅度提高批发价格,一方面,以较低的批发价格应对制造商之间的横向竞争;另一方面,有利于与零售商开展纵向合作,扩大产品服务市场占有率,提高产品服务竞争优势。

通过分析表8-1~表8-3中不同权利结构下服务能力水平的均衡结果,发现随着服务成本因子 η_i 的增加,服务能力水平呈现递减趋势,且满足 $s_i^{rs} < s_i^{ms} < s_i^{vn}$,即垂直 Nash 权利结构下的服务能力水平最高,零售商 Stackelberg 权利结构下的服务能力水平最低,如图8-3所示。随着服务因子 η_i 的不断增大,服务能力水平 s_i 曲线也随之以不同速率相应地减小。在服务成本因子 η_i 不断增大的前期,服务能力水平 s_i 曲线都以不同的速率相应地减小,且速率都较大,曲线较陡峭。在服务成本因子 η_i 不断增大的中期,各条服务能力 s_i 曲线也都以不同的速率相应地减小,且速率较小,曲线较为平缓。在服务成本因子 η_i 不断增加的后期,各条价格水平 s_i 曲线同样以不同的速率相应地减小,且速率最小,曲线最为平缓。在不断增大的服务成本因子 η_i 中,取出具体的服务成本因子 η_i,可知它所对应的三个服务能力水平 s_i 中,s_i^{vn} 始终保持最大值,s_i^{rs} 始终为最低值。s_i^{ms} 则始终为中间值。因此,在减少的过程中 s_i^{vn} 曲线始终保持在另外两条服务能力水平曲线之上。

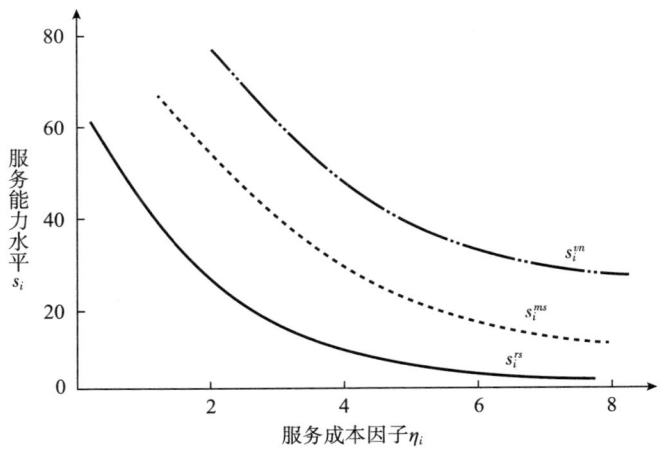

图8-3　不同权利结构下服务能力水平与服务成本之间的变化关系

结果表明,垂直 Nash 情形制造商在零售价格既定条件下,通过提升产品服务能力水平,一方面,增强制造商之间的横向竞争优势;另一方面,通过提供高品质产品服务,能够吸引更多客户参与,扩大产品服务规模,提高自身收益水平。当制造商处于主导地位时，由于两个制造商远离客户市场，无法及时地获取客户需求更新信息，从而导致提升服务水平的活动迟缓，服务能力水平较低。而当零售商处于主导地位时，零售商关注的是制造商的批发价格决策。为了与零售商开展协调合作，制造商采取降低批发价格，减少服务资源投入方式，进而导致产品服务能力水平大幅下降。

通过分析表 8-1~表 8-3 中不同权利结构下零售价格的均衡结果，发现随着服务成本因子 η_i 的增加，零售价格呈现递增趋势，且满足 $p_i^{rs} < p_i^{vn} < p_i^{ms}$，即制造商 Stackelberg 权利结构下的零售价格最高，零售商 Stackelberg 权利结构下的零售价格最低，如图 8-4 所示。可知，当服务因子 η_i 不断增大时，零售价格 p_i 也随之以不同的速率相应增大。随着服务成本因子 η_i 不断变化而变化。在服务成本因子 η_i 不断增大的前期，零售价格曲线 p_i 都以不同的速率相应地增大，且速率都较小，曲线较平缓，而零售价格 p_i^{rs} 则几乎无增大。在服务成本因子 η_i 不断增大的中期，各条零售价格曲线也都以不同的速率相应地增大，且速率较大，曲线较为陡峭。在服务成本因子 η_i 不断增加的后期，各条零售价格曲线同样以不同的速率相应地增大，且速率最大，曲线最为陡峭。在不断增大服务成本因子 η_i 中，取出具体的服务成本因子 η_i，可知它所对应的三个零售价格 p_i 中，p_i^{ms} 始终保持最大值，p_i^{rs} 始终保持最小值。p_i^{vn} 则始终保持中间值。因此，无论在哪个过程中，W_i^{ms} 曲线都始终保持在另外两条批发价格曲线之上。

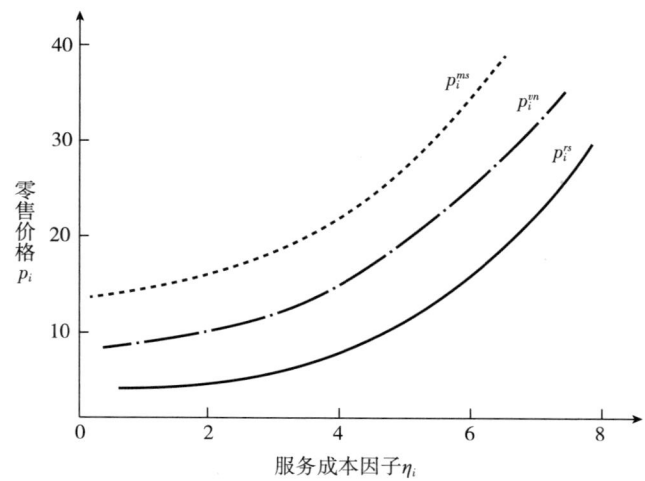

图 8-4 不同权利结构下零售价格与服务成本之间的变化关系

结果表明，当制造商处于主导地位时，一方面制造商增加服务资源投入，另一方面也相应地提高产品批发价格,从而导致面向客户的零售价格持续攀升。当零售商处于主导地位时,制造商以较低的批发价格与零售商开展合作,使面向客户的零售价格水平下降。如此一来,能够扩大产品服务规模,提高客户满意度和企业的预期收益水平。

2. *产品服务能力配置策略*

在产品服务运营过程中,随着服务资源的不断投入,客户需求将发生动态化演变,逐步由产品主导型需求向服务主导型需求进行转移。由于客户需求的动态性和服务作用的时滞性,因此,制造企业需要不断获取客户需求趋势的变动,不断挖掘新的市场空间,只有提供满足客户特定需求的产品服务,才能有可能持续在服务竞争中处于领先地位。因此,根据服务能力水平和零售价格之间的动态变化关系,将客户需求特征刻画为:$D_1(s_L, p_L)$ = (低能力,低价格)、$D_2(s_H, p_L)$ = (高能力,低价格)、$D_3(s_L, p_H)$ = (低能力,高价格)、$D_4(s_H, p_H)$ = (高能力,高价格),对应的客户类型分别为:实惠型客户、经济型客户、专业型客户和品质型客户,如图8-5所示。同时结合服务成本与不同渠道权利结构下均衡结果之间的变化关系,提出能够满足不同客户需求特征的产品服务能力配置策略:RS价格领先型策略 $\Gamma_1(w_i^{rs}, s_i^{rs}, p_i^{rs})$、VN服务领先型策略 $\Gamma_2(w_i^{vn}, s_i^{vn}, p_i^{vn})$、MS产品领先型策略 $\Gamma_3(w_i^{ms}, s_i^{ms}, p_i^{ms})$ 和产品服务融合策略 $\Gamma_4(w_i^{ms}, s_i^{vn}, p_i^{ms})$。

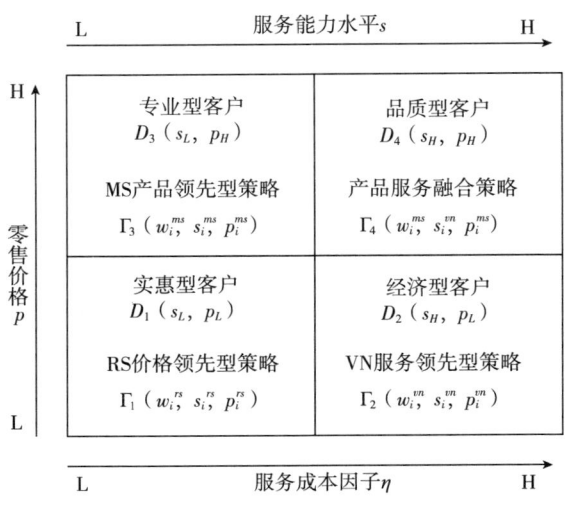

图8-5 制造商竞争情形产品服务能力配置策略

针对实惠型客户 $D_1(s_L, p_L)$,客户需求偏好低价格,且对服务能力水平要求比较低。根据图 8-2、图 8-3 中不同权利结构下均衡结果分析，为满足实惠型客户需求，零售商选择零售商 Stackelberg 情形下的零售价格 p_i^{rs}，相应地制造商也选择零售商 Stackelberg 情形下的批发价格 w_i^{rs} 和服务能力水平 s_i^{rs}，称为 RS 价格领先型策略 Γ_1 (w_i^{rs}, s_i^{rs}, p_i^{rs})。此时，零售商紧邻需求市场，实施跟踪实惠型客户需求变化，合理地制定零售价格 p_i^{rs}。而两个制造商之间以价格竞争为主，服务竞争为辅，都试图通过各种成本控制措施，不断地降低生产成本和服务成本，以较低批发价格 w_i^{rs} 和服务能力水平 s_i^{rs}，获取横向竞争优势。

针对经济型客户 D_2 (s_H, p_L)，尽管客户需求偏好低价格，但对服务能力水平要求较高。根据图 8-2、图 8-3 中不同权利结构下均衡结果分析，为了给经济型客户提供低价格、高质量的产品服务，制造商选择垂直 Nash 情形下的服务能力水平 s_i^{vn} 和批发价格 w_i^{vn}，相应地零售商也选择垂直 Nash 情形下的零售价格 p_i^{vn}，称为 VN 服务领先型策略 Γ_2 (w_i^{vn}, s_i^{vn}, p_i^{vn})。此时，两个制造商之间价格竞争和服务竞争同时并存，但以服务竞争为主。制造商需要通过建立服务体系、完善服务网络、运用新的服务传递技术来提升自身服务能力水平，增强服务竞争优势。同时与零售商合作，以低价格为客户提供便捷化、柔性化产品服务，不断提高供应链整体的盈利水平。

在同行业制造商较少，卖方主导型的产品服务市场中，专业型客户 D_3 (s_L, p_H) 为了及时获得产品服务，对服务能力水平要求不高，且能够接受高价格。根据图 8-2、图 8-3 中不同权利结构下均衡结果分析，为满足专业型客户需求，零售商采取制造商 Stackelberg 情形下的零售价格 p_i^{ms}，相应地制造商也选择制造商 Stackelberg 情形下的批发价格 w_i^{ms} 和服务能力水平 s_i^{ms}，称为 MS 产品领先型策略 Γ_3 (w_i^{ms}, s_i^{ms}, p_i^{ms})。此时，制造商需要加快新产品研发，改进产品加工工艺，运用一定的服务差异化策略，持续地占据产品服务市场的领先地位。同时与零售商合作，以高价格为客户提供满意的产品服务，提高供应链的整体收益水平。

针对品质型客户 D_4 (s_H, p_H)，客户对服务能力水平要求较高，且能够接受高价格。根据图 8-2、图 8-3 中不同权利结构下均衡结果分析，为了给品质型客户提供高质量的产品服务，制造商选择垂直 Nash 情形下的服务能力水平 s_i^{vn} 和制造商 Stackelberg 情形下的批发价格 w_i^{ms}，而零售商选择制造商 Stackelberg 情形下的零售价格 p_i^{ms}，称为产品服务嵌入策略 Γ_4 (w_i^{ms}, s_i^{vn}, p_i^{ms})。此时，两个制造商面临着产品与服务竞争交织并存的复杂情形，一方面，制造商通过加快新产品开发、引进新的产品工艺，在产品加工流程中嵌入服务要素，使服务由"质量弥补者"的角色向"价值创造者"的角色转变，逐步形成基于产品的服务差异化竞争优势；另一方面，制造商应结合产品自身特点，建立客户导向、高效的服务组织，改进服务流程和服务模式，提高服务覆盖率和响应速度，实现产品服务增效、增值目标。运用产品服务嵌入策略,为品质型客户提供高端的产品服务,能够进一步增强制造商的服务品牌效应,拓展制造商自身的发展空间。

第二节 零售商之间存在嵌入性服务竞争的产品服务能力配置

随着产品销售市场的竞争程度日益加剧,开展产品服务运营管理逐步成为增强供应链整体竞争优势的重要途径。为了提高客户服务满意度和供应链成员企业的盈利水平,运用 Stackelberg 博弈构建了三种不同情形的零售商服务竞争模型,并给出了满足不同客户需求的产品服务能力配置策略。

目前,国内外零售商通过向客户提供一系列与产品相关的增值性活动,例如,售后服务支持、产品质量改进、产品维修等,从而提升企业竞争力和盈利水平。零售商之间竞争焦点逐步由价格竞争向服务竞争延伸。在价格竞争与服务竞争交织并存的复杂环境下,零售商如何与制造商密切合作、如何运用产品服务运营策略加强与客户之间的实时沟通,创造更多的客户价值,成为供应链管理研究过程中亟待解决的问题。

一、问题描述

早期研究主要运用传统博弈模型,从产品价格或产品数量角度,研究两个零售商之间的水平竞争问题,尚未深入分析产品服务资源投入与客户需求变化之间的关系。例如,Boyaci(2003)等通过考虑供应链成员企业的渠道能力,给出不同 Stackelberg 博弈情形下产品价格的纳什均衡解;Choi(1991)运用数量折扣契约,建立供应商与大型零售商之间的协调机制;Chen J.(2013)等结合产品替代性特征,研究了两个制造商和两个零售商之间的产品价格竞争问题。

当前,在产品服务供应链运营管理领域中,主要针对零售商竞争环境下的生产策略、订货策略以及合作广告问题开展研究,而对产品售后服务能力竞争过程的关注力度不够。例如,林欣怡、黄永、达庆利(2013)通过考虑零售商竞争研究了供应链产品生产及定价策略问题。申成霖、卿志琼、张新鑫(2010)研究了零售商竞争环境下供应链的定价和交货期联合决策问题。蔡建湖、黄卫来、周根贵(2010)针对季节性商品,深入探讨了多零售商竞争环境下季节性商品的订货策略。周永务、郭金森、钟远光(2012)在需求不确定的情况下,通过研究提前订货折扣和延期支付策略下两零售商竞争问题,得到了两个零售商竞争的最优订货量和协调契约参数。晏妮娜、黄小原、马龙龙（2008）进一步研究了需求不确定环境下多个零售商竞争的鲁棒随机优化问题。吴忠和、陈宏等（2012）结合生产成本、市场需求和价格敏感系数等多种因素，研究了多因素扰动情形下一个制造商与两个竞争性零售商之间供应链协调问题。陆媛媛针对一个制造商与多个竞争性零售商组成的供应链系统，研究了合作广告策略与订货策略问题。熊中楷、聂佳佳、熊榆运用微分博弈模型，深入研究了零售商竞争环境下合作广告策略问题。

针对由一个制造商与两个竞争性零售商构成的产品服务供应链系统，同时考虑了两个零售商之间横向竞争以及制造商与零售商之间纵向协作的双重问题。以零售商提供产品服务为切入点，分别在制造商 Stackelberg、零售商 Stackelberg、垂直 Nash 三种不同情形下，研究供应链成员企业的均衡策略。通过分析服务能力水平和零售价格之间的动态变化关系，界定了实惠型、经济型、专业型和品质型四种不同的客户类型。并结合服务成本与不同渠道权利结构下均衡结果之间的变化关系，提出能够满足不同客户需求特征的产品售后服务能力竞争策略。

二、初始模型

在产品服务运作过程中，两个零售商销售两种同质但存在替代效应的产品 i 和产品 j，产品需求变化主要取决于零售价格和服务能力水平的变化。制造商以批发价格 w_i 将产品出售给零售商 i，零售商再以零售价格 p_i 将产品出售给最终客户。同时零售商以服务能力水平 s_i 向客户提供产品售后服务包，提供的产品服务包越多，说明零售商的售后服务能力水平越高，反之，则零售商售后服务能力水平越低。零售商竞争情形产品服务能力配置过程如图 8-6 所示。

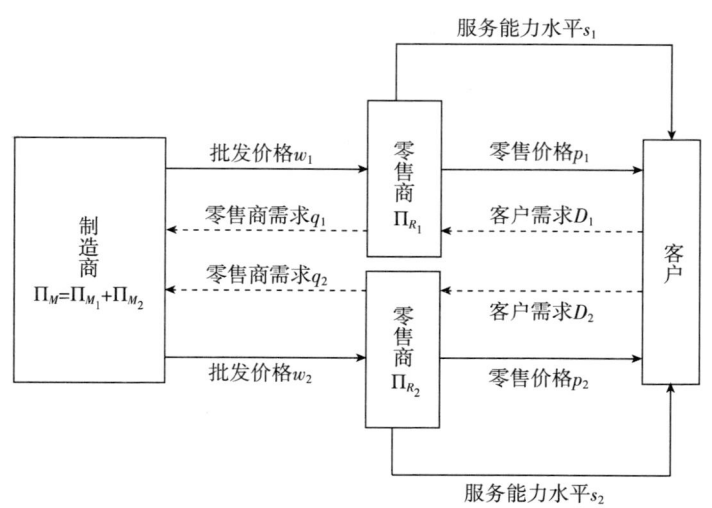

图 8-6 零售商竞争情形产品服务能力配置过程

第八章 考虑渠道权利结构的产品服务能力配置模型

在产品需求函数建立过程中,零售商的决策变量为零售价格 p 与服务能力水平 s,制造商的决策变量为批发价格 w。并将相关假设定义如下:

假设 1:零售商产品 i 的销量 q_i 不仅受自身零售价格 p_i 的影响,也受竞争性产品 j 零售价格 p_j 的影响,若 $p_j > p_i$,产品 j 的零售价格能够增加产品 i 的销量,反之,则降低产品 i 的销量。同时,零售商产品 i 的销量 q_i 不仅受自身服务能力水平 s_i 的影响,也受竞争性产品 j 服务能力水平 s_j 的影响,若 $s_j > s_i$,产品 j 的服务能力水平则降低产品 i 的销量,反之,则增加产品 i 的销量。

假设 2:a_i 表示产品 i 的初始市场容量,即当两种产品的零售价格为零且制造商不提供产品服务时,零售商对产品 i 的需求量。q_i 表示产品 i 在零售商处的销售量,即零售商对制造商产品 i 的需求量。c_i 是产品 i 的单位生产成本。为简化计算,假定 $a_i = a_j = a$,$c_i = c_j = c$。

假设 3:当零售商 i 降低产品零售价格 p_i 或提高服务能力水平 s_i 时,将吸引更多客户参与,从而增加产品 i 的销量 q_i;反之,将出现客户流失现象,导致产品 i 的销量 q_i 减少。

结合上述 3 种假设条件,将零售商产品 i 的需求函数定义为:

$$q_i = a - b_p p_i + \theta_p (p_j - p_i) + b_s s_i - \theta_s (s_j - s_i) \tag{8-22}$$

其中,$a > 0$,$b_p > 0$,$\theta_p > 0$,$b_s > 0$,$\theta_s > 0$,$i = 1, 2$,$j = 3 - i$。p_i 和 s_i 分别表示零售商 i 的零售价格和服务能力水平。b_p 表示由于零售商 i 提高自身零售价格 p_i,所引起产品 i 销售的减少量;θ_p 表示当 $p_i < p_j$ 时,零售商 i 从竞争性零售商 j 处争取过来的产品 i 销售增加量。同样 b_s 表示由于零售商 i 提高自身服务能力水平 s_i,所引起产品 i 销售的增加量;θ_s 表示当 $s_i < s_j$ 时,零售商 i 被竞争性零售商 j 所夺取的产品 i 销售减少量。

在产品服务运营过程中,为了给客户提供满意的产品服务,实现各自利润最大化,制造商通过调整批发价格 w,零售商通过调整零售价格 p 和服务能力水平 s,实时地响应客户需求变化。零售商提供产品售后服务的成本费用包括产品服务渠道开发及运营管理费用、服务员工工资及培训费用、服务辅助工具租赁费用等。在王永贵(2002)和 Paul D.(1999)的基础上,研究发现,随着服务资源的不断投入,服务成本不断增加,服务成本是服务能力水平的严格递增凸函数。因此,将服务成本函数定义为:$C_i (s_i) = C_0 + \eta_i s_i^2 / 2$,其中,$C_0$ 为固定服务成本,$\eta_i s_i^2 / 2$ 为变动服务成本。为简化模型,假定 $C_0 = 0$。η_i 是零售商 i 的服务成本因子,$\eta_i > 0$,η_i 值越大,表示零售商 i 达到相同的服务能力水平,所付出的服务成本费用越多。通过分析服务成本函数 $C_i (s_i)$,可知零售商的服务成本 $C_i (s_i)$ 随服务能力水平 s_i 的增加而增加,并且服务能力水平 s_i 越高,边际服务成本费用值越大。因此,零售商的利润函数为:

$$\prod_{R_i} = (p_i - w_i)q_i - \eta_i s_i^2/2 \qquad (8-23)$$

结合假设 2 中的单位产品生产成本 c，可得制造商的利润函数为：

$$\prod_M = \sum_{i=1}^{2} (w_i - c)q_i, \ i = 1, 2 \qquad (8-24)$$

三、不同权利结构下产品售后服务能力配置模型

结合制造商与零售商不同的权利结构，分别在零售商 Stackelberg、制造商 Stackelberg、垂直 Nash 三种情形下求解各自的最优策略。当零售商的讨价还价能力大于的制造商讨价还价能力时，为零售商 Stackelberg；当零售商的讨价还价能力小于制造商的讨价还价能力时，为制造商 Stackelberg；当双方的讨价还价能力相等时，为垂直 Nash。在产品服务 Stackelberg 动态博弈过程中，首先，构建追随者企业的反应函数，根据追随者企业反应函数的解，建立领导者企业的目标利润函数模型，求解双方的最优策略。

1. 零售商 Stackelberg

在产品服务过程中，由于零售商密切接触客户市场，能够快速掌握客户需求变化，逐步掌握产品服务运营市场的主导权，供应链上下游企业间权利结构发生变化，零售商成为领导者企业，制造商则为追随者企业。零售商运用制造商的反应函数作为制定最优零售价格和服务能力水平的依据。首先，制造商在给定零售价格和服务能力水平的基础上，制定相应的批发价格以实现利润最大化；其次，零售商根据制造商的批发价格，确定最优的零售价格和服务能力水平，以实现自身利润最大化。

在制造商提供产品的过程中，制造商 i 的批发价格 w_i 取值范围如下：

$$w_i^* \in \arg\max_{w_i} \prod_{M_i}(w_i, w_j^* \mid p_i, p_j, s_i, s_j) \qquad (8-25)$$

$$s_i^* \in \arg\max_{s_i} \prod_{M_i}(w_i^*, w_j^*, s_i, s_j^* \mid p_1, p_2) \qquad (8-26)$$

其中，$\prod_{M_i}(w_i, w_j \mid p_i, p_j, s_i, s_j)$ 表示制造商 i 在已知零售商价格 p_i、p_j 和服务能力水平 s_i 和 s_j 前提下，通过调整批发价格 w_i，所获取的预期利润。运用制造商利润函数 $\prod_{M_i}$ 对批发价格 w_i 求一阶导数：

$$\partial \prod_{M_i}/\partial w_i = 2a - 4b_p w_i - b_p(p_i - w_i + p_j - w_j) + b_s(s_i + s_j) + 2cb_p = 0$$

$$(8-27)$$

当 $b_p > 0, \theta_p > 0$ 时，$\partial \prod_{M_i}^2/\partial w_i^2 < 0$，则制造商利润函数 $\prod_{M_i}$ 在 w_i^* 处具有极大值。根据式(8-6)，求得制造商 i 反应函数的最优解 w_i^*：

$$w_i^* = \frac{2a + 2cb_p + b_s(s_i + s_j) - b_p(p_i + p_j - w_j)}{3b_p} \quad (8-28)$$

将上述制造商反应函数最优解 w_i^* 代入式(8-23),则零售商 i 的利润函数为:

$$\prod_{R_i} = (p_i - w_i)\left[a - b_p(p_i - w_i) - \frac{2a + 2cb_p + b_s(s_i + s_j) - b_p(p_i - w_i + p_j - w_j)}{4}\right.$$

$$\left. + \theta_p(p_j - w_j) - \theta_p(p_i - w_i) + b_s s_i - \theta_s(s_j - s_i)\right] - \frac{\eta s_i^2}{2}, i = 1,2 \quad j = 3 - i$$

$$(8-29)$$

为实现零售商利润最大化,运用 $\prod_{R_i}$ 对零售价格 p_i 和服务能力水平求一阶导数:

$$\partial \pi_{R_i}/\partial p_i = 2a - 2cb_p - 6(p_i - w_i)b_p + 3b_s s_i - b_s s_j + b_p(p_j - w_j) + 4\theta_p(p_j - w_j)$$
$$- 4\theta_p(p_i - w_i) + 4\theta_s s_i - 4\theta_s s_j - 4(p_i - w_i)\theta_p = 0 \quad (8-30)$$

$$\partial \pi_{R_i}/\partial s_i = -\frac{b_s(p_i - w_i)}{4} + (p_i - w_i)b_s + (p_i - w_i)\theta_s - \eta s_i = 0 \quad (8-31)$$

根据式(8-30)、式(8-31)解得零售价格和服务能力水平最优解 p_i^{rs}、s_i^{rs}。首先,将 p_i^{rs}、s_i^{rs} 代入式(8-28)中,解得制造商批发价格最优解 w_i^{rs};其次,将 w_i^{rs}、s_i^{rs} 和 p_i^{rs} 代入式(8-23)和式(8-24)中,得到制造商和零售商的最大化利润 $\prod_{M_i}^{rs}$ 和 $\prod_{R_i}^{rs}$。因此,在零售商 Stackelberg 情形下,制造商与零售商的均衡策略与利润如表 8-4 所示。

表 8-4 零售商 Stackelberg 情形下制造商与零售商的均衡策略及利润

决策变量及利润	均衡解
批发价格	$w_i^{rs} = \dfrac{2\eta_i a + 4c[\eta_i(b_p + \theta_p) + (b_s + \theta_s)^2 + \theta_s(b_s + \theta_s)]}{4\eta_i b_p + 2\eta_i \theta_p + 2(b_s + \theta_s)^2(35b_p^2 + 48\theta_p^2 + 88\theta_s b_p)}$
服务能力水平	$s_i^{rs} = \dfrac{2\theta_s(b_s + \theta_s)^2(a - b_p c)}{3\eta_i b_p + 2\eta_i(35b_p^2 + 48\theta_p^2 + 88\theta_s b_p) + 2(b_s + \theta_s)^2}$
制造商利润	$\prod_M^{rs} = \dfrac{2\eta_i \theta_s(b_s + \theta_s)[2\eta_i(b_p + \theta_p) + (b_s + \theta_s)^2](a - b_p c)^2}{2[4\eta_i b_p + 2\eta_i \theta_p + 2(b_s + \theta_s)^2(14ab_p + 24a\theta_p - 14cb_p^2 - 24c\theta_p b_p)]^2}$
零售价格	$p_i^{rs} = \dfrac{2a\theta_s(b_s + \theta_s)[\eta_i(b_p + \theta_p) + (b_s + \theta_s)^2 + 2\eta_i \theta_p] + b_p c[\eta_i(b_p + \theta_p) + 3(b_s + \theta_s)^2 + 2\theta_s(b_s + \theta_s)]}{b_p[4\eta_i b_p + 2\eta_i \theta_p + 2(b_s + \theta_s)^2(14ab_p + 24a\theta_p - 14cb_p^2 - 24c\theta_p b_p)]}$
零售商利润	$\prod_{R_i}^{rs} = \dfrac{2\eta_i(b_p + \theta_p)(a - b_p c)^2(3b_p^2 + 12b_p \theta_p - 20\theta_s b_p - 16\theta_s \theta_p - 6b_p b_s - 8\theta_p b_s)}{2b_p[3\eta_i b_p + 6\eta_i \theta_p + 2(b_s + \theta_s)^2 + 2\theta_s(b_s + \theta_s)]}$

2. 制造商 Stackelberg

在制造商 Stackelberg 情形下,制造商是领导者,而零售商是追随者。制造商利用零售商的反应函数作为确定批发价格的依据。首先,零售商在给定批发价格的基础上,制定相应的零售价格和服务能力水平以实现利润最大化;其次,制造商依据零售商的零售价格和服务能力水平,求解最优的批发价格,以实现自身利润最大化。

为了实现利润最大化,零售商在博弈过程中选择零售价格 p_1^* 和 p_2^*,$p_i^* \in \arg\max\limits_{p_i} \prod_{R_i}(p_i, p_j^*, s_i^*, s_j^* \mid w_1, w_2)$。

其中,$\prod_{R_i}(p_i, p_j^*, s_i^*, s_j^* \mid w_1, w_2)$ 表示零售商在已知制造商的决策方案(w_1, w_2)、零售价格 p_j^* 和服务能力水平 s_i^*, s_j^* 前提下,通过调整零售价格 p_i 所获得的目标利润。运用 $\prod_{R_i}$ 对 p_i, s_i 求一阶导数:

$$\partial \pi_{R_i}/\partial p_i = a - (2b_p + 2\theta_p)(w_i - p_i) + \theta_p(w_j - p_j) + (b_s + \theta_s)s_1 - \theta_s s_2 - b_p w_j \tag{8-32}$$

$$\partial \pi_{R_i}/\partial s_i = (w_i - p_i)(b_s + \theta_s) - \eta s_i = 0 \tag{8-33}$$

其中,$i \in \{1,2\}$,$j = 3 - i$。当 $b_p > 0$,$\theta_p > 0$ 时,$H = \begin{vmatrix} \partial \prod_{R_i}^2/\partial p_i^2 & \partial \prod_{R_i}^2/\partial p_i \partial s_i \\ \partial \prod_{R_i}^2/\partial s_i \partial p_i & \partial \prod_{R_i}^2/\partial s_i^2 \end{vmatrix} > 0$,$\partial \prod_{R_i}^2/\partial p_i^2 < 0$,则零售商利润函数 $\prod_{R_i}$ 在 (p_i^*, s_i^*) 处具有极大值。因此,零售商的反应函数为:

$$p_i^* = w_i - \frac{(a - b_p w_i)\eta_i}{[(b_s + \theta_s)^2 - (2b_p + 2\theta_p)\eta_i] - [\eta_i \theta_p - (b_s + \theta_s)\theta_s]} \tag{8-34}$$

$$s_i = \frac{(b_p w_i - a)(b_s + \theta_s)}{[(b_s + \theta_s)^2 - (2b_p + 2\theta_p)\eta_i] + [\eta_i \theta_p - (b_s + \theta_s)\theta_s]} \tag{8-35}$$

其中,$i \in \{1, 2\}$,$j = 3 - i$。由式(8-34)和式(8-35)分析得知,p_i^* 和 s_i^* 是关于批发价格、服务水平的线性函数。

根据零售商最优的零售价格 p_i^* 和服务能力水平 s_i^*,进一步分析制造商最优的批发价格。分别将式(8-34)和式(8-35)中的 p_i^* 和 s_i^* 代入式(8-24)中,可得制造商利润函数 $\prod_{M_i}$。此时,批发价格取值范围:

$$w_i^* \in \arg\max\limits_{w_i} \prod_{M_i}(w_i)$$

运用制造商利润函数 $\prod_{M_i}$ 对 w_i 求一阶导数:

$$\partial \pi_{M_i}/\partial w_i = \frac{(w_i - c)\{2a[(b_s + \theta_s)^2 - (2b_p + 2\theta_p)\eta_i] + [\theta_p\eta_i - (b_s + \theta_s)\theta_s]\} + 2ab_p\eta_i - 2b_p^2\eta_i w_i}{[(b_s + \theta_s)^2 - (2b_p + 2\theta_p)\eta_i] + [\theta_p\eta_i - (b_s + \theta_s)\theta_s]}$$

$$\frac{(w_i - c)\{2b_p w_i\{[(b_s + \theta_s)^2 - (2b_p + 2\theta_p)\eta_i] + [\theta_p\eta_i - (b_s + \theta_s)\theta_s]\} + 2b_s^2 b_p w_i + 2b_s b_p \theta_s w_i - 2b_s^2 a - 2b_s \theta_s a\}}{[(b_s + \theta_s)^2 - (2b_p + 2\theta_p)\eta_i] + [\theta_p\eta_i - (b_s + \theta_s)\theta_s]} = 0$$

(8-36)

其中，$i \in \{1, 2\}$，$j = 3 - i$。当 $b_p > 0$，$\theta_p > 0$ 时，$\partial \prod_{M_i}^2 / \partial w_i^2 < 0$，则制造商利润函数 $\prod_{M_i}$ 在 w_i^* 处具有极大值。根据式（8-36）解得制造商批发价格的最优解 w_i^{ms}，将 w_i^{ms} 代入式（8-34）和式（8-35）中，求得零售商的零售价格最优解 p_i^{ms} 和服务能力水平最优解 s_i^{ms}。并通过式（8-23）和式（8-24），可得制造商和零售商的最大化利润 $\prod_{M_i}^{ms}$ 和 $\prod_{R_i}^{ms}$。因此，在制造商 Stackelberg 情形下，制造商与零售商的均衡策略与利润如表 8-5 所示。

表 8-5 制造商 Stackelberg 情形下制造商与零售商的均衡策略及利润

决策变量 及利润	均衡解
批发价格	$w_i^{ms} = \dfrac{(ab_p\eta_i - ab_s^2 - ab_s\theta_s - c\eta_i b_p^2 - cb_p b_s^2 - b_s \theta_s b_p c) + \{[(b_s + \theta_s)^2 - 2\eta_i(b_p + \theta_p)] + [\theta_p\eta_i - (\theta_s + \theta_s)\theta_s]\}(a + b_p c)}{2(b_p^2\eta_i + b_p - b_s^2 b_p - b_s b_p \theta_s)}$
服务能力 水平	$s_i^{ms} = \dfrac{4a\eta_i b_p(b_s + \theta_s)(b_p + 2\theta_p) - (b_s + \theta_s)^2}{[(b_s + \theta_s)^2 - (2b_p + 2\theta_p)\eta_i] + [\eta_i\theta_p - (b_s + \theta_s)\theta_s]}$
制造商 利润	$\prod_M^{ms} = \dfrac{3\eta_i[a + [2b_p(b_s + \theta_s)[2\theta_p(b_s + \theta_s)^2 + 3b_s(\theta_p - \theta_s)]/2\eta_i(b_p + \theta_p)]c]}{3\eta_i b_p + 2\eta_i b_p + 3(b_s + \theta_s)[b_s + 2\theta_s - b_s \theta_s/(b_p + \theta_p)]} \times$ $\dfrac{4a\eta_i b_p[\eta_i b_p + \eta_i\theta_p + (b_s + \theta_s)[b_s + \theta_s - b_s\theta_s/2(b_p + 2\theta_p)]]}{4\eta_i b_p[4\eta_i b_p + 2\eta_i \theta_p + (b_s + \theta_s)[b_s + 2\theta_s - b_s\theta_s/(b_p + \theta_p)]]}$
零售 价格	$p_i^{ms} = \dfrac{2a\eta_i[2\eta_i b_p + 3(b_s + \theta_s)[b_s + \theta_s + 2b_s\theta_s/2(b_p + 3\theta_p)]]}{[4\eta_i b_p + 3\eta_i \theta_p + (b_s + \theta_s)[b_s + 2\theta_s - 2b_s\theta_s/(3b_p + 2\theta_p)]]^2}$ $+ 2c\left[\dfrac{4\eta_i^2 b_p(b_p + \theta_p) + b_s(b_s + \theta_s)[2(b_s + \theta_s)^2(b_p + 2\theta_p) + b_s(b_s + \theta_s)(\theta_p - \theta_s) - 2\eta_i b_p \theta_p]/(b_p + 2\theta_p)}{2(b_p^2\eta + b_p - b_s^2 b_p - b_s b_p \theta_s)\{[(b_s + \theta_s)^2 - (2b_p + 2\theta_p)\eta] - [\eta\theta_p - (b_s + \theta_s)\theta_s]\}}\right]$
零售商 利润	$\prod_{R_i}^{ms} = 2b_p\left[\dfrac{a[\eta_i b_p + \eta_i\theta_p + (b_s + \theta_s)[b_s + \theta_s - b_s\theta_s/2(b_p + 2\theta_p)]]}{4\eta_i b_p + 2\eta_i\theta_p + (b_s + \theta_s)[b_s + 2\theta_s - b_s\theta_s/(b_p + 2\theta_p)]}\right.$ $\left.\times \dfrac{(ab_p\eta_i - ab_s^2 - ab_s\theta_s - c\eta_i b_p^2 - cb_p b_s^2 - b_s\theta_s b_p c) + \{[(b_s + \theta_s)^2 - 2\eta_i(b_p + \theta_p)] + [\theta_p\eta_i - (b_s + \theta_s)\theta_s]\}(a + b_p c)}{2(b_p^2\eta_i - b_s^2 b_p - b_s b_p\theta_s)}\right]$

3. 垂直 Nash

在垂直 Nash 情形下，供应链上下游企业制造商与零售商具有相同的讨价还价能力，各自进行独立决策，相互之间不再将对方反应函数作为决策依据，而是制造商在给定零售价格和服务能力水平的基础上，制定最优的批发价格以实现利润最大化；同时零售商在给定批发价格的基础上，制定最优的零售价格和服务能力水平以实现自身利润最大化。此时，由批发价格、服务能力水平和零售价格最优解所形成的稳定均衡状态则为垂直 Nash 均衡，具体实现过程如下：

制造商决策：$\partial \prod_{M_i} / \partial w_i = 0$ (8 - 37)

零售商决策：$\partial \prod_{R_i} / \partial p_i = 0$ (8 - 38)

零售商决策：$\partial \prod_{R_i} / \partial s_i = 0$ (8 - 39)

通过式（8 - 37）～式（8 - 39）解得制造商批发价格最优解 w_i^{vn}，零售商的零售价格及服务能力水平最优解为 p_i^{vn}、s_i^{vn}。分别将 w_i^{vn}、s_i^{vn}、p_i^{vn} 代入式（8 - 23）和式（8 - 24）中，得到制造商和零售商的最大化利润 $\prod_{M_i}^{vn}$ 和 $\prod_{R_i}^{vn}$。因此，在垂直 Nash 情形下，得到制造商与零售商的最优均衡策略和利润如表 8 - 6 所示。

表 8 - 6 垂直 Nash 情形下制造商与零售商的均衡策略及利润

决策变量及利润	均衡解
批发价格	$w_i^{vn} = \dfrac{\eta_i a + c[2[\eta_i(b_p + \theta_p) + (b_s + \theta_s)^2 + \theta_s(b_s + \theta_s)] + b_s(b_s + \theta_s)]}{3\eta_i b_p + 2\eta_i \theta_p + (b_s + \theta_s)(3b_s + \theta_s)}$
服务能力水平	$s_i^{vn} = \dfrac{4a(b_s + \theta_s)}{2b_p \eta_i - 3\theta_p \eta_i - b_s^2 - 3b_s \theta_s - 2\theta_s^2}$
制造商利润	$\prod_{M}^{vn} = \left(\dfrac{a - b_p c}{b_p}\right)\left(\dfrac{2a\eta_i b_s^2 + 6a\eta_i b_s \theta_s + 4a\eta_i \theta_s^2 - 2ab_s^2 - 6ab_s \theta_s - 4a\theta_s^2}{-2\eta_i b_p + 3\eta_i \theta_p + b_s^2 + 3b_s \theta_s + 2\theta_s^2}\right)$
零售价格	$p_i^{vn} = \dfrac{a[2\eta_i b_p + \eta_i \theta_p + (b_s + \theta_s)(b_s - \theta_s)] + b_p c[\eta_i(b_p + \theta_p) + (b_s + \theta_s)^2 + \theta_s(b_s + \theta_s)]}{b_p[3\eta_i b_p + 2\eta_i \theta_p + (b_s + \theta_s)(3b_s + \theta_s)]}$
零售商利润	$\prod_{R_i}^{vn} = \dfrac{8a(-2a^2 \eta_i^2 b_p - 4a\eta_i \theta_p + a^2 \eta_i b_s^2 + 4a^2 \eta_i \theta_s b_s + 3a^2 \eta_i \theta_s^2)}{(-2\eta_i b_p + 3\theta_p \eta_i + b_s^2 + 3b_s \theta_s + 2\theta_s^2)^2}$

四、零售商竞争情形产品服务能力配置策略

在产品售后服务过程中，客户越来越注重服务体验，不断追求高品质的产品服务。为了满足客户产品服务动态需求，零售商的营销策略逐步由价格竞争向服务竞争转变，不断地增加服务资源投入，提升产品服务的品质。随着产品服务规模不断扩大，服务成本因子 η_i 值越大，意味着零售商 i 提升服务能力时所付出的

第八章 考虑渠道权利结构的产品服务能力配置模型

服务成本费用越多。当前，明确服务成本与不同权利结构下均衡解之间的变化关系，构建零售商的产品服务能力配置策略，对于增强制造企业的竞争优势显得非常重要。因此，下面以服务成本因子 η_i 为切入点，通过分别研究 MS、RS、VN 三种不同情形下均衡结果与服务成本之间的变化关系，提出能够满足不同客户需求特征的产品售后服务能力竞争策略。

1. 均衡结果分析

下面通过给出各个参数的具体数值，分析 RS、MS、VN 三种不同权利结构下均衡结果与服务成本之间的变化关系，进而为零售商服务竞争情形产品服务能力配置策略的提出奠定基础。假设 $a=150$，$c=1.2$，$b_p=1.1$，$\theta_p=1.5$，$b_s=1.6$，$b_s=3$，$\theta_s=4$，可得三种不同权利结构下批发价格、服务能力水平及零售价格的数值运算结果如表 8-7 所示。

表 8-7 不同权利结构下批发价格、服务能力水平及零售价格的数值运算结果

服务成本因子	服务能力水平			批发价格			零售价格		
η_i	s_i^{rs}	s_i^{ms}	s_i^{vn}	w_i^{vn}	w_i^{rs}	w_i^{ms}	p_i^{ms}	p_i^{rs}	p_i^{vn}
0.157	0.365	1.689	3.297	9.567	6.037	10.633	32.799	22.263	28.352
0.371	2.081	2.051	3.851	9.099	5.838	10.136	33.529	23.638	29.633
0.785	3.572	2.390	3.355	8.675	5.669	9.693	33.213	23.929	30.731
1.099	3.880	2.710	3.816	8.288	5.502	9.278	33.858	26.133	31.785
1.313	6.037	3.011	5.239	7.935	5.333	8.898	35.366	26.725	32.768
1.728	7.067	3.295	5.629	7.610	5.195	8.537	36.030	27.337	33.696
2.032	7.991	3.563	5.989	7.311	5.053	8.223	36.582	28.389	33.573
2.356	8.823	3.818	6.323	7.035	3.920	7.923	37.096	29.883	35.305
2.670	9.578	3.060	6.633	6.778	3.793	7.633	37.583	31.280	36.193
2.985	10.263	3.289	6.923	6.530	3.673	7.383	38.036	32.152	36.932
3.298	10.892	3.507	7.193	6.318	3.558	7.131	38.386	32.981	37.655
3.613	11.368	3.715	7.336	6.110	3.339	6.913	38.905	33.771	38.333
3.927	11.998	3.913	7.683	5.916	3.335	6.700	39.305	33.523	38.979
3.231	12.388	5.102	7.907	5.733	3.236	6.500	39.686	35.233	39.596
3.555	12.932	5.282	8.117	5.562	3.151	6.311	50.050	35.930	30.186
5.183	13.757	5.620	8.503	5.239	3.973	5.963	50.732	37.215	31.289
5.812	13.368	5.930	8.839	3.968	3.811	5.653	51.358	38.395	32.302
6.283	13.935	6.136	9.085	3.777	3.697	5.331	51.795	39.218	33.009

通过分析表 8-1～表 8-3 中不同权利结构下批发价格的均衡结果，发现随

着服务成本因子 η_i 增加，批发价格呈现递减趋势，且满足 $w_i^{rs} < w_i^{vn} < w_i^{ms}$，即零售商 Stackelberg 权利结构下的批发价格最低，制造商 Stackelberg 权利结构下的批发价格最高，如图8-7所示。在零售商之间存在嵌入性服务竞争的产品服务能力配置中，为了深入研究服务成本因子对 VN、RS 和 MS 三种情形下的批发价格的影响作用。将上述初始化参数代入产品售后服务过程模型中，求出服务成本因子对 VN、RS 和 MS 三种情形下的批发价格的影响关系。通过对图中的数值结果进行分析，在 VN 情形下的批发价格随着服务成本因子的增加呈下滑趋势；在 MS 情形下，当服务成本因子增加时，批发价格随之减少，且变化幅度与 VN 情形下的变化幅度基本一致；而在 RS 情形下，当服务成本因子增加时，虽然批发价格减少，但是速度相对于前两种情况有所减缓。总而言之，在 VN、MS 和 RS 这三种情形下的批发价格都是随着服务成本因子的增加而减少。

结果表明，当零售商处于主导地位时，制造商将通过降低批发价格，运用价格优惠策略与零售商开展产品服务合作，激励零售商加大服务资源投入，完善产品服务网络。当制造商处于主导地位时，由于前期产品要素投入较多，产品运营成本较高，并且供应链下游的零售商之间存在服务竞争，制造商为降低运营风险，实现预期目标利润，将维持较高的批发价格水平。随着零售商服务资源的持续投入，服务运营成本持续增加，为了扩大产品服务市场占有率，提升产品服务核心竞争力，制造商将通过降低批发价格，弥补零售商服务成本损失，双方互利协作，增强供应链产品服务竞争优势。

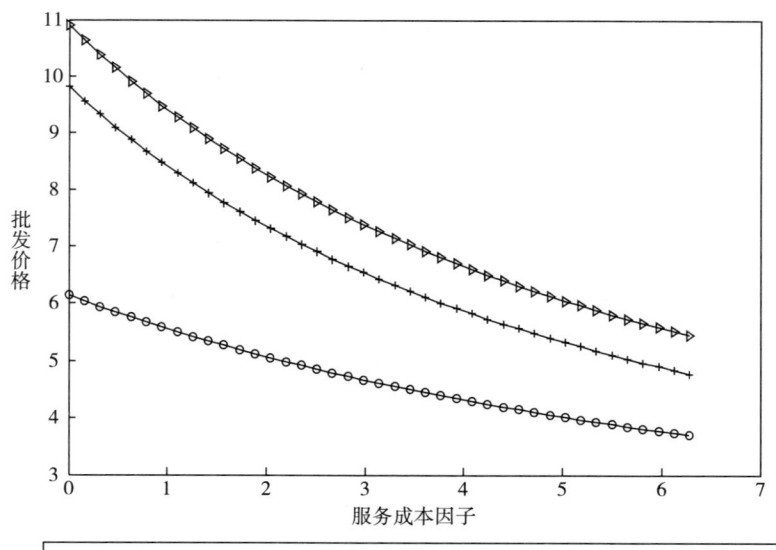

图8-7　不同权利结构下批发价格与服务成本之间的变化关系

通过分析表 8-1 至表 8-3 中不同权利结构下服务能力水平的均衡结果，发现随着服务成本因子 η_i 的增加，服务能力水平呈现递增趋势，且满足 $s_i^{ms} < s_i^{vn} < s_i^{rs}$，即零售商 Stackelberg 权利结构下的服务能力水平最高，制造商 Stackelberg 权利结构下的服务能力水平最低，如图 8-8 所示。可知 VN、MS 和 RS 这三种情形下的服务能力水平都是随着服务成本因子的增加而增加的。而在 MS 和 VN 两种情形下，当服务成本因子增加时，相应的服务能力水平也随之提高，并且提高的程度基本相同；而在 RS 情形下的服务能力水平随着服务成本因子的增加而大大提高，提高的速度远远超过了另外两种情形。也就是说，相同程度的增加服务成本因子，在 RS 情形下的服务能力水平可以得到更好的提高和发展。

结果表明，当零售商处于主导地位时，零售商在批发价格既定条件下，通过增加服务资源投入，提升产品服务能力水平，一方面，能够增强零售商之间的服务竞争优势；另一方面，通过提供高水平产品服务，能够吸引更多的客户参与，增加零售商的预期目标利润。当制造商处于主导地位时，由于制造商远离客户市场，过多关注批发价格决策，无法有效地激励零售商进行服务资源投资，从而导致产品服务水平的提升速度迟缓，服务能力水平较低。然而从供应链整体利润角度，制造商将采取降低批发价格方式，与零售商开展协调合作，激励零售商加大产品服务资源投入，逐步提升产品服务能力水平，增强供应链整体的产品服务竞争优势。

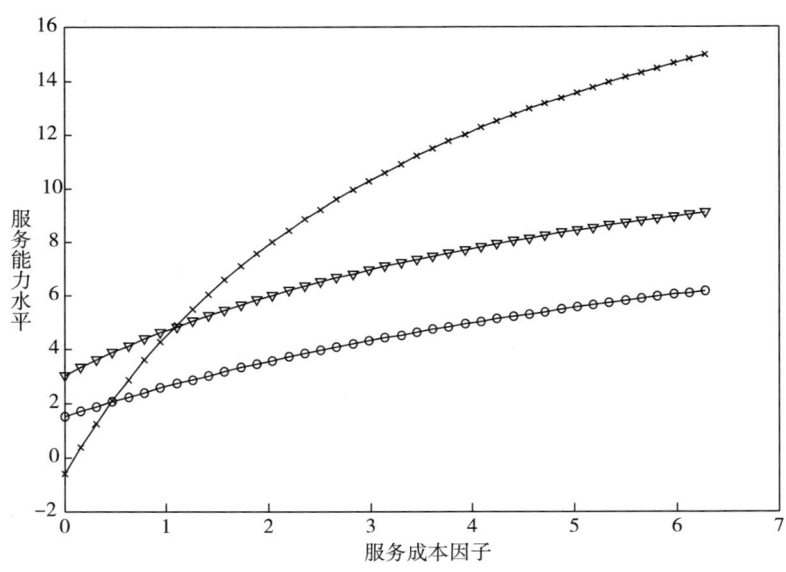

图 8-8 不同权利结构下服务能力水平与服务成本之间的变化关系

通过分析表 8-1 至表 8-3 中不同权利结构下零售价格的均衡结果，发现随着服务成本因子 η_i 的增加，零售价格呈现递增趋势，且满足 $p_i^{ms} < p_i^{vn} < p_i^{rs}$，即零售商 Stackelberg 权利结构下的零售价格最高，制造商 Stackelberg 权利结构下的零售价格最低，如图 8-9 所示。可知 MS 情形下的零售价格随着服务成本因子的增加而增加，且增加的速度较快。在 VN 情形下，当服务成本因子增加时，零售价格有所增加；在 RS 情形下，当服务成本因子增加时，零售价格也随之增加，且在 VN 和 RS 两种情形下的零售价格随服务成本因子的变化程度一致，相对于在 MS 情形下的零售价格而言增加得较慢。

结果表明，当零售商处于主导地位时，为了应对零售商之间的服务竞争，持续投入服务资源，完善产品服务平台，服务运营成本持续攀升，进而导致零售价格较高；当制造商处于主导地位时，制造商关注批发价格决策，不能实时地激励零售商加大服务资源投入，优化配置产品服务系统，此时，零售商之间价格竞争日益激烈，进而使零售价格水平较低。

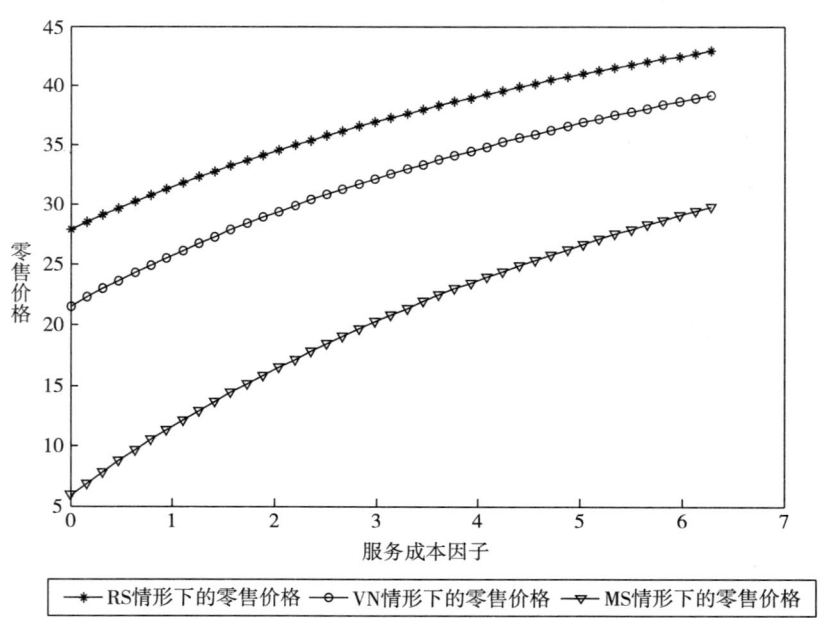

图 8-9　不同权利结构下零售价格与服务成本之间的变化关系

2. 零售商服务竞争情形产品服务能力配置策略

在产品服务运营过程中，随着服务资源的不断投入，客户需求将发生动态化演变，逐步由产品主导型需求向服务主导型需求转移。由于客户需求的动态性和服务作用的时滞性,零售商需要不断获取客户需求变化的新特征,挖掘新的客户市场空间,只有提供满足客户特定需求的产品服务,才有可能持续地在服务竞争中处于领先地位。因此,根据服务能力水平和零售价格之间的动态变化关系,将产品售后服务市场客户需求特征刻画为:$C_1(s_L, p_L)$ = (低能力,低价格)、$C_2(s_H, p_L)$ = (高能力,低价格)、$C_3(s_L, p_H)$ = (低能力,高价格)、$C_4(s_H, p_H)$ = (高能力,高价格),对应的客户类型分别为:实惠型客户、经济型客户、专业型客户和品质型客户。同时结合服务成本与不同渠道权利结构下均衡结果之间的变化关系,提出能够满足不同客户需求特征的零售商服务竞争情形产品服务能力配置策略:MS 低成本运营策略 $\Omega_1(w_i^{rs}, s_i^{ms}, p_i^{ms})$、VN 服务质量增强策略 $\Omega_2(w_i^{vn}, s_i^{vn}, p_i^{ms})$、RS 产品质量增强策略 $\Omega_3(w_i^{ms}, s_i^{vn}, p_i^{rs})$ 和 RS 产品服务集成化策略 $\Omega_4(w_i^{ms}, s_i^{rs}, p_i^{rs})$,如图 8-10 所示。

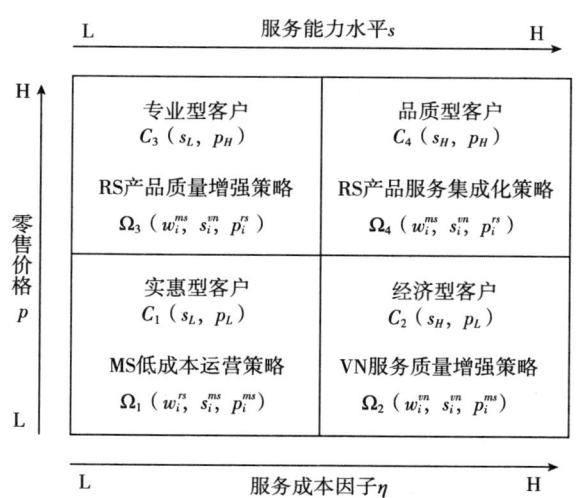

图 8-10 零售商竞争情形产品服务能力配置策略

对于实惠型客户 $C_1(s_L, p_L)$,客户对产品服务价格和服务能力水平要求比较低。根据图 8-2、图 8-3 中不同权利结构下均衡结果分析,为满足实惠型客户需求,制造商选择零售商 Stackelberg 情形下的批发价格 w_i^{rs},同时零售商选择制造商 Stackelberg 情形下的零售价格 p_i^{ms} 和服务能力水平 s_i^{ms},称为 MS 低成本运营策略 $\Omega_1(w_i^{rs}, s_i^{ms}, p_i^{ms})$。此时,制造商根据实惠型客户需求变化,制定较低的批发价格 w_i^{rs}。而两个零售商之间的价格竞争与服务竞争交织并存,都试图通过减少服务资源投入,降低产品服务运营成本,以低价格方式获取供应链横向竞争优势。

对于经济型客户 C_2 (s_H, p_L),客户需求呈现出低价格,高服务的特点。根据图 8-2、图 8-3 中不同权利结构下均衡结果分析,为了给经济型客户提供低价格、高质量的产品服务,零售商选择制造商 Stackelberg 情形下的零售价格 p_i^{ms} 和垂直 Nash 情形下的服务能力水平 s_i^{vn},制造商选择垂直 Nash 情形下的批发价格 w_i^{vn},称为 VN 服务质量增强策略 Ω_2 $(w_i^{vn}, s_i^{vn}, p_i^{ms})$。此时,两个零售商之间以服务竞争为主。制造商通过与零售商协同合作,以较低的批发价格,激励零售商增加服务资源投入,完善产品服务网络,以低价格方式为客户提供快速化、定制化高质量产品服务,进一步增强供应链整体的产品服务竞争优势。

对于专业型客户 C_3 (s_L, p_H),客户需求关注的是产品内在质量,对服务能力水平要求不高,能够接受高价格。根据图 8-2、图 8-3 中不同权利结构下均衡结果分析,为满足专业型客户需求,零售商采取零售商 Stackelberg 情形下的零售价格 p_i^{rs} 和垂直 Nash 情形下的服务能力水平 s_i^{vn},制造商选择制造商 Stackelberg 情形下的批发价格 w_i^{ms},称为 RS 产品质量增强策略 Ω_3 $(w_i^{ms}, s_i^{vn}, p_i^{rs})$。此时,制造商与零售商均选择高价格运营策略,制造商需要加大新产品研发力度,改进新产品工艺流程,不断进行产品创新。同时零售商需要不断挖掘客户潜在需求,不断完善产品服务传递系统,持续开展服务创新,与制造商一起为客户提供高品质的产品服务,从而提高供应链整体的服务能力水平。

对于品质型客户 C_4 (s_H, p_H),客户需求呈现出高服务、高价格的特点。根据图 8-2、图 8-3 中不同权利结构下均衡结果分析,为了给品质型客户提供高品质的产品服务集成化方案,零售商选择零售商 Stackelberg 情形下的零售价格 p_i^{rs} 和服务能力水平 s_i^{rs},制造商选择制造商 Stackelberg 情形下的批发价格 w_i^{ms},称为 RS 产品服务集成化策略 Ω_4 $(w_i^{ms}, s_i^{rs}, p_i^{rs})$。此时两个零售商之间产品与服务竞争交织并存,一方面,零售商加快产品服务创新、改进服务流程,在服务传递过程中融入产品内在核心要素,使服务成为基于有形产品的价值创造者,逐步形成产品服务差异化竞争优势;另一方面,零售商结合自身的销售网络,建立客户导向、高效的新型产品服务网络组织,提高产品服务覆盖率和响应速度,快速实现产品服务价值增值。运用 RS 产品服务集成化策略,为品质型客户提供高端的产品服务,能够增强制造商的产品品牌效应和零售商的服务品牌效应,拓展供应链产品服务的价值增值空间。

第三节 制造商—零售商之间存在交叉嵌入性服务竞争的产品服务能力配置

针对两个制造商和两个零售商构成的产品服务供应链,以零售商提供服务为视角,研究产品服务能力交叉竞争问题。根据制造商与零售商的讨价还价能力高低,分别从制造商 Stackelberg、零售商 Stackelberg 和垂直 Nash 三种不同情形,求解供应链成员企业之间交叉竞争的均衡策略。通过分析服务能力水平和零售价格之间的动态变化关系,将客户划分为实惠型、经济型、专业型和品质型四个不同类别。同时结合服务成本与不同渠道权利结构下均衡结果之间的变化关系,提出能够满足不同客户需求特征的产品服务能力配置策略:MS 交叉弱竞争策略,Δ_1($\alpha^{MS}, \beta^{MS}, \eta^{VN}$)、RS 交叉服务竞争策略,$\Delta_2$($\alpha^{MS}, \beta^{RS}, \eta^{RS}$)、VN 交叉价格竞争策略,$\Delta_3$($\alpha^{VN}, \beta^{MS}, \eta^{VN}$)和 RS 交叉双重强竞争策略,$\Delta_4$($\alpha^{VN}, \beta^{RS}, \eta^{RS}$),有效地推动了产品服务能力交叉竞争性配置研究。

一、问题描述

针对两个制造商与两个零售商构成的供应链系统,国内外学者开展了一系列研究。已有文献关注的是供应链中制造商和零售商的讨价还价能力,Moorthy (1988) 和 Shugan (1985) 研究了营销渠道中一个制造商和一个零售商的价格决策问题;钟宝嵩等 (2004) 探讨了供应链中制造商和销售商之间的合作促销关系,研究了一个制造商和一个销售商合作的促销定价问题;杜义飞等 (2006) 尽管研究了讨价还价过程中制造商与零售商利润最大化的问题,但忽略了零售成本差异等因素;范小军等 (2008) 分析了多个零售商与单个制造商组成的供应链的价格决策问题,提出需求函数与渠道成员结构和价格决策等问题产生矛盾;Lal 和 Corstjen (2000)、Chintagunta 等 (2000) 研究了自有品牌对零售商的影响,虽然自有品牌削弱了制造商之间的竞争,但该类研究并未考虑制造商处于主导条件下的影响;朱瑞庭 (2009) 在研究自有品牌对零售商影响的同时探讨了商品质量对自有品牌的影响;Chio (2006) 在自有品牌的基础上提出了制造商品牌的概念,Cortterill (2000) 尽管探讨了制造商处于领导权下的价格决策问题,但没有考虑制造商品牌之间的竞争。陈宏民等 (2009) 在分析了需求函数选择问题的基础上,研究了三种渠道权利结构下的价格决策问题;McGuire 等 (1983) 研究供应链的交叉选择问题,探讨了由两个制造商和两个零售商构成供应链的 Nash 均衡状态；Dong Lingxiu 等（2009）提出了当制造商提供可替代或互补性产品时对价格决策的影响；张雅琪等（2013）分析了在两个制造商和两个零售商构成的供应链中，制造商提供的产品具有可替代性时有可能发生交叉选择。

在此基础上，为了能更好地适应客户产品服务需求的动态变化特点，更深层次地研究产品服务的多目标动态问题，通过考虑两个制造商与两个零售商交叉服务竞争问题，进一步研究产品服务能力交叉竞争配置策略。

二、初始模型

在由两个制造商和两个零售商组成的产品服务供应链中，两个零售商销售两种同质存在替代效应的产品 i 和产品 j，产品需求变化主要取决于零售价格和自身服务能力水平的变化以及竞争性零售商的服务能力水平。制造商以批发价格 w_i 将产品出售给零售商 i，零售商再以零售价格 p_i 将产品出售给最终客户。同时零售商 i 以服务能力水平 s_i 向客户提供产品售后服务包，提供的产品服务包越多，说明零售商的售后服务能力水平越高，反之，则零售商售后服务能力水平越低。产品服务交叉竞争过程模型如图 8-11 所示。

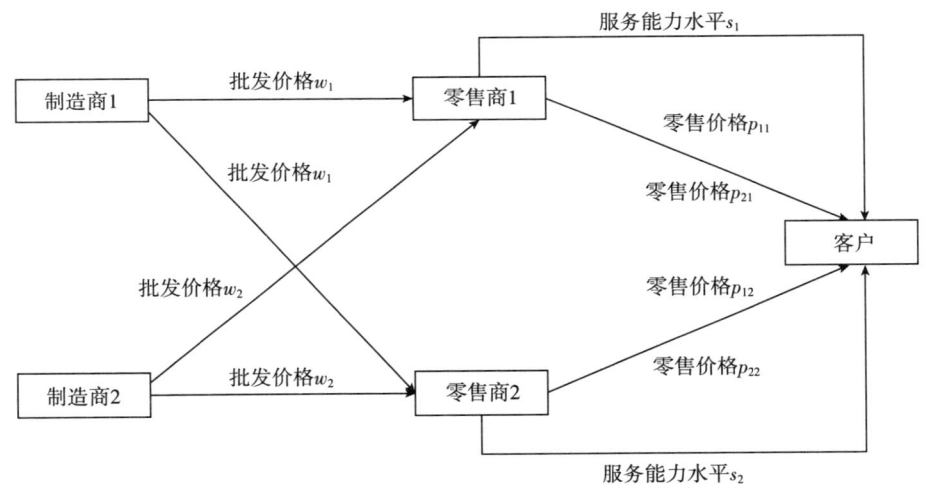

图 8-11　交叉竞争情形产品服务能力配置过程

在产品需求函数建立过程中，零售商的决策变量为零售价格 p 与服务能力水平 s。制造商的决策变量为批发价格 w。零售商产品 i 的销量 q_i 不仅受自身零售价格 p_i 的影响，也受竞争性产品 j 零售价格 p_j 的影响，若 $p_j > p_i$，产品 j 的零售价格能够增加产品 i 的销量，反之，则降低产品 i 的销量。同时，零售商产品 i 的销量 q_i 不仅受自身服务能力水平 s_i 的影响，也受竞争性产品 j 服务能力水平 s_j 的影响，若 $s_j > s_i$，产品 j 的服务能力水平则降低产品 i 的销量，反之，则增加产

品 i 的销量。q_i 表示产品 i 在零售商处的销售量,即零售商对制造商产品 i 的需求量。c 表示产品的单位生产成本。当零售商 i 降低产品零售价格 p_i 或提高服务能力水平 s_i 时,将吸引更多客户参与,从而增加产品 i 的销量 q_i;反之,将出现客户流失现象,导致产品 i 的销量 q_i 减少。g_i 为产品的单位利润;α 为价格竞争引起的产品服务替代参数,即价格替代率;β 为服务竞争引起的产品服务替代参数,即服务替代率。

结合上述初始变量定义,产品服务能力交叉竞争中的零售商 1 的价格为 $p_{11} = w_1 + g_1$,$p_{12} = w_1 + g_2$;零售商 2 的价格为 $p_{21} = w_2 + g_1$,$p_{22} = w_2 + g_2$。

零售商 1 的产品销量:

$$q_{11} = 1 - p_{11} + \alpha(p_{21} - p_{11}) + \beta(s_1 - s_2) = 1 - (w_2 + g_1) + \alpha(w_1 - w_2) + \beta(s_1 - s_2)$$

$$q_{21} = 1 - p_{21} + \alpha(p_{11} - p_{21}) + \beta(s_1 - s_2) = 1 - (w_2 + g_1) + \alpha(w_1 - w_2) + \beta(s_1 - s_2)$$

零售商 2 的产品销量:

$$q_{12} = 1 - p_{12} + \alpha(p_{22} - p_{12}) + \beta(s_2 - s_1) = 1 - (w_1 + g_2) + \alpha(w_2 - w_1) + \beta(s_2 - s_1)$$

$$q_{22} = 1 - p_{22} + \alpha(p_{12} - p_{22}) + \beta(s_2 - s_1) = 1 - (w_2 + g_2) + \alpha(w_1 - w_2) + \beta(s_2 - s_1)$$

服务成本函数定义为 $C_i(s_i) = C_0 + \eta s_i^2/2$,其中,$C_0$ 为固定服务成本,$\eta s_i^2/2$ 为变动服务成本。为简化模型,假定 $C_0 = 0$。η 是零售商 i 的服务成本因子,$\eta > 0$,η 值越大,表示零售商 i 达到相同的服务能力水平,所付出的服务成本费用越多。通过分析服务成本函数 $C_i(s_i)$,可知零售商的服务成本 $C_i(s_i)$ 随服务能力水平 s_i 的增加而增加,并且服务能力水平 s_i 越高,边际服务成本费用值越大。因此,制造商的利润函数为:

$$\pi_{m_1} = (w_1 - c)q_{11} + (w_1 - c)q_{12}$$

$$\pi_{m_2} = (w_2 - c)q_{21} + (w_2 - c)q_{22}$$

零售商的利润函数为:

$$\pi_{R_1} = (p_{11} - w_1)q_{11} + (p_{21} - w_2)q_{21} - \frac{\eta s_1^2}{2}$$

$$\pi_{R_2} = (p_{12} - w_1)q_{12} + (p_{22} - w_2)q_{22} - \frac{\eta s_1^2}{2}$$

三、产品服务能力交叉嵌入性配置模型

结合制造商与零售商不同的权利结构,分别在零售商 Stackelberg、制造商 Stackelberg、垂直 Nash 三种情形下求解各自的最优策略。当零售商的讨价还价能力大于制造商的讨价还价能力时,为零售商 Stackelberg;当零售商的讨价还价能力小于制造商的讨价还价能力时,为制造商 Stackelberg;当双方的讨价还价能力相等时,为垂直 Nash。在产品服务 Stackelberg 动态博弈过程中,首先,构建追随

者企业的反应函数；其次，根据追随者企业反应函数的解，建立领导者企业的目标利润函数模型；最后，求解双方的最优策略。

1. 零售商 Stackelberg

在产品服务交叉竞争过程中，由于零售商密切接触客户市场，能够快速掌握客户需求变化，逐步掌握产品服务运营市场的主导权，供应链上下游企业间权利结构发生变化，零售商成为领导者企业，制造商则为追随者企业。零售商运用制造商的反应函数作为制定最优零售价格和服务能力水平的依据。首先，制造商在给定零售价格和服务能力水平的基础上，制定相应的批发价格以实现利润最大化；其次，零售商根据制造商的批发价格，确定最优的零售价格和服务能力水平，以实现自身利润最大化。

制造商利润分别为：

$$\pi_{m1} = (w_1 - c)q_{11} + (w_1 - c)q_{12} = (w_1 - c)[1 - (w_1 + g_1) + \alpha(w_2 - w_1) + \beta(s_1 - s_2)] + (w_1 - c)[1 - (w_1 + g_2) + \alpha(w_2 - w_1) + \beta(s_2 - s_1)] = w_1 - c - w_1^2 - w_1 g_1 + cw_1 + cg_1 + \alpha w_1 w_2 - \alpha w_1^2 - \alpha cw_2 + \alpha cw_1 + \beta w_1 s_1 - \beta w_1 s_2 - \beta cs_1 + \beta cs_2 + w_1 - c - w_1^2 - w_1 g_2 + cw_1 + cg_2 + \alpha w_1 w_2 - \alpha w_1^2 - \alpha cw_2 + \alpha cw_1 + \beta w_1 s_2 - \beta w_1 s_1 - \beta cs_2 + \beta cs_1$$

$$\pi_{m2} = (w_2 - c)q_{21} + (w_2 - c)q_{22} = (w_1 - c)[1 - (w_2 + g_1) + \alpha(w_1 - w_2) + \beta(s_1 - s_2)] + (w_2 - c)[1 - (w_2 + g_2) + \alpha(w_1 - w_2) + \beta(s_2 - s_1)] = w_2 - c - w_2^2 - w_2 g_1 + cw_2 + cg_1 + \alpha w_1 w_2 - \alpha w_2^2 - \alpha cw_1 + \alpha cw_2 + \beta w_2 s_1 - \beta w_2 s_2 - \beta cs_1 + \beta cs_2 + w_2 - c - w_2^2 - w_2 g_2 + cw_2 + cg_2 + \alpha w_1 w_2 - \alpha w_2^2 - \alpha cw_1 + \alpha cw_2 + \beta w_2 s_2 - \beta w_2 s_1 - \beta cs_2 + \beta cs_1$$

分别对批发价格进行优化：

$$\frac{\partial \pi_{m1}}{\partial w_1} = 1 - 2w_1 - g_1 + c + \alpha w_2 - 2\alpha w_1 + \alpha c + 1 - 2w_1 - g_2 + c + \alpha w_2 - 2\alpha w_1 + \alpha c = 0$$

$$\frac{\partial \pi_{m2}}{\partial w_2} = 1 - 2w_2 - g_1 + c + \alpha w_1 - 2\alpha w_2 + \alpha c + 1 - 2w_2 - g_2 + c + \alpha w_1 - 2\alpha w_2 + \alpha c = 0$$

批发价格为：

$$w_1 = \frac{1}{2(2+\alpha)} \times (2 - g_1 - g_2) + \frac{c(1+\alpha)}{2+\alpha}$$

$$w_2 = \frac{1}{2(2+\alpha)} \times (2 - g_1 - g_2) + \frac{c(1+\alpha)}{2+\alpha}$$

将 w_1，w_2 代入 π_{R1}，π_{R2} 中：

$$\pi_{R1} = g_2[1 - (w_1 + g_2) + \alpha(w_2 - w_1) + \beta(s_2 - s_1) + 1 - (w_2 + g_2) + \alpha(w_1 - w_2) + \beta(s_2 - s_2)] - \eta s_2^2/2 = g_2[2 - w_1 - w_2 - g_1 - g_2 + 2\beta(s_2 - s_1)] - \eta s_2^2/2 =$$

$$g_2\left[2-\frac{2-g_1-g_2}{2+\alpha}+\frac{2c(1+\alpha)}{2+\alpha}-g_1-g_2+2\beta(s_2-s_1)\right]-\eta s_2^2/2$$

$$\pi_{R2}=g_2[1-(w_1+g_2)+\alpha(w_2-w_1)+\beta(s_2-s_1)+1-(w_2+g_2)+\alpha(w_1-w_2)+$$
$$\beta(s_2-s_2)]-\eta s_2^2/2=g_2[2-w_1-w_2-g_1-g_2+2\beta(s_2-s_1)]-\eta s_2^2/2=$$
$$g_2\left[2-\frac{2-g_1-g_2}{2+\alpha}+\frac{2c(1+\alpha)}{2+\alpha}-g_1-g_2+2\beta(s_2-s_1)\right]-\eta s_2^2/2$$

零售商利润函数分别对单位利润和服务能力进行优化，由 $\partial\pi_{R1}/\partial g_1=0$，$\partial\pi_{R2}/\partial g_2=0$，$\partial\pi_{R1}/\partial s_1=0$，$\partial\pi_{R2}/\partial s_2=0$，解得：

$$g_1=g_2=\frac{2(1+\alpha)(1+c)}{5+4\alpha}$$

$$s_1=s_2=\frac{4\beta(1+\alpha)(1+c)}{\eta(5+4\alpha)}$$

$$w_1=w_2=\frac{4c\alpha^2+\alpha(2+7c)+3(1+c)}{(2+\alpha)(5+4\alpha)}$$

$$p_{11}=p_{21}=p_{12}=p_{22}=\frac{2\alpha^2(1+3c)+\alpha(8+13c)+7(1+c)}{(2+\alpha)(5+4\alpha)}$$

进而得到交叉竞争情形下，制造商与零售商的利润分别为：

$$\pi_{m1}=\pi_{m2}=2\times\frac{2\alpha(1-3c)+3-7c}{(2+\alpha)(5+4\alpha)}\times\frac{2\alpha^2(1-3c)+\alpha(5-13c)+3-7c}{(2+\alpha)(5+4\alpha)}$$

$$\pi_{R1}=\pi_{R2}=\frac{2(1+c)(1+\alpha)}{(5+4\alpha)}\times\frac{2\alpha^2(1-3c)+\alpha(5-13c)+3-7c}{(2+\alpha)(5+4\alpha)}-\frac{8\beta^2(1+c)^2(1+\alpha)^2}{\eta(5+4\alpha)^2}$$

2. 制造商 Stackelberg

在制造商 Stackelberg 情形下，制造商是领导者，而零售商是追随者。制造商利用零售商的反应函数作为确定批发价格的依据。首先，零售商在给定批发价格的基础上，制定相应的零售价格和服务能力水平以实现利润最大化；其次，制造商依据零售商的零售价格和服务能力水平，求解最优的批发价格，以实现自身利润最大化。

零售商的利润分别为：

$$\pi_{R1}=g_1[1-(w_1+g_1)+\alpha(w_2-w_1)+\beta(s_1-s_2)+1-(w_2+g_2)+\alpha(w_1-w_2)+$$
$$\beta(s_1-s_2)]-\frac{\eta s_1^2}{2}=2g_1-w_1g_1-w_2g_1-2g_1^2+2\beta s_1g_1-2\beta s_2g_1-\frac{\eta s_1^2}{2}$$

$$\pi_{R2}=(w_1+g_2-w_1)[1-(w_1+g_2)+\alpha(w_2-w_1)+\beta(s_1-s_2)]+(w_2+g_2-$$
$$w_2)[1-(w_2+g_2)+\alpha(w_1-w_2)+\beta(s_1-s_2)]-\frac{\eta s_1^2}{2}=2g_2-w_1g_2-w_2g_2-$$
$$2g_2^2+2\beta s_1g_2-2\beta s_2g_2-\frac{\eta s_1^2}{2}$$

分别对零售商单位利润和服务能力进行求解：

$\partial \pi_{R1}/\partial g_1 = 2 - (w_1 + w_2) - 4g_1 + 2\beta(s_1 - s_2) = 0$

$\partial \pi_{R1}/\partial s_1 = 2\beta g_1 - \eta s_1 = 0$

$\partial \pi_{R2}/\partial g_2 = 2 - (w_1 + w_2) - 4g_2 + 2\beta(s_2 - s_1) = 0$

$\partial \pi_{R2}/\partial s_1 = 2\beta g_2 - \eta s_2 = 0$

解得：

$$g_1 = g_2 \frac{2 - (w_1 + w_2)}{4}$$

$$s_1 = s_2 = \frac{4\beta - 2\beta(w_1 + w_2)}{4\eta}$$

将 g_1，g_2，s_1，s_2 分别代入制造商利润函数 π_{m_1}，π_{m_2}，得

$$\pi_{m_1} = 2w_1 - 2w_1^2 - w_1 \times 2 \times \frac{2-(w_1+w_2)}{4} + 2\alpha w_1 w_2 - 2\alpha w_1^2 - 2c + c$$

$$\left[2w_1 + 2 \times \frac{2-(w_1+w_2)}{4}\right] - 2\alpha c(w_2 - w_1) = 2w_1 - 2w_1^2 - w_1 + \frac{w_1^2}{2} + \frac{w_1 w_2}{2} +$$

$$2\alpha w_1 w_2 - 2\alpha w_1^2 - 2c + c\left(2w_1 + 1 - \frac{w_1}{2} + \frac{w_2}{2}\right) - 2\alpha c(w_2 - w_1) =$$

$$\left(1 + \frac{3}{2}c + 2\alpha c\right)w_1 + \left(-\frac{3}{2} - 2\alpha\right)w_1^2 + \left(\frac{1}{2} + 2\alpha\right)w_1 w_2 - c - 2\alpha c w_2 - \frac{c}{2}w_2$$

$$\pi_{m_2} = 2w_2 - 2w_2^2 - w_2 + \frac{w_2^2}{2} + \frac{w_1 w_2}{2} + 2\alpha w_1 w_2 - 2\alpha w_2^2 - 2c + c\left(2w_2 + 1 - \frac{w_1}{2} + \frac{w_2}{2}\right) -$$

$$2\alpha c(w_1 - w_2) = \left(1 + \frac{3}{2}c + 2\alpha c\right)w_2 + \left(-\frac{3}{2} - 2\alpha\right)w_2^2 + \left(\frac{1}{2} + 2\alpha\right)w_1 w_2 - c -$$

$$2\alpha c w_1 - \frac{c}{2}w_1$$

制造商利润函数 π_{m_1}，π_{m_2} 分别对 w_1，w_2 求解：

$$\partial \pi_{m_1}/\partial w_1 = \left(1 + \frac{3}{2}c + 2\alpha c\right) + 2\left(-\frac{3}{2} - 2\alpha\right)w_1 + \left(\frac{1}{2} + 2\alpha\right)w_2 = 0$$

$$\partial \pi_{m_2}/\partial w_2 = \left(1 + \frac{3}{2}c + 2\alpha c\right) + 2\left(-\frac{3}{2} - 2\alpha\right)w_2 + \left(\frac{1}{2} + 2\alpha\right)w_1 = 0$$

解得：$w_1 = w_2 = \dfrac{2 + 3c + 4\alpha c}{5 + 4\alpha}$

$$g_1 = g_2 = \frac{1}{2} - \frac{2 + 3c + 4\alpha c}{10 + 8\alpha}$$

$$s_1 = s_2 = \frac{\beta}{\eta} - \frac{\beta(2 + 3c + 4\alpha c)}{\eta(5 + 4\alpha)}$$

$$p_{11} = p_{21} = p_{12} = p_{22} = \frac{1}{2} + \frac{2+3c+4\alpha c}{10+8\alpha}$$

$$\pi_{m_1} = \pi_{m_2} = \frac{(1+c)(2+3c+4\alpha c)}{5+4\alpha} - \left(\frac{2+3c+4\alpha c}{5+4\alpha}\right)^2$$

$$\pi_{R_1} = \pi_{R_2} = 2 \times \left(\frac{1}{2} - \frac{2+3c+4\alpha c}{10+8\alpha}\right)^2 - \frac{1}{2}\eta\left(\frac{\beta}{\eta} - \frac{2\beta(5+4\alpha)}{\eta(4+6c+8\alpha c)}\right)^2$$

3. 垂直 Nash

在垂直 Nash 情形下，供应链上下游企业制造商与零售商具有相同的讨价还价能力，各自进行独立决策，相互之间不再将对方反应函数作为决策依据，而是制造商在给定零售价格和服务能力水平的基础上，制定最优的批发价格以实现利润最大化；同时零售商在给定批发价格的基础上，制定最优的零售价格和服务能力水平以实现自身利润最大化。此时，由批发价格、服务能力水平和零售价格最优解所形成的稳定均衡状态则为垂直 Nash 均衡。

制造商利润函数分别对批发价格 w_1，w_2 进行求解：

$$\frac{\partial \pi_{m_1}}{\partial w_1} = 2 - 4w_1 - g_1 - g_2 + 2\alpha w_2 - 4\alpha w_1 + 2c + 2c\alpha = 0$$

$$\frac{\partial \pi_{m_2}}{\partial w_2} = 2 - 4w_2 - g_1 - g_2 + 2\alpha w_1 - 4\alpha w_2 + 2c + 2c\alpha = 0$$

零售商利润函数分别对单位利润 g_1，g_2 和服务能力 s_1，s_2 进行求解：

$$\frac{\partial \pi_{R_1}}{\partial g_1} = 2 - w_1 - w_2 - 4g_1 + 2\beta(s_1 - s_2) = 0$$

$$\frac{\partial \pi_{R_2}}{\partial g_2} = 2 - w_1 - w_2 - 4g_2 + 2\beta(s_2 - s_1) = 0$$

$$\frac{\partial \pi_{R_1}}{\partial s_1} = 2\beta g_1 - \eta s_1 = 0$$

$$\frac{\partial \pi_{R_2}}{\partial s_2} = 2\beta g_2 - \eta s_2 = 0$$

解得：$w_1 = w_2 = \dfrac{1 + 3(2+2c+2\alpha c)}{\left(1 + \dfrac{2\beta^2}{\eta}\right)(2\alpha+4)}$，$g_1 = g_2 = \dfrac{2 + \left(\dfrac{4\beta^2}{\eta} - 4\right)(2+2c+2\alpha c)}{4 + \dfrac{8\beta^2}{\eta}}$

$$s_1 = s_2 = \frac{\beta\left[1 + \left(\dfrac{2\beta^2}{\eta} - 2\right)(2+2c+2\alpha c)\right]}{\eta + 2\beta^2}$$

$$p_{11} = p_{12} = p_{21} = p_{22} = \frac{12 + 4\alpha + \left[12 + \left(\dfrac{2\beta^2}{\eta} - 4\right)(2\alpha+4)\right](2+2c+2\alpha c)}{4 + \left(1 + \dfrac{2\beta^2}{\eta}\right)(2\alpha+4)}$$

$$\pi_{m_1} = \pi_{m_2} = 2\left(\frac{1+3(2+2c+2\alpha c)}{\left(1+\frac{2\beta^2}{\eta}\right)(2\alpha+4)} - c\right) \times$$

$$\left(\frac{4\left(1+\frac{2\beta^2}{\eta}\right)(2\alpha+4) - (2+2c+2\alpha c)\left(\frac{4\beta^2}{\eta}-4\right)(2\alpha+4) - 2(2\alpha+4) - 12(2+2c+2\alpha c) - 4}{4\left(1+\frac{2\beta^2}{\eta}\right)(2\alpha+4)}\right)$$

$$\pi_{R_1} = \pi_{R_2} = 2\frac{2+\left(\frac{4\beta^2}{\eta}-4\right)(2+2c+2\alpha c)}{4+\frac{8\beta^2}{\eta}} - 2\frac{1+3(2+2+2\alpha c)}{\left(1+\frac{2\beta^2}{\eta}\right)(2\alpha+4)} \times$$

$$\frac{2+\left(\frac{4\beta^2}{\eta}-4\right)(2+2c+2\alpha c)}{4+\frac{8\beta^2}{\eta}} - \frac{\left[2+\left(\frac{4\beta^2}{\eta}-4\right)(2+2c+2\alpha c)\right]^2}{\left(4+\frac{8\beta^2}{\eta}\right)^2}$$

四、交叉竞争情形产品服务能力配置策略

1. 均衡结果分析

为了进一步验证制造商—零售商交叉嵌入性服务竞争情形的产品服务能力配置效率问题，假定 $\alpha=200$，$\beta=2.3$，$c=3$，$\eta\in[1.2,8]$ 通过运用 SAS 数值软件分析产品服务能力、零售商均衡利润与服务成本之间的变化关系，如图 8-12、图 8-13 所示。将上述初始参数代入产品服务能力交叉配置模型中，求出服务成本因子对 RS、MS、VN 情景产品服务能力的影响关系。通过对图 8-12 的数值结果进行分析可知，随着服务成本因子不断增加，RS 情景产品服务能力出现下滑趋势，MS 情景产品服务能力及 VN 情景产品服务能力均表现为恒定不变。在制造商主导型产品服务化供应链中，VN 情景产品服务能力降低至低于 RS 情景产品服务能力和 MS 情景产品服务能力。

在制造商—零售商之间存在交叉嵌入性服务竞争的产品服务能力配置中，为了深入研究服务成本因子对 RS、MS、VN 情景零售商均衡利润的影响作用。通过对图 8-13 的数值结果进行分析可以看出，随着服务成本因子的不断增加，RS 情景零售商均衡利润及 VN 情景零售商均衡利润均出现下滑趋势，而 MS 情景零售商均衡利润则表现为恒定不变。在制造商主导型产品服务化供应链中，VN 情景零售商均衡利润下降的速度超过了 RS 情景零售商均衡利润的下降速度，随着服务成本因子的继续增加，最终使 VN 情景零售商均衡利润下降到了低于 MS 情景零售商均衡利润状态。

第八章 考虑渠道权利结构的产品服务能力配置模型

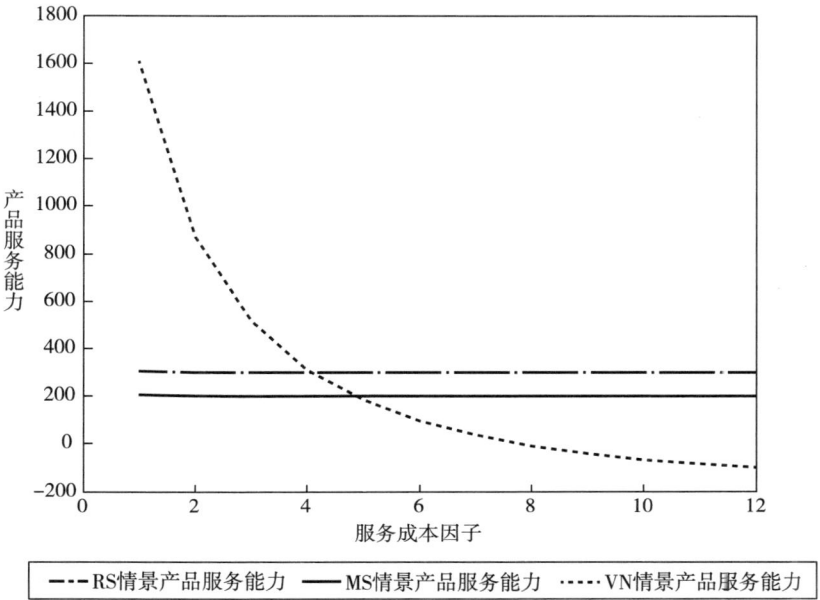

图 8-12 产品服务能力与服务成本因子的关系

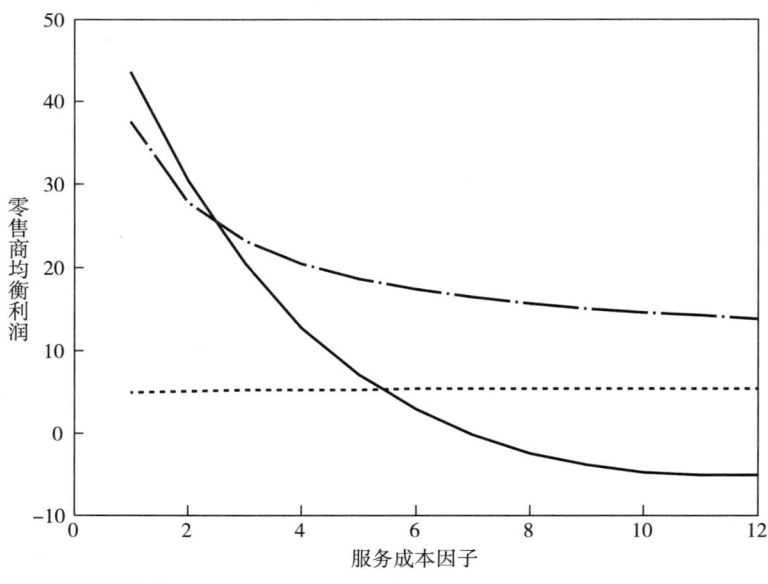

图 8-13 零售商均衡利润与服务成本因子的关系

通过对图 8-14 的数据结果进行分析可以看出,随着价格替代率的不断增加,VN 情景制造商均衡利润呈现不断上升的趋势,RS 情景制造商均衡利润呈现缓慢下降的趋势,而 MS 情景制造商均衡利润则表现为恒定不变。VN 情景制造商均衡利润大于 RS 情景制造商均衡利润的情况会随着价格替代率的增加,差距越变越大,而 RS 情景制造商均衡利润大于 MS 情景制造商均衡利润的情况则会随着价格替代率的增加,差距越变越小。

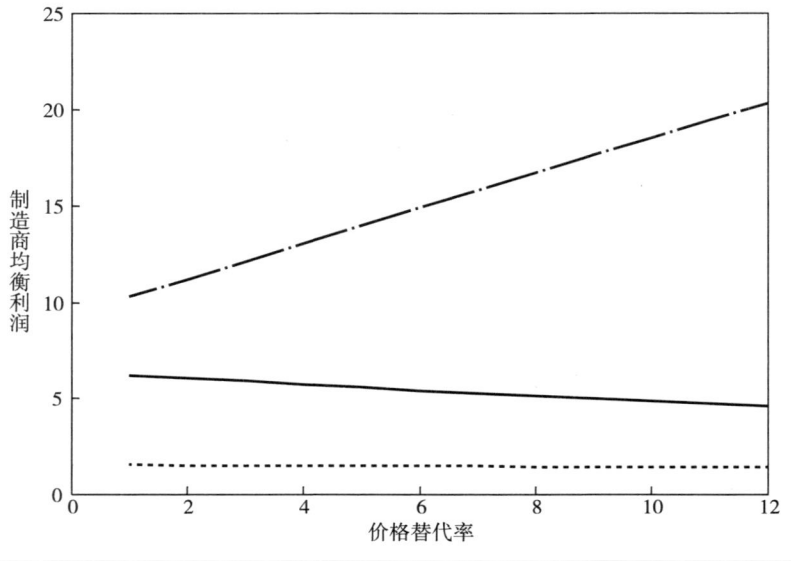

图 8-14 制造商均衡利润与价格替代率的关系

通过对图 8-15 的数据结果进行分析可以看出,随着价格替代率的不断增加,RS 情景零售商均衡利润及 VN 情景零售商均衡利润呈现不断上升的趋势,而 MS 情景零售商均衡利润则表现为恒定不变。MS 情景零售商均衡利润上升的速度超过了 RS 情景零售商均衡利润的上升速度,使 VN 情景零售商均衡利润在价格替代率的增加过程中大于 RS 情景零售商均衡利润,MS 情景零售商均衡利润则一直处于最低的状态。

通过对图 8-16 的数据结果进行分析可以看出,随着服务替代率的不断增加,VN 情景零售商均衡利润由开始的下降转变为了上升趋势,RS 情景零售商均衡利润一直呈现上升趋势,而 MS 情景零售商均衡利润则表现为恒定不变。在服务替代率的增加过程中,上升速度在不断地增加,VN 情景零售商均衡利润下降后的上升速度有所减缓,RS 情景零售商均衡利润上升的速度在不断变大,使 VN

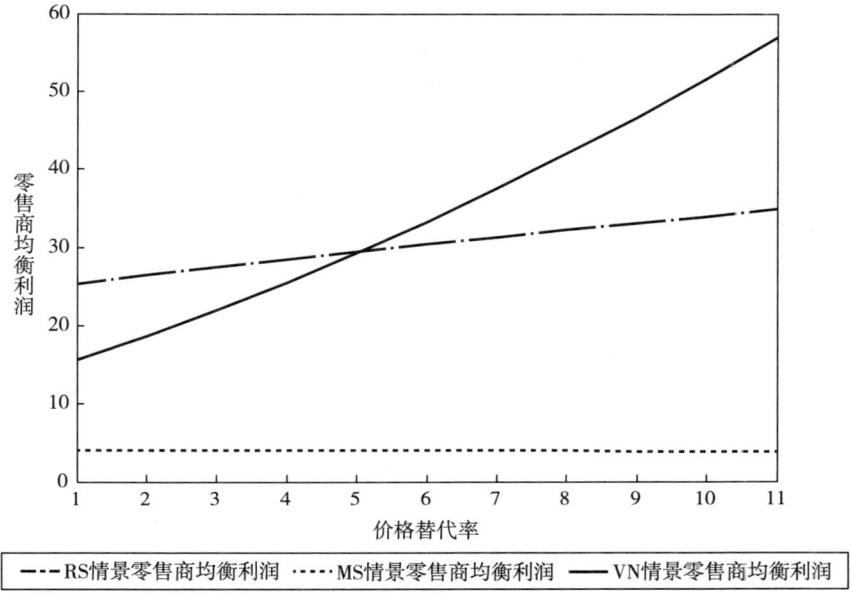

图 8-15 零售商均衡利润与价格替代率的关系

情景零售商均衡利润在大于 MS 情景零售商均衡利润及 RS 情景零售商均衡利润后将出现小于 RS 情景零售商均衡利润，而 MS 情景零售商均衡利润在服务替代率的不断增加后则一直处于最低状态。

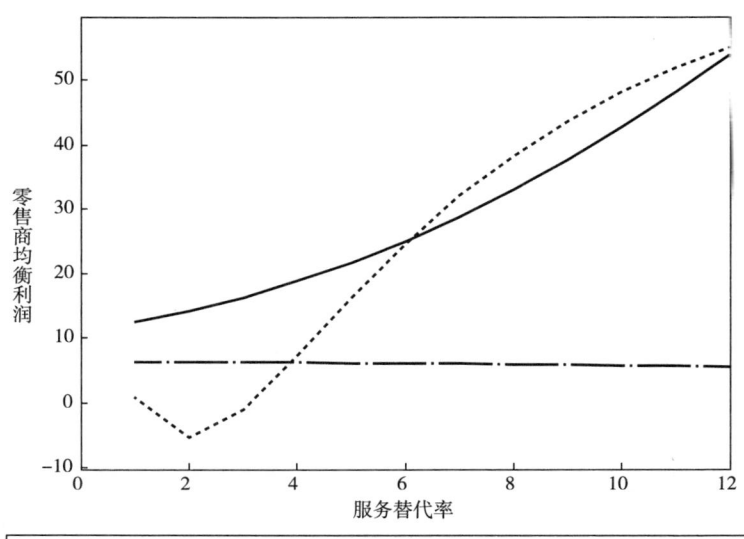

图 8-16 零售商均衡利润与服务替代率的关系

2. 产品服务能力交叉配置策略

在产品服务能力交叉配置过程中,随着服务资源的不断投入,客户需求将发生动态化演变,逐步由价格替代性需求向服务替代性需求进行转变。由于客户需求的价格替代性和服务替代性双重竞争演变,因此,零售商需要不断刻画客户需求变化的新特征,只有挖掘新的客户潜在需求,提供满足客户特定需求的产品服务,才有可能持续在产品服务竞争中处于主导地位。因此,根据价格替代率和服务替代率之间的动态变化关系,将产品服务能力交叉性配置客户需求特征刻画为:$C_1(\alpha_L, \beta_L)$ =(价格替代低,服务替代低)、$C_2(\alpha_L, \beta_H)$ =(价格替代低,服务替代高)、$C_3(\alpha_H, \beta_L)$ =(价格替代高,服务替代低)、$C_4(\alpha_H, \beta_H)$ =(价格替代高,服务替代高),对应的客户类型分别为:实惠型客户、经济型客户、专业型客户和品质型客户。同时结合服务成本参数与不同渠道权利结构下均衡结果之间的变化关系,提出能够满足不同客户需求特征的产品服务能力交叉配置策略:MS交叉弱竞争策略,$\Delta_1(\alpha^{MS}, \beta^{MS}, \eta^{VN})$、RS交叉服务竞争策略,$\Delta_2(\alpha^{MS}, \beta^{RS}, \eta^{RS})$、VN交叉价格竞争策略,$\Delta_3(\alpha^{VN}, \beta^{MS}, \eta^{VN})$ 和 RS交叉双重强竞争策略,$\Delta_4(\alpha^{VN}, \beta^{RS}, \eta^{RS})$,如图8-17所示。

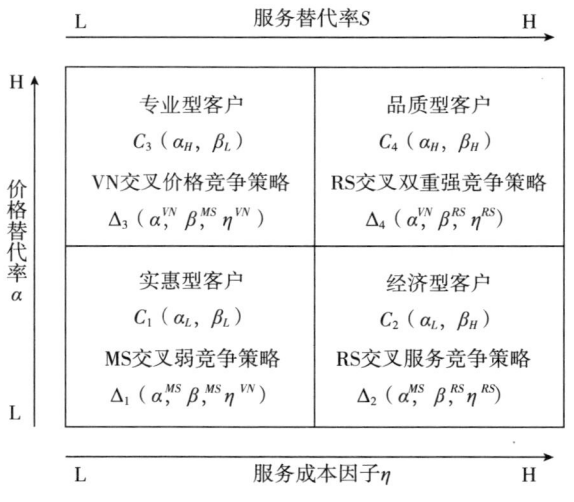

图8-17 交叉竞争情形产品服务能力配置策略

对于实惠型客户 $C_1(\alpha_L, \beta_L)$,客户对产品服务价格和服务能力水平敏感性都比较低。根据图8-12~图8-16中不同权利结构下均衡结果分析,为满足实惠型客户需求,制造商选择制造商 Stackelberg 情形下的价格替代率 α^{MS},零售商选择制造商 Stackelberg 情形下的服务替代率 β^{MS},服务能力资源投入较低 η^{VN},称为 MS 交叉弱竞争策略 Δ_1 (α^{MS}, β^{MS}, η^{VN})。此时，结合实惠型客户需求变化，制造商—零售商价格产异化和服务差异化程度较低，价格竞争与服务竞争的替代效应较弱，均试图通过减少资源投入，降低产品服务运营成本，获取低成本竞争优势。

对于经济型客户 C_2 (α_L, β_H)，客户需求呈现出低价格，高服务的特点。根据图 8-11～图 8-15 中不同权利结构下的均衡结果分析，为了给经济型客户提供低价格、高质量的产品服务，制造商选择制造商 Stackelberg 情形下的价格替代率 α^{MS}，零售商选择零售商 Stackelberg 情形下的服务替代率 β^{RS}，服务能力资源投入较高 η^{RS}，称为 RS 交叉服务竞争策略，Δ_2 (α^{MS}, β^{RS}, η^{RS})。此时，制造商—零售商价格产异化程度较低，而服务差异化程度较高，呈现以两个零售商之间服务竞争为主的趋势，从而导致服务替代效应较强。制造商以较低的批发价格出售产品，而零售商通过增加服务资源投入，完善产品服务网络，提供快速化、定制化的高质量产品服务，进一步增强产品服务竞争优势。

对于专业型客户 C_3 (α_H, β_L)，客户需求关注的是产品内在质量，对服务能力水平敏感性低，认为高品质与高价格对等。根据图 8-11～图 8-15 中不同权利结构下均衡结果分析，为满足专业型客户需求，零售商采取制造商 Stackelberg 情形下的服务替代率 β^{MS}，而制造商选择垂直 Nash 情形下的价格替代率 α^{VN}，称为 VN 交叉价格竞争策略，Δ_3 (α^{VN}, β^{MS}, η^{VN})。此时，制造商与零售商之间的价格替代效应明显高于服务替代效应，制造商需要加大新产品研发力度，改进新产品工艺流程，不断进行产品创新，为客户提供高品质、高价位的产品服务，提高供应链整体的服务能力水平。

对于品质型客户 C_4 (α_H, β_H)，客户需求呈现出高服务、高价格的需求特点。根据图 8-11～图 8-15 中不同权利结构下均衡结果分析，为了给品质型客户提供高品质的产品服务集成化方案，零售商选择零售商 Stackelberg 情形下的服务替代率 β^{RS}，制造商选择垂直 Nash 情形下的价格替代率 α^{VN}，服务资源投入较多，服务成本较高 η^{RS}，称为 RS 交叉双重强竞争策略，Δ_4 (α^{VN}, β^{RS}, η^{RS})。此时，客户对价格和服务两种因素都比较关注，价格替代和服务替代效应均比较明显，产品与服务竞争交织并存。制造商加快新产品开发，改进生产工艺和优化业务流程。零售商加快服务体系创新、改进服务流程，在服务传递过程中融入产品内在核心要素，使服务成为基于有形产品的价值创造者，逐步形成产品服务差异化竞争优势。通过调节价格替代效应和服务替代效应，为品质型客户提供高端的产品服务，拓展供应链产品服务的价值增值空间，提升产品服务供应链整体竞争优势。

第四节 本章小结

在两个制造商与一个零售商构成的集中式供应链中,以制造商提供服务为切入点,根据制造商与零售商讨价还价能力高低,从制造商 Stackelberg、零售商 Stackelberg 和垂直 Nash 三种不同权利结构情形,分别给出制造商最优的批发价格和服务能力水平以及零售商最优的零售价格。通过分析服务能力水平和零售价格之间的动态变化关系,将客户划分为实惠型、经济型、专业型和品质型四个不同类别。同时结合服务成本与不同渠道权利结构下均衡结果之间的变化关系,提出能够满足不同客户需求的产品服务能力配置策略:RS 价格领先型策略 Γ_1(w_i^{rs},s_i^{rs},p_i^{rs})、VN 服务领先型策略 Γ_2(w_i^{vn},s_i^{vn},p_i^{vn})、MS 产品领先型策略 Γ_3(w_i^{ms},s_i^{ms},p_i^{ms})和产品服务嵌入策略 Γ_4(w_i^{ms},s_i^{vn},p_i^{ms}),为进一步开展产品服务动态竞争机制研究奠定了理论基础。

针对一个制造商与两个零售商构成的产品服务供应链系统,以零售商提供服务为切入点,结合制造商与零售商之间的不同权利结构,从零售商 Stackelberg、制造商 Stackelberg 和垂直 Nash 三种情形,分别给出零售商最优的零售价格和服务能力水平,以及制造商最优的批发价格。通过分析服务能力水平和零售价格之间的动态变化关系,将客户划分为实惠型、经济型、专业型和品质型四个不同类别。同时结合服务成本与不同渠道权利结构下均衡结果之间的变化关系,提出能够满足不同客户需求的零售商服务竞争情形产品服务能力配置策略:MS 低成本运营策略 Ω_1(w_i^{rs},s_i^{ms},p_i^{ms})、VN 服务质量增强策略 Ω_2(w_i^{vn},s_i^{vn},p_i^{vn})、RS 产品质量增强策略 Ω_3(w_i^{ms},s_i^{vn},p_i^{rs})和产品服务集成化策略 Ω_4(w_i^{ms},s_i^{rs},p_i^{rs}),为进一步开展产品售后动态服务能力配置机制研究奠定了理论基础。

针对两个制造商和两个零售商构成的产品服务供应链,以零售商提供服务为视角,研究产品服务能力交叉竞争问题。根据制造商与零售商的讨价还价能力高低,分别从制造商 Stackelberg、零售商 Stackelberg 和垂直 Nash 三种不同情形,求解供应链成员企业之间交叉竞争的均衡策略。通过分析服务能力水平和零售价格之间的动态变化关系,将客户划分为实惠型、经济型、专业型和品质型四个不同类别。同时结合服务成本与不同渠道权利结构下均衡结果之间的变化关系,提出能够满足不同客户需求特征的产品服务能力配置策略:MS 交叉弱竞争策略,Δ_1(α^{MS},β^{MS},η^{VN})、RS 交叉服务竞争策略,Δ_2(α^{MS},β^{RS},η^{RS})、VN 交叉价格竞争策略,Δ_3(α^{VN},β^{MS},η^{VN})和 RS 交叉双重强竞争策略,Δ_4(α^{VN},β^{RS},

η^{RS}），有效地推动了产品服务能力交叉竞争机制研究。

为了更好地适应客户产品服务需求的动态变化特点，未来研究将从以下三个方面开展工作：首先，建立供应链柔性服务竞争模型，给出兼顾能力柔性与时间柔性的供应链服务能力配置策略；其次，注重挖掘供应链成员的隐性知识，通过构建知识学习型组织，深入研究供应链成员知识服务竞争策略；最后，构建由多个制造商和多个零售商组成的供应链网络服务竞争模型，进一步研究产品服务的多目标动态优化问题。

第九章 考虑服务投机行为的产品服务能力配置模型

由于服务无形性特点，在产品服务运营过程中，存在一定的产品服务投机行为。通过考虑制造商—零售商之间的投机行为问题，分别从单向投机性和双向投机性角度，研究免费投机行为对网销制造商、直销制造商以及零售商的产品服务能力配置和预期利润的影响。

第一节 考虑单向服务投机行为的产品服务能力配置

考虑两家处于供应链上游的直销制造商和网销制造商，由于存在零售商服务投机行为，咨询完直销制造商，部分客户选择网络营销渠道，使网销制造商产品服务需求量增加。通过研究免费服务投机行为对两制造商价格竞争及其利润的影响。研究表明，随着直销制造商服务水平的上升和网销制造商初始需求的增大，网销制造商的均衡利润将增加，两家制造商的价格竞争将更加激烈；当边际服务成本较低时，直销制造商的均衡利润要高于网销制造商的均衡利润，允许零售商免费服务投机行为存在，并缓解了两家制造商之间的价格竞争；当边际服务成本很高时，直销制造商入不敷出，不再允许零售商的免费服务投机行为。

一、问题描述

为了拓展产品服务市场，吸引更多的零售商合作，直销制造商向零售商提供产品性能、产品展示、报价等相关服务。当零售商体验完产品前期服务后，部分偏爱网销模式的零售商则转向网销制造商采购所需要的产品服务方案，此时，零售商行为导致服务投机行为现象，借助直销制造商提供的前期咨询服务却选择网销制造商,且没有付出任何产品服务费用。

本部分通过研究产品服务化供应链上存在竞争的直销制造商和网销制造商,考虑网销制造商利用零售商的免费服务投机行为增加部分产品服务需求,深入探讨两家不同制造商对于零售商服务投机行为的反应,以及零售商服务投机行为对于制造商收益带来的变化。围绕单向服务投机行为研究,当前学者主要关注 P2P 对等网络服务投机行为、双渠道供应链投机性、知识管理投机性、投机性内外因素以及服务投机行为实验问题。

针对 P2P 对等网络服务投机行为问题,主要研究服务投机的抑制机制以及运用平衡策略抑制服务投机行为,结合网络运营服务中的投机性现象,并且从网络服务稳定性方面探讨了管控服务投机行为的激励机制。

针对双渠道供应链投机性问题,探讨了服务投机行为存在时传统零售商与电子零售商的收益共享契约、协调机制以及定价策略。研究分析了双渠道供应链在信息、服务等领域的服务投机行为。运用博弈论分析了服务投机行为的双渠道供应链,在以服务为主导的市场环境下,供应链中的制造商和零售商考虑服务投机行为,并研究了分别以制造商、零售商以及消费者为主导下,双渠道供应链下的竞争与协调机制。

针对知识管理服务投机问题,研究了团队合作中知识的转移和共享中的服务投机行为,探讨了服务投机行为的防治措施和组织知识共享中服务投机行为的激励机制。

针对服务投机行为的内外因素,主要研究了不同的奖励制度、不同的信息条件、社会环境中的内外因素对服务投机行为的影响。借助网络经济社会信息公开渠道,发现控制免费服务投机行为有助于调动企业间互利协作积极性,在供应链各个成员企业之间实现合作收益分配公平性。同时应深入研究服务投机行为防范策略,控制供应链相关企业服务投机行为,提升产学研合作的效率。

针对服务投机行为的实验问题,主要从实验研究方面控制服务投机行为,验证了公开信息、惩罚机制对服务投机难题的控制效果,指出运用客户信息反馈方式分析免费服务投机产生的影响因素。并运用实验数据在不同情境下分析各个因素对服务投机行为的影响,防范控制公共物品的服务投机行为。

对于免费服务投机问题,国内外开展了一系列研究,但较少结合产品服务化供应链结构变化,从服务能力配置的角度来研究供应链成员企业之间的服务投机行为。本部分通过研究网销制造商利用零售商在销制造商服务处的服务投机行为,结合零售商对不同制造商服务能力价值体验的不同,刻画不同制造商的产品服务需求函数,进而分析免费服务投机行为对不同制造商的产品服务能力配置和预期收益的影响。

二、单向服务投机行为模型

针对产品服务化供应链上游的直销制造商和网销制造商，零售商根据客户产品服务需求选择不同的渠道采购产品服务。偏好产品前期咨询服务、产品服务体验的零售商选择具有产品体验优势的直销制造商，而偏爱采购便捷、在线订购的零售商选择网购制造商进行服务。假定零售商初始总需求为 1，α 为零售商网购参数，表示 α 部分零售商选择通过网销制造商采购产品服务，而 $1-\alpha$ 部分零售商选择直销制造商采购产品服务。同时假定 $0<\alpha<0.5$，表示选择直销制造商的零售商比选择网销制造商的零售商多，表明当产品服务方案单位价值较低、同质化水平较强时，零售商选择网销制造商；当产品服务方案单位价值较高、异质化水平较强时，零售商通过产品服务体验，根据自我感知价值进行采购决策，选择直销制造商购买，实现过程结构如图 9-1 所示。

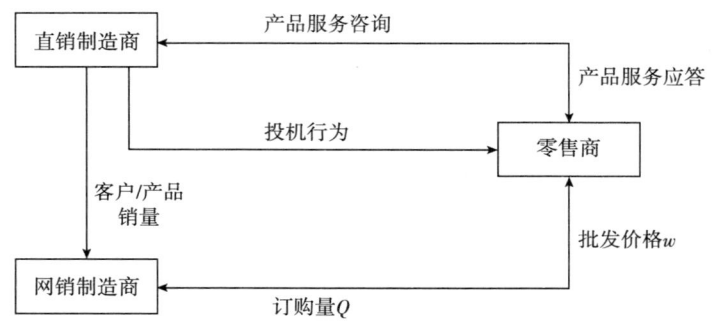

图 9-1　考虑单向服务投机的产品服务能力配置

直销制造商借助产品展示、咨询服务、客户服务交流等活动来吸引零售商，而零售商通过直销制造商获知产品服务特性后，可能选择网销制造商进行产品服务采购，此时，零售商发生了产品服务投机行为，使网销制造商增加一部分零售商需求。本部分假定服务投机行为是单向的，即只有 $1-\alpha$ 零售商中有一部分会转向网销制造商购买，α 这部分中没有零售商会转向直销制造商处采购。在已有研究的基础上，设定 $\varphi_i = V + \theta s_i - p_i$，$i = \{1, 2\}$ 为零售商的效用函数，其中 V 为产品的消费价值，s_1、s_2 为提供产品服务能力水平。由于研究零售商偏向于网销制造商的单向服务投机行为，则 $s_1 = 0$。p_1、p_2 分别为网销制造商和直销制造商的产品服务价格，θ 为零售商对产品服务能力水平的敏感参数。

根据 $\varphi_1 = V - p_1 = U_2 = V + \theta s_2 - p_2$ 供应链渠道收益均等原理，零售商服务敏感参数 $\theta^* = \Delta p/s_2$，其中 $\Delta p = p_2 - p_1$。结合上述假设条件，$1-\alpha$ 部分零售商中有

$[0, \min\{\theta^*, 1\}]$ 会转向选择网销制造商进行产品服务采购,其他零售商 $[\min\{\theta^*, 1\}, 1]$ 会从直销制造商处采购产品服务。网销和直销制造商的需求分别为:

网销制造商:

$$q_1 = \alpha + (1-\alpha)\theta^* = \alpha + \frac{1}{s_2}(1-\alpha)(p_2 - p_1)$$

直销制造商:

$$q_2 = (1-\alpha)(1-\theta^*) = (1-\alpha)\left[1 - \frac{1}{s_2}(p_2 - p_1)\right]$$

依据上述产品服务需求函数,表明当直销制造商的价格升高时,对于直销制造商的产品服务需求减少,而当网销制造商的产品服务价格升高时,直销制造商的需求会增加;同时表明当直销制造商产品服务能力提升时,直销制造商的产品服务需求增加,而网销制造商的产品服务需求会减少。

三、单向服务投机情形产品服务能力配置

考虑两家制造商存在价格竞争,并且网销制造商利用了直销制造商的宣传赢得了一部分顾客需求。根据前面的需求函数,我们可以得到两家制造商的决策行为分别为:

网销制造商:

$$\max_{p_1} \pi_1 = \left[\alpha + \frac{1}{s_2}(1-\alpha)(p_2 - p_1)\right](p_1 - c) \tag{9-1}$$

直销制造商:

$$\max_{p_2} \pi_2 = \left[(1-\alpha)\left[1 - \frac{1}{s_2}(p_2 - p_1)\right]\right](p_2 - c) - c_s \tag{9-2}$$

其中,c 表示产品的成本,c_s 表示直销制造商的服务费用,假设服务费用是服务水平的增函数和凸函数,$c_s = s_2^2/2$,s_2 为外生变量。

对式 (9-1) 和式 (9-2) 分别求偏导,得到:

$$\frac{\partial \pi_1}{\partial p_1} = \frac{\partial \left[\alpha + \frac{1}{s_2}(1-\alpha)(p_2 - p_1)\right](p_1 - c)}{\partial p_1} = -\frac{1}{s_2}(1-\alpha)(p_1 - c) + \alpha + \frac{1}{s_2}(1-\alpha)(p_2 - p_1) \tag{9-3}$$

$$\frac{\partial \pi_2}{\partial p_2} = \frac{\partial \left[\left[(1-\alpha)\left[1 - \frac{1}{s_2}(p_2 - p_1)\right]\right](p_2 - c) - \frac{s_2^2}{2}\right]}{\partial p_2} = -(1-\alpha)\frac{1}{s_2}(p_2 - c) + (1-\alpha)\left[1 - \frac{1}{s_2}(p_2 - p_1)\right] \tag{9-4}$$

$$\frac{\partial^2 \pi_1}{\partial p_1^2} = -\frac{2(1-\alpha)}{s_2} < 0, \quad \frac{\partial^2 \pi_2}{\partial p_1^2} = -\frac{2(1-\alpha)}{s_2} < 0$$

联立式（9-3）和式（9-4）可求出均衡解：

$$\begin{cases} -\frac{1}{s_2}(1-\alpha)(p_1-c) + \alpha + \frac{1}{s_2}(1-\alpha)(p_2-p_1) = 0 \\ -(1-\alpha)\frac{1}{s_2}(p_2-c) + (1-\alpha)\left[1 - \frac{1}{s_2}(p_2-p_1)\right] = 0 \end{cases}$$

$$\begin{cases} \frac{1}{s_2}(p_2-p_1) = \frac{1}{s_2}(p_1-c) - \frac{\alpha}{1-\alpha} = 0 \\ \frac{1}{s_2}(1-\alpha)(p_2+p_1-2c) + 1 = 0 \end{cases}$$

因此，两家制造商博弈的均衡价格分别为：

$$p_1^* = c + \frac{s_2(1+\alpha)}{3(1-\alpha)}, \quad p_2^* = c + \frac{s_2(2-\alpha)}{3(1-\alpha)}$$

由上述结果分析可知，当产品成本上升时，两家制造商的均衡价格都会增大。当直销制造商的服务水平上升时，其成本增大，同时去直销制造商的零售商会增多，需求增大，故直销制造商的价格会升高，由于零售商只从这两家制造商处购买，因此，网销制造商的价格也可相对提高。下面进一步研究两家制造商的价格差及市场需求与产品服务能力之间的关系：

$$\Delta p^* = p_2^* - p_1^* = \frac{s_2(1-2\alpha)}{3(1-\alpha)}, \text{根据假设} 0 < \alpha < \frac{1}{2}, \text{则} \Delta p^* > 0, \text{故} p_2^* > p_1^*;$$

即直销制造商的均衡价格要高于网销制造商的均衡价格，即 $p_2^* > p_1^*$。下面进一步分析价格差与直销制造商服务水平 s_2 和网销制造商初始需求 α 的变化关系：

$$\frac{\partial \Delta p^*}{\partial s_2} = \frac{(1-2\alpha)}{3(1-\alpha)} > 0$$

$$\frac{\partial \Delta p^*}{\partial \alpha} = \frac{\partial \left[\frac{s_2(1-2\alpha)}{3(1-\alpha)}\right]}{\partial \alpha} = \frac{s_2[-2(1-\alpha) + 1 - 2\alpha]}{3(1-\alpha)^2} = -\frac{s_2}{3(1-\alpha)^2} < 0$$

因此，两家制造商的产品服务价格差随直销制造商服务水平 s_2 上升而增大，随网销制造商初始需求 α 增大而减少，即 $\frac{\partial \Delta p^*}{\partial s_2} > 0, \frac{\partial \Delta p^*}{\partial \alpha} < 0$。

由于直销制造商提供前期产品咨询和展示服务，因此，产品服务成本上升，使直销制造商产品服务的均衡价格高于网销制造商的均衡价格。同时说明由于直销制造商提升产品服务水平，增加零售商需求量，产品服务成本增加，因此，产品服务价格相应提升，使不同制造商之间的竞争更加激烈。随着服务投机行为程度加深，更多零售商选择网销制造商，迫使直销制造商降低产品服务价格，缩小不同渠道之间的产品服务价格差距。

四、单向服务投机情形制造商利润分析

下面我们考虑两家制造商的均衡利润。把均衡价格代入两家制造商的利润函数,可得到两家制造商的均衡利润分别为:

$$\pi_1^* = \frac{s_2(1+\alpha)^2}{9(1-\alpha)}$$

$$\pi_2^* = \frac{s_2(2-\alpha)^2}{9(1-\alpha)} - \frac{s_2^2}{2}$$

对于网销制造商的均衡利润与市场需求、服务能力之间的关系分析如下:

$$\frac{\partial \pi_1^*}{\partial \alpha} = \frac{\partial \left[\frac{s_2(1+\alpha)^2}{9(1-\alpha)}\right]}{\partial \alpha} = \frac{s_2}{9}\left[\frac{(1+\alpha)(3-\alpha)}{(1-\alpha)^2}\right] > 0$$

$$\frac{\partial \pi_1^*}{\partial s_2} = \frac{\partial \left[\frac{s_2(1+\alpha)^2}{9(1-\alpha)}\right]}{\partial s_2} = \frac{(1+\alpha)^2}{9(1-\alpha)} > 0$$

网销制造商的均衡利润随网销制造商初始市场需求的增大而增大,即 $\frac{\partial \pi_1^*}{\partial \alpha} > 0$;网销制造商的均衡利润随实体店的服务水平上升而增大,即 $\frac{\partial \pi_1^*}{\partial s_2} > 0$。

五、数值分析

在单向服务投机产品服务能力配置中,为了深入研究初始市场需求 α、直销制造商服务能力 s_2 分别对网销制造商和直销制造商的均衡利润的影响作用。假设初始市场需求 $\alpha \in [0, 1]$,直销制造商服务水平 $s_2 = 1/3$ 来研究初始市场需求 α 对两制造商的均衡利润的影响作用;假定初始市场需求 $\alpha = 0.4$,直销制造商服务能力 $s_2 \in [0, 4]$ 研究了直销制造商服务能力 s_2 对两制造商的均衡利润的影响作用。将上述初始化参数代入上述部分的利润模型之中,通过运用 SAS 数值软件分析初始市场需求、直销制造商服务能力分别与网销制造商和直销制造商的均衡利润之间的影响关系,如图 9-2、图 9-3 所示。

通过对图 9-2 的数值结果进行分析,当网销制造商和直销制造商分别从各自利润角度出发,对产品服务方案的运作过程进行协调控制时,均能对初始市场需求变化做出快速反应。随着初始市场需求不断增加,网销制造商和直销制造商的均衡利润均出现上升趋势。直销制造商均衡利润水平上升的速度超过了网销制

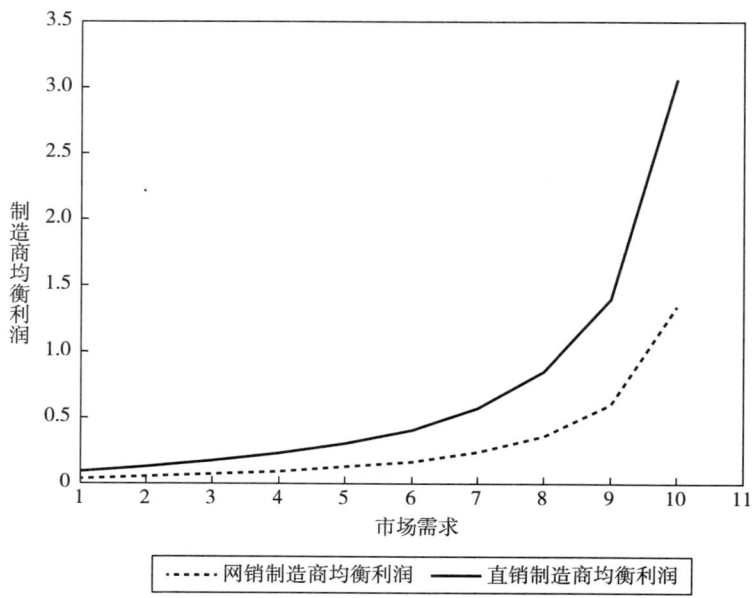

图 9-2 两制造商均衡利润与初始市场需求的关系

造商均衡利润水平上升的速度。由图 9-3 可以看出,当直销制造商的服务能力水平上升时,网销制造商的均衡价格升高,故其利润也会增加。而当直销制造商服务能力 $s_2 \leq \overline{s_2}$ 时,直销制造商的均衡利润会随之增加到最大化;当直销制造商服务能力 $\overline{s_2} \leq s_2 \leq \overline{\overline{s_2}}$ 时,因服务边际成本的增加,直销制造商的均衡利润会随服务能力的上升而减少;当直销制造商服务能力 $\overline{\overline{s_2}} \leq s_2$ 时,直销制造商的利润为负数,直销制造商入不敷出。

结合图 9-2、图 9-3 数据分析可知,由于直销制造商提升产品服务能力水平,网销制造商借助零售商服务投机行为,使自身的产品服务需求增大,产品服务价格会增加,预期利润相应增加。说明随着直销制造商的产品服务能力水平和服务成本增加,网销制造商则偏向于利用零售商服务投机行为,减少服务资源投入,降低服务运营成本。

而对于直销制造商的利润与服务能力之间的变化关系分析如下:

$$\frac{\partial \pi_2^*}{\partial s_2} = \frac{\partial \left[\frac{s_2(2-\alpha)^2}{9(1-\alpha)} - \frac{s_2^2}{2} \right]}{\partial s_2} = \frac{(2-\alpha)^2}{9(1-\alpha)} - s_2$$

当 $\frac{\partial \pi_2^*}{\partial s_2} = 0$ 时,$\overline{s_2} = \frac{(2-\alpha)^2}{9(1-\alpha)}$

由 $\pi_2^* = \frac{s_2(2-\alpha)^2}{9(1-\alpha)} - \frac{s_2}{2} = 0$，可得 $\overline{\overline{s_2}} = \frac{2(2-\alpha)^2}{9(1-\alpha)}$。

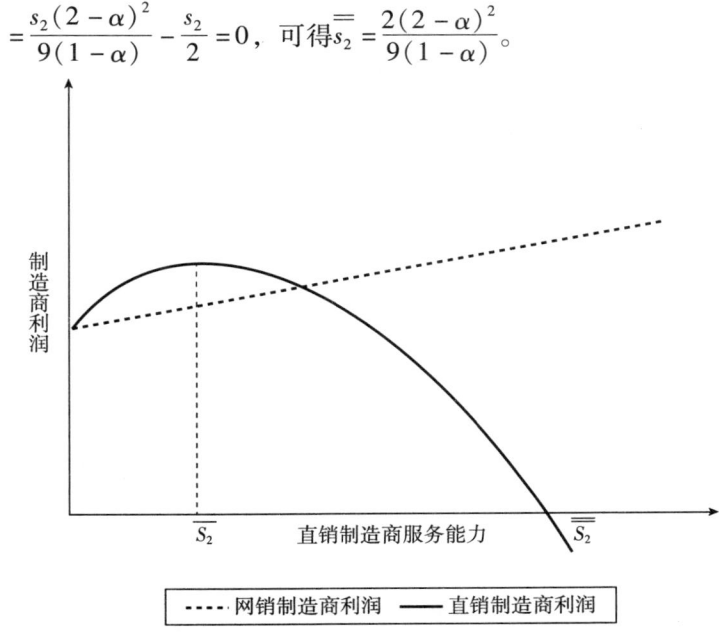

图 9-3 两制造商均衡利润与直销制造商服务能力水平的关系

当 $0 < s_2 < \overline{s_2}$ 时，直销制造商的均衡利润随产品服务水平上升而增大；当 $s_2 > \overline{s_2}$ 时，直销制造商的均衡利润随服务水平上升而减少，其中，$\overline{s_2} = \frac{(2-\alpha)^2}{9(1-\alpha)}$；当 $s_2 > \overline{\overline{s_2}}$ 时，服务成本高，直销制造商的利润为负，其中，$\overline{\overline{s_2}} = \frac{2(2-\alpha)^2}{9(1-\alpha)}$。

上述结果表明，不同的产品服务边际成本对预期利润的影响，当服务边际成本较低时，直销制造商会选择更多产品咨询、体验等前期服务吸引零售商，初始阶段利润增加。当服务资源投入较多、产品服务边际成本较大时，直销制造商边际收益递减，预期利润递减。特别是当产品服务资源投入过多时，产品服务成本过高，直销制造商的利润为负。如图 9-1 所示，当服务边际成本低于 $\overline{s_2}$ 时，随着产品服务能力水平提升，直销制造商的预期利润越来越大；当服务边际成本大于 $\overline{s_2}$ 时，直销制造商的预期利润越来越小；当服务边际成本超过 $\overline{\overline{s_2}}$ 时，直销制造商的利润预期为负。此时，直销制造商则选择不进行前期产品咨询，体验等相关服务，如图 9-3 所示。

由 $\pi_1^* = \pi_2^*$ 求解，得 $s_2^* = \frac{2(1-2\alpha)}{3(1-\alpha)}$。当 $s_2 \leqslant s_2^*$ 时，$\pi_2^* = \frac{s_2(2-\alpha)^2}{9(1-\alpha)} - \frac{s_2^2}{2} >$

$\pi_1^* = \dfrac{s_2(1+\alpha)^2}{9(1-\alpha)}$,直销制造商的均衡利润要高于网销制造商的均衡利润。当 $s_2^* < \overline{\overline{s_2}}$ 时,两家制造商都在盈利,且直销制造商的盈利要比网销制造商的多,此时的产品服务能力水平为直销制造商对零售商免费搭车的容忍界限。否则,如果直销制造商的利润低于网销制造商,直销制造商将不会进行前期产品服务资源投入;而且说明 s_2^* 是网销制造商放弃服务搭车行为,转而自行开展产品服务促销活动。若产品服务边际成本过低,网销制造商将构建自身营销网络进行产品服务资源投入,满足客户产品服务需求,拓展产品服务市场,获取更多潜在的利润。

第二节 考虑双向服务投机行为的产品服务能力配置

考虑两家处于供应链上游制造商,其中一家为直销制造商,另一家为网销制造商,两制造商均可利用零售商的免费服务投机行为来获得部分市场需求,研究免费服务投机行为对两制造商价格竞争及利润的影响。研究表明不同的服务边际成本会对均衡利润产生不同的影响,一方面,当服务边际成本较低时,直销制造商会提供展示讲解等服务来吸引更多的零售商来购买产品,便会使其利润增加;当服务边际成本较大时,直销制造商入不敷出,进一步导致利润减少。另一方面,当服务水平小于一定程度时,零售商不会选择直销制造商采购,它的利润为负;当服务水平大于一定程度时,由于服务成本太高,直销制造商的利润同样为负;因此,可以认为服务水平与网销制造商和直销制造商初始市场需求无关。

一、问题描述

在产品服务市场中,吸引更多的零售商拓展潜在有价值客户,直销制造商提供产品性能、产品展示、报价等相关前期服务。网销制造商借助互联网营销渠道,给客户提供在线产品介绍、在线订购、配送以及远程诊断等相关服务。一方面,零售商通过直销制造商进行产品体验,在了解产品的性能后,转向网销制造商进行产品服务采购,此时,零售商存在服务投机行为;另一方面,零售商通过网销制造商在线咨询、了解产品性能,服务流程等相关信息,为了体现实际感知价值,转向直销制造商进行产品服务采购,此时,零售商也存在服务投机行为。本部分通过考虑产品服务化供应链上竞争性不同类型的两个制造商:直销制造商和网销制造商。既考虑网销制造商利用零售商的服务投机行为增加部分客户需求,又考虑直销制造商利用零售商服务投机行为增加部分客户需求,即重点研究产品服务化供应链中的双重服务投机行为。

围绕服务投机行为研究,当前学者主要关注公共资源分配服务投机、服务营销服务投机、P2P 对等网络服务投机、供应链渠道服务投机问题。

对于公共资源分配服务投机问题,研究了在公司控制的市场下,竞争和垄断中的服务投机问题,建立了寡头垄断在进入威慑的不确定条件下的服务投机行为的一般模型,验证了公共资源分配不当是不可避免的。并证明现有的服务投机行为的标准理论是不完整的。

对于服务营销过程中的投机行为问题,提出以服务为主导的市场环境下,服务投机行为已经成为一种趋势。在医学领域也运用到了服务投机行为,在肾移植及匹配时,通过多个医院对资源共享及服务投机行为提高肾的匹配率,并通过激励机制提高肾的捐赠率。研究了多渠道环境下跨渠道服务投机行为,消费者趋向于在网店上搜集评估信息,在实体店购买产品,享受网店上的服务而转向实体店购买产品以减少风险。提出跨渠道服务投机行为侵害了提供服务的企业的利益,并分析了小型企业更容易受到跨渠道服务投机行为的影响,探讨消费者的情感因素,产品定价都可能影响跨渠道服务投机行为,研究了服务投机问题的控制和防治。

对于 P2P 对等网络服务投机问题,Hua J. S., Huang S. M. 和 Yen D. C. (2012) 研究的 P2P 系统已经在网络中盛行了,然而由于 P2P 系统混乱的特性使参与者的行为不受控制,因此,服务投机行为产生了。Cvitanic J. 和 Georgiadis G. (2014) 描述了一个预算平衡的机制,在该机制下引导每个代理商达到最高的努力水平,从而消除服务投机的问题。Yahaya M. O. (2015) 认为,P2P 的系统取决于所有参与者的资源贡献。服务投机已经严重影响了性能和否定了 P2P 的共享原则。Mostafavi S. 和 Dehghan M. (2015) 分析得出激励机制是真实的,它会引起较低的服务器工作量和较高的同行流速率和交货率。Shin D. H. (2012) 指出消费者接受技术创新是营销战略和政策发展的关键。Mvo I. P. (2012) 的质量因素显著影响实用性和易用性,从而影响技术的采用。

对于供应链渠道服务投机问题,Besedes T.、Deck C. 和 Quintanar S. (2011) 指出,随着任务难度的增加不能进行合作时,个人会明显减少他们的努力。一旦允许合作,服务投机的负面影响将显著降低,合作由于没有合作的群体以及个人导致。Zhang J. 和 Xie J. (2012) 通过开发一个多零售商模型研究得出两点:一是当有多个对称零售商时,随着零售商数量的增加,制造商的广告投资有助于增加渠道成员的均衡利润,但总的渠道利润会迅速下降并保持在一个特定值。二是当有多个非对称零售商时,由于零售商的服务投机,分销渠道受到来自制造商的统一参与策略,并且得益于零售商的特定参与策略。Xing D.、Liu T. (2012) 指出,选择性的折扣优于具体零售商共同努力销售的合同并且提高了供应链的效率。Heitz – Spahn S.（2013）通过分析跨渠道服务投机得出它主要是为了实现价格比较，方便以及灵活性需求。当消费者采取跨渠道而不是单一渠道行为时，服务投机的可能性更高，这突出了多渠道零售的负面影响。

当前，国内外学者对免费服务投机行为进行相关研究，但较少从渠道产品服务能力水平差异化角度来探讨双向服务投机行为。本部分着重分析网销制造商存在免费搭乘直销制造商服务的和直销制造商存在免费搭乘网销制造商服务的双向服务投机问题，从零售商对网销制造商和直销制造商的产品服务能力感知价值，推理得到不同类型制造商的双向服务投机行为需求函数，深入研究双向服务投机情形下产品服务能力配置、产品服务价格以及对预期收益的影响。

二、双向服务投机行为模型

针对产品服务化供应链上游的直销制造商和网销制造商，零售商根据客户产品服务需求选择不同的渠道采购产品服务。偏好产品前期咨询服务、产品服务体验的零售商选择具有产品体验优势的直销制造商，而偏爱采购便捷、在线订购的零售商选择网购制造商进行服务。假定零售商初始总需求为 1，α 为零售商网购参数，表示 α 部分零售商选择通过网销制造商采购产品服务，而 $1-\alpha$ 部分零售商选择直销制造商采购产品服务。同时假定 $0<\alpha<0.5$，表示选择直销制造商的零售商比选择网销制造商的零售商多，表明当产品服务方案单位价值较低、同质化水平较强时，零售商选择网销制造商；当产品服务方案单位价值较高，异质化水平较强时，零售商通过产品服务体验，根据自我感知价值进行采购决策，选择直销制造商购买，具体结构如图 9 – 4 所示。

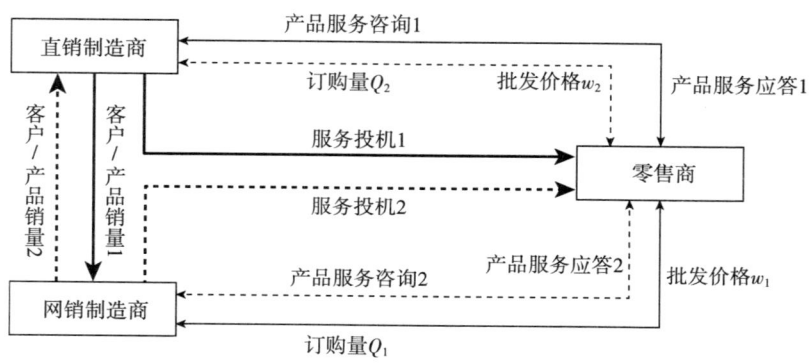

图 9 – 4　考虑双向服务投机的产品服务能力配置

直销制造商借助产品展示、咨询服务、客户服务交流等活动来吸引零售商，而零售商通过直销制造商获知产品服务特性后,可能选择网销制造商进行产品服务采购,此时,零售商发生了产品服务投机行为,使网销制造商增加一部分零售商需求。本部分假定服务投机行为是单向的,即只有 $1-\alpha$ 零售商中有一部分会转向网销制造商购买,α 这部分中没有零售商会转向直销制造商处采购。根据 Doane M. J.（2013）的研究,设定 $\varphi_i = V + \theta s_i - p_i$,$i = \{1, 2\}$ 为零售商的效用函数,其中 V 为产品的消费价值,s_1,s_2 指提供产品服务能力水平。由于研究零售商在直销制造商和网销制造商之间存在双向服务投机行为,因此,$s_1 \neq 0$,$s_2 \neq 0$。p_1,p_2 分别为网销制造商和直销制造商的产品服务价格,θ 为零售商对不同类型制造商产品服务能力的感知系数。根据不同类型制造商的价值相等,$\varphi_1 = V + \theta s_1 - p_1 = \varphi_2 = V + \theta s_2 - p_2$,可得零售商产品服务感知系数的无差异点 $\theta^* = \Delta p / \Delta s_i$,其中 $\Delta p = p_2 - p_1$,$\Delta s_i = s_2 - s_1$。根据前面假设可知 $1-\alpha$ 部分零售商中有 $[0, \min\{\theta^*, 1\}]$ 会转向网销制造商购买,$[\min\{\theta^*, 1\}, 1]$ 会从直销制造商购买,α 部分零售商中有 $[0, \min\{\theta^*, 1\}]$ 会转向直销制造商购买,$[\min\{\theta^*, 1\}, 1]$ 会从网销制造商购买,需求 = 原来的零售商 + 从对方店来的零售商 − 从本店走的零售商,从而得到网销制造商和直销制造商的需求分别为:

$$q_1 = \alpha + (1-\alpha)\theta^* - \alpha\theta^* = \alpha + (1-\alpha)\left(\frac{p_2 - p_1}{s_2 - s_1}\right) - \alpha\left(\frac{p_2 - p_1}{s_2 - s_1}\right)$$

$$q_2 = (1-\alpha) + \alpha\theta^* - (1-\alpha)\theta^* = (1-\alpha) + \alpha\left(\frac{p_2 - p_1}{s_2 - s_1}\right) - (1-\alpha)\left(\frac{p_2 - p_1}{s_2 - s_1}\right)$$

三、双向服务投机情形产品服务能力配置

通过考虑不同类型制造商之间的价格和服务竞争,各自均利用零售商双向服务投机行为,为自身争取更多的客户需求。依据上述定义的产品服务需求函数,得到网销制造商和直销制造商的收益函数分别为:

$$\pi = q(p - c) - c_s$$

$$\max_{p_1} \pi_1 = \left[\alpha + (1-\alpha)\left(\frac{p_2 - p_1}{s_2 - s_1}\right) - \alpha\left(\frac{p_2 - p_1}{s_2 - s_1}\right)\right](p_1 - c) - c_{s_1} \quad (9-5)$$

$$\max_{p_2} \pi_2 = \left[(1-\alpha) + \alpha\left(\frac{p_2 - p_1}{s_2 - s_1}\right) - (1-\alpha)\left(\frac{p_2 - p_1}{s_2 - s_1}\right)\right](p_2 - c) - c_{s_2} \quad (9-6)$$

其中,c 表示产品服务成本,c_s 表示直销制造商服务成本,假定服务成本是产品服务能力的增函数和凸函数:$c_s = \frac{s_i^2}{2}$,$i = \{1, 2\}$,s_i 表示制造商产品服务能力水平。

对式（9−5）和式（9−6）分别求偏导,得到:

$$\frac{\partial \pi_1}{\partial p_1} = (p_1 - c)\frac{2\alpha - 1}{s_2 - s_1} + \alpha + \frac{(1-2\alpha)(p_2 - p_1)}{s_2 - s_1} = 0 \quad (9-7)$$

$$\frac{\partial \pi_2}{\partial p_2} = (p_2 - c)\frac{2\alpha - 1}{s_2 - s_1} + (1 - \alpha) + \frac{(2\alpha - 1)(p_2 - p_1)}{s_2 - s_1} = 0 \qquad (9-8)$$

联立式（9-7）和式（9-8）可求出两家制造商博弈的均衡价格分别为：

$$p_1^* = c + \frac{(s_2 - s_1)(1 + \alpha)}{3(1 - 2\alpha)}$$

$$p_2^* = c + \frac{(s_2 - s_1)(2 - \alpha)}{3(1 - 2\alpha)}$$

从上述结果可以看出，当产品成本上升时，两家制造商的均衡价格都会增大；当直销制造商的服务水平上升时，其成本增大，同时选择直销制造商的零售商会增多，客户需求增大，故直销制造商的价格会升高，由于零售商只从这两家制造商购买，因此，网销制造商的价格也可相对提高。下面进一步研究两家制造商的价格差及市场需求与产品服务能力之间的关系：

$$\Delta p^* = p_2^* - p_1^* = c + \frac{(s_2 - s_1)(2 - \alpha)}{3(1 - 2\alpha)} - c - \frac{(s_2 - s_1)(1 + \alpha)}{3(1 - 2\alpha)} = \frac{1}{3}(s_2 - s_1)$$

且 $\partial \Delta p^* / \partial s_1 < 0$，$\partial \Delta p^* / \partial s_2 > 0$，说明直销制造商和网销制造商都提供了导购等服务，要支付导购人员的工资，增加了成本，提高了服务水平，在同时存在服务投机的情况下，需求 α 对均衡价格没有影响。结果表明，当直销制造商产品服务能力水平上升时，客户产品服务需求增加，使网销制造商与直销制造商之间的产品服务价格竞争程度更加激烈。

四、双向服务投机情形制造商利润分析

下面考虑两家制造商的均衡利润。把均衡价格代入两家制造商的利润函数，可得到两家制造商的均衡利润。

网销制造商：

$$\max_{p_1} \pi_1 = \left[\alpha + (1 - \alpha)\left(\frac{p_2 - p_1}{s_2 - s_1}\right) - \alpha\left(\frac{p_2 - p_1}{s_2 - s_1}\right)\right](p_1 - c) - c_{s_1}$$

直销制造商：

$$\max_{p_2} \pi_2 = \left[(1 - \alpha) + \alpha\left(\frac{p_2 - p_1}{s_2 - s_1}\right) - (1 - \alpha)\left(\frac{p_2 - p_1}{s_2 - s_1}\right)\right](p_2 - c) - c_{s_2}$$

由 $p_1^* = c + \frac{(s_2 - s_1)(1 + \alpha)}{3(1 - 2\alpha)}$，$p_2^* = c + \frac{(s_2 - s_1)(2 - \alpha)}{3(1 - 2\alpha)}$，得

$$\pi_1^* = \frac{(1 + \alpha)^2(s_2 - s_1)}{9(1 - 2\alpha)} - \frac{s_1^2}{2}; \quad \pi_2^* = \frac{(2 - \alpha)^2(s_2 - s_1)}{9(1 - 2\alpha)} - \frac{s_2^2}{2}$$

对 π_1^* 和 π_2^* 求 α 的偏导：

$$\frac{\partial \pi_1^*}{\partial \alpha} = \left(\frac{s_2 - s_1}{9}\right)\frac{2\alpha + 4}{(1 - 2\alpha)^2}$$

$$\frac{\partial \pi_2^*}{\partial \alpha} = \left(\frac{s_2 - s_1}{9}\right) \frac{6(\alpha-1)(\alpha-2)}{(1-2\alpha)^2}$$

其中，$0 < \alpha < 0.5$，即 $\partial \pi_1^*/\partial \alpha > 0$、$\partial \pi_2^*/\partial \alpha > 0$，说明网销制造商和直销制造商的利润与初始市场需求呈正相关关系，表明两家制造商的初始需求增大时，各自均衡价格会升高，故利润增加。

五、数值分析

在双向服务投机产品服务能力配置中，为了深入研究初始市场需求 α、对网销制造商和直销制造商的均衡利润的影响作用。假设网销制造商服务水平 $S_1 = 1/3$，直销制造商服务水平 $S_2 = 1/3$，初始市场需求 $\alpha \in [0, 1]$。通过运用 SAS 数值软件分析初始市场需求与网销制造商和直销制造商的均衡利润之间的影响关系如图 9-5 所示。当初始市场需求不断增加时，网销制造商和直销制造商的均衡利润随之不断上升。一方面，是因为均衡价格与市场需求无关。另一方面，是不同的服务边际成本对均衡利润影响不同，当服务边际成本较低时，直销制造商会提供产品服务来吸引更多的零售商来购买产品，其利润会增加。反之，直销制造商入不敷出，利润反而会减少。在此过程中网销制造商会因服务投机行为获利，当达到某一利润平衡点时，直销制造商会受到网销制造商服务投机的抑制，使网销制造商的上升速度大于直销制造商的上升速度。

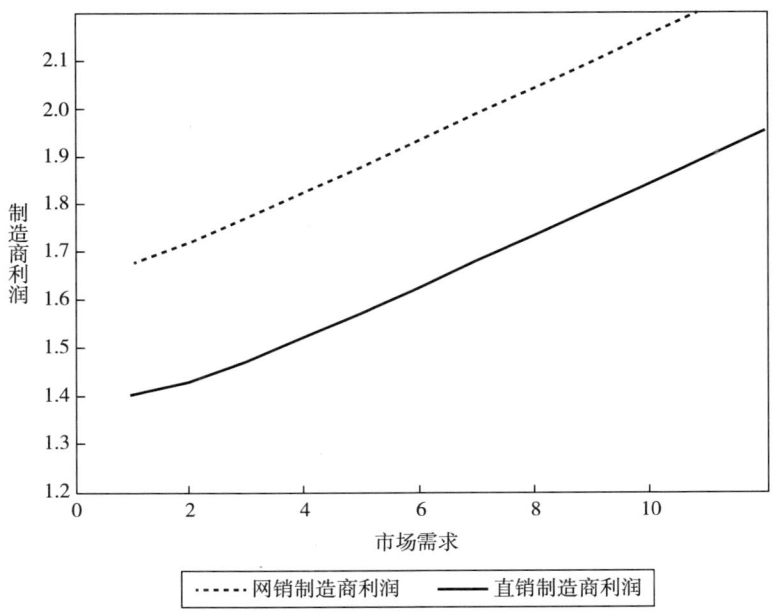

图 9-5　网销制造商和直销制造商的利润与初始市场需求的关系

下面分析两类制造商利润 π_1^* 和 π_2^* 与产品服务能力 s_1 和 s_2 的关系：

$$\frac{\partial \pi_1^*}{\partial s_1} = -\left(\frac{(1+\alpha)^2}{9(1-2\alpha)}\right) - s_1, \quad \frac{\partial \pi_1^*}{\partial s_2} = \frac{(1+\alpha)^2}{9(1-2\alpha)}$$

$$\frac{\partial \pi_2^*}{\partial s_1} = -\frac{(2-\alpha)^2}{9(1-2\alpha)}, \quad \frac{\partial \pi_2^*}{\partial s_2} = \frac{(2-\alpha)^2}{9(1-2\alpha)} - s_2$$

$\partial \pi_1^*/\partial s_2 > 0$，可知网销制造商的均衡利润随直销制造商服务能力的上升而增加。表明网销制造商借助直销制造商的免费服务投机行为，故均衡利润增加。$\partial \pi_2^*/\partial s_1 < 0$，可知直销制造商的均衡利润随网销制造商服务能力的上升而减小，表明网销制造商的服务水平增加，网销制造商的均衡价格会降低，故直销制造商的均衡利润会降低。

分别从以下两种情况分析产品服务能力与两个制造商利润之间的变化关系：

（1）当 α、s_1 为定值，分析两个制造商利润与直销制造商服务能力 s_2 的关系。假定初始市场需求 $\alpha = 0.4$，网销制造商服务水平 $s_1 = 1/3$，直销制造商服务水平 $s_2 \in [0, 2]$。运用仿真的方法分析出直销制造商服务水平与网销制造商和直销制造商的均衡利润之间的关系，如图 9-6 所示。

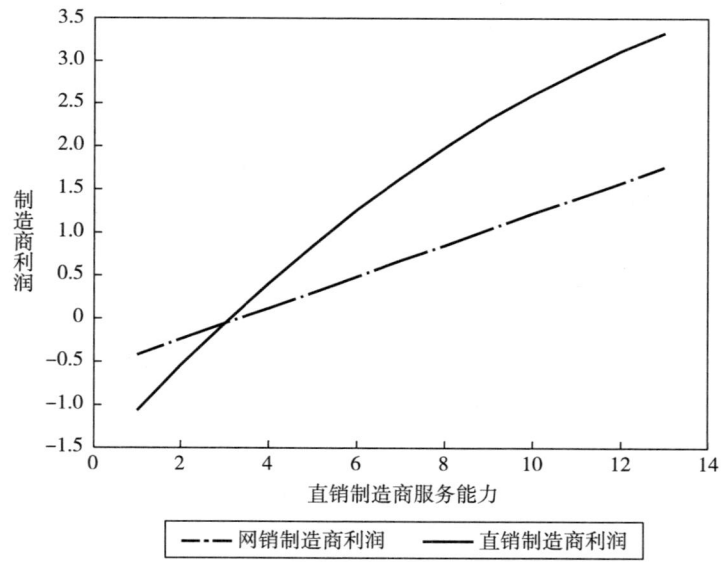

图 9-6　两制造商均衡利润与直销制造商服务能力的关系

（2）当 α、s_2 为定值，分析两个制造商利润与网销制造商服务能力 s_1 的关系。如图 9-7 所示。假定初始市场需求 $\alpha = 0.4$，网销制造商服务水平

$s_2 = 1/3$,直销制造商服务水平 $s_1 \in [0, 2]$。运用仿真的方法分析出网销制造商服务水平与网销制造商和直销制造商的均衡利润之间的关系,如图9-7所示。

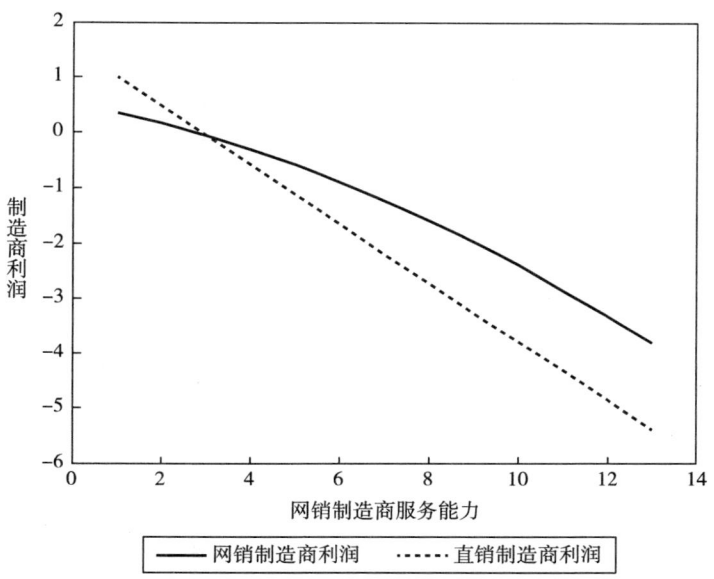

图9-7 两制造商均衡利润与网销制造商服务能力的关系

从图9-6、图9-7分析可知,当直销制造商服务能力水平上升时,两制造商的均衡利润均随之上升,一方面,由于网销制造商借助直销制造商在产品服务能力方面的免费服务投机行为使网销制造商利润上升,从而直销制造商利润也会上升。另一方面,直销制造商提升服务水平越高,两家制造商的价格竞争越激烈,两制造商就会提高相应的价格,而在利润平衡点之后网销制造商受到直销制造商在产品服务能力上的抑制,致使直销制造商利润上升速度大于网销制造商利润上升速度;而当网销制造商服务能力水平上升时,直销制造商在利润平衡点前因搭了网销制造商的便车,下降趋势要比网销制造商的小,但随着网销制造商服务能力的上升,直销制造商需自身提供服务能力与之竞争,服务边际成本增加使两制造商均衡利润均下降,而网销制造商因早期就开始提供产品服务能力,抑制了直销制造商的服务投机行为,使直销制造商均衡利润下降得更快。到最后网销制造商服务成本越来越大,网销制造商的利润就会逐渐减小,当到达一定程度时,利润为负值。

第三节　本章小结

在产品服务市场中，吸引更多的零售商拓展潜在有价值客户，直销制造商提供产品性能、产品展示、报价等相关前期服务。网销制造商借助互联网营销渠道，给客户提供在线产品介绍、在线订购、配送以及远程诊断等相关服务。

通过研究产品服务化供应链上存在竞争的直销制造商和网销制造商，考虑网销制造商利用零售商的单向服务投机行为增加部分产品服务需求，深入探讨两家不同制造商对于零售商服务投机行为的反应，以及零售商服务投机行为对于制造商收益带来的变化。研究表明，随着直销制造商服务水平的上升和网销制造商初始需求的增大，网销制造商的均衡利润将增加，两家制造商的价格竞争将更加激烈；当边际服务成本较低时，直销制造商的均衡利润要高于网销制造商的均衡利润，允许零售商免费服务投机的行为存在，并缓解了两家制造商之间的价格竞争；当边际服务成本很高时，直销制造商入不敷出，不再允许零售商的免费服务投机行为。

同时研究产品服务化供应链上直销制造商、网销制造商和零售商之间双向服务投机行为，既考虑网销制造商利用零售商的服务投机行为增加部分客户需求，又考虑直销制造商利用零售商服务投机行为增加部分客户需求，即重点研究产品服务化供应链中的双重服务投机行为。结果表明，不同的服务边际成本会对均衡利润产生不同的影响，一方面，当服务边际成本较低时，直销制造商会提供展示讲解等服务来吸引更多的零售商来购买产品，便会使其利润增加；当服务边际成本较大时，直销制造商入不敷出，进一步导致利润减少。另一方面，当服务水平小于一定程度时，零售商不会选择直销制造商采购，它的利润为负；当服务水平大于一定程度时，由于服务成本太高，直销制造商的利润同样为负；因此，可以认为，服务水平与网销制造商和直销制造商初始市场需求无关。

第十章 结论与展望

第一节 研究结论

在制造业服务化背景下,本书以产品服务化供应链为依托,首先,分析产品服务嵌入驱动因素和产品服务嵌入过程,构建产品服务化供应链服务能力配置模型;其次,从模块化嵌入视角,结合产品服务能力特征和供应链成员结构的变化,分别从客户需求动态性、服务嵌入位置、竞合转变性、渠道权利主导性、产品服务合作投机性等方面,循序渐进地提出了涵盖五个阶段的产品服务能力配置演变过程模型;再次,通过考虑价格—服务双重嵌入因素,构建考虑服务嵌入位置的产品服务能力配置模型,进而提出考虑转移支付的产品服务能力配置模型;又次,通过考虑渠道权利结构因素,建立零售商之间、制造商之间、制造商—零售商之间产品服务能力嵌入性竞争服务能力配置模型;最后,结合服务投机行为现象,建立了考虑单向、双向服务投机的产品服务能力配置模型,研究服务投机行为对网销制造商、直销制造商以及零售商的产品服务能力配置和预期利润的影响。开展产品服务能力配置研究在产品服务市场协作、产品服务价格优化、产品服务资源互补整合、价值链协作平台建设、供应链服务能力传递机制以及客户潜在价值分析等方面具有一定的现实价值。主要研究工作和结论如下:

(1) 通过对制造业服务能力管理的现状进行分析,明确当前产品服务能力管理过程中存在的问题,分析开展产品服务嵌入的驱动因素和产品服务嵌入的过程。结合产品服务化供应链服务能力特征分析,构建考虑服务嵌入的产品服务化供应链能力配置模型,并从制造商—零售商不同主导权视角,对产品服务能力配置效应进行深入分析。在价格敏感性随机服务需求情景下,分别从制造商和零售商各自收益的角度,结合服务能力过剩或不足引起的成本损失,建立了产品服务化供应链收益模型和配置管理模型,进一步分析了价格敏感性需求变化对于供应链绩效的影响作用,并给出了进行产品服务化供应链配置管理的有效策略。

结果表明:在制造商主导型产品服务化供应链中,制造商收益水平降低的速度超过了零售商收益水平降低的速度。而在零售商主导型产品服务化供应链中,零售商收益水平降低的速度超过了制造商收益水平降低的速度。因此,合作双方需要通过服务能力配置契约建立产品服务敏捷化协调机构,实时地对服务能力进行动态配置调节。同时应加强敏捷化协调机构的信息资源共享平台建设,及时地掌控价格敏感性需求信息的变化,加强企业间的信息交流和资源共享,及时地调整服务能力,增强产品服务化供应链的整体收益能力。

(2)通过考虑产品要素与服务要素之间的交互影响,以"产品服务嵌入"为切入点,针对客户大规模定制化需求问题,指出制造业产品服务模块化过程包括产品模块化、生产过程模块化、组织和供应链模块化、服务模块化内在逻辑关系。结合产品服务嵌入的特点,依次分别从客户需求动态性、服务嵌入位置、竞合转变性、渠道权利主导性、产品服务合作投机性等方面,循序渐进地提出了涵盖五个阶段的产品服务能力配置演变过程模型:考虑需求动态性的产品服务能力配置、考虑嵌入矢位的产品服务能力配置、考虑转移支付的产品服务嵌入能力配置、考虑渠道权利结构的产品服务能力配置、考虑服务投机行为的产品服务能力配置,并深入分析了各个配置模型之间的关系,为后续研究奠定了理论基础。

结果表明,有效进行产品服务能力配置,制造企业能够实现多样化低成本高质量的产品服务集成化方案,降低产品服务成本,提高企业收益。能够在客户需求变化时动态调整产品服务组合,充分发挥产品模块或服务模块自身具备的专业化功能,拓展了产品模块与服务模块的互补空间。不同情形下产品服务能力配置模型在服务绩效、服务能力、服务创新、客户价值增值等方面积极促进了制造业的发展,进一步提升了制造业的产品服务创新能力。

(3)考虑当前制造服务化转型过程中客户产品服务需求动态变化,开展产品服务能力管理与定价策略研究显得尤为重要。利用状态相关需求动态变化率函数和成本收益率函数,针对产品服务需求的动态性和非线性特点,建立基于潜在状态拟生灭过程的排队优化模型。通过考虑产品服务化过程中客户需求变化的动态性和非线性,从服务能力和价格两个维度将客户划分为实惠型、经济型、专业型和品质型四个不同类别。并依据客户产品服务需求动态演变阶段,运用 $M/M/s/K$ 排队优化模型针对服务能力与价格的内在关联性,分别构建了成本领先策略、服务能力领先策略、价格领先策略和产品服务能力配置联合策略。同时结合南阳泵业企业运营实例,验证了产品服务能力配置联合策略的优越性,进一步指出产品服务能力配置联合策略演化路径和有效实施对策。

结果表明,在产品服务运营过程中,与其他策略相比,产品服务能力配置联合策略是能够适应客户需求动态变化,实现制造企业预期收益最大化的最优策略。同时指出,实现产品服务能力配置联合策略的演变路径:当制造企业产品研发技术水平较高、服务创新能力较强,而且市场竞争对手比较少时,应采取演化路径Ⅰ:成本领先策略→价格领先策略→产品服务能力配置联合策略;当产品研发技术水平和服务创新能力水平比较弱,并且同行业竞争对手比较多时,应采取演化路径Ⅱ:成本领先策略→服务能力领先策略→产品服务能力配置联合策略。因此,运用产品服务能力配置联合策略实时地调整服务能力与价格,能够协调好服务水平提升与服务成本降低之间的关系,实现制造企业预期收益最大化,同时有助于加快产品服务嵌入进程,指导产品服务协同创新。

(4) 通过服务嵌入矢位不同,分析产品服务能力配置管理问题。首先,根据服务嵌入矢位不同,分为零售商嵌入、制造商嵌入以及制造商—零售商双重嵌入三种类型;其次,结合供应链成员企业在产品服务嵌入管理过程中讨价还价能力水平的高低,分别从零售商主导型(RS)、制造商主导型(MS)、垂直 Nash (VN) 三种情形,通过运用 SAS 数值软件分析制造商和零售商的产品服务能力配置均衡策略和预期利润变化情况。

结果表明,在零售商服务嵌入 RS 情形下制造商利润随着服务敏感性增加而缓慢增加。总体变化不大,而在零售商嵌入 MS 情形下,当服务敏感性在前期时,制造商利润上升缓慢,处于较低水平,比较平缓,而当服务敏感性在后期,制造商利润急剧增长,远超过了 RS 情形下制造商利润。在 VN 情形下,随着服务敏感性的增加,制造商利润缓慢上升,呈较低水平,变化相比 MS 情形下更为平缓,当服务敏感性在前期时,VN 情形下与 MS 情形下基本处于同样的水平,但后期明显低于 RS 情形和 MS 情形制造商利润。制造商服务嵌入 RS 情形和 VN 情形,当服务敏感性系数不断增加时,制造商利润、零售商利润及供应链总利润一直保持不变且相等,在 MS 情形下,在服务敏感性系数增加至某一数值前,制造商利润、零售商利润及供应链总利润与 RS 情形下、VN 情形下的制造商利润、零售商利润及供应链总利润保持相等,其曲线重合。当服务敏感性系数增加至这一数值以后,制造商利润随着服务敏感性参数增加呈现下滑趋势,且下滑幅度较大。此时,零售商利润及供应链总利润均呈现上升趋势,上升幅度较大。在制造商—零售商双重嵌入 RS/MS/NS 情形下,RS 情景制造商利润与 MS 情景制造商利润对服务敏感性比较敏感,而且在服务敏感性不断提高的情况下,这两种情景下的制造商利润几乎以相同比例速度高幅度提高。而服务敏感性对 VN 情景下的制造商利润在前期内几乎没有什么影响,甚至当服务敏感性到达一定值后,制造商利润还会下降。

（5）制造商为了获取持续竞争优势，逐步将经营重点从产品领域向服务领域延伸，运用服务差异化战略，通过向客户提供多样化的产品服务系统，发掘新的企业价值增长点。通过引入产品服务嵌入度参数，将以产品为基础的生产能力配置问题进一步延伸至以产品为依托，以标准化服务包为基础的产品服务能力配置问题。并且运用 Cournot 博弈，以产品服务化供应链中的核心企业——制造商为对象，深入分析双寡头制造商之间的产品服务能力配置问题，构建能够实现收益公平分配的转移支付契约机制。同时将转移支付契约引入产品服务系统的运营模式之中进行微观定量研究，对制造商和零售商构成产品服务系统进行了系统化分析，建立了实现双方协调合作的转移支付契约机制。

结果表明，与讨价还价情形相比，在产品服务系统运营过程中，构建转移支付契约机制能够使相关成员企业的收益均有所增加，确保参与合作的主动性和积极性；同时能够对协调后的总收益增加值进行公平合理的分配，保证了产品服务系统成员企业合作的长期性和稳定性。并且能够进一步有效地避免预先购买，哄抬价格的道德缺失现象的发生。

（6）针对产品服务化供应链的不同企业成员结构，分别考虑制造商之间嵌入式服务竞争、零售商之间嵌入式服务竞争、制造商—零售商之间交叉嵌入式服务竞争三种情形，研究产品服务能力嵌入式竞争问题，求解供应链成员企业的产品服务能力均衡策略。通过分析产品服务能力和价格之间的动态变化关系，将客户划分为实惠型、经济型、专业型和品质型四个不同类别。通过运用 SAS 数值软件分析产品服务成本与不同渠道权利结构下均衡结果之间的变化关系，提出能够满足不同客户需求特征的产品服务能力配置策略。

首先，在两个制造商与一个零售商构成的集中式供应链中，以制造商提供服务为切入点，根据制造商与零售商讨价还价能力高低，从制造商 Stackelberg、零售商 Stackelberg 和垂直 Nash 三种不同权利结构情形，分别给出制造商最优的批发价格和服务能力水平以及零售商最优的零售价格。通过分析服务能力水平和零售价格之间的动态变化关系，将客户划分为实惠型、经济型、专业型和品质型四个不同类别。同时结合服务成本与不同渠道权利结构下均衡结果之间的变化关系，提出能够满足不同客户需求的产品服务能力配置策略：RS 价格领先型策略 Γ_1（$w_i^{rs}, s_i^{rs}, p_i^{rs}$）、VN 服务领先型策略 Γ_2（$w_i^{vn}, s_i^{vn}, p_i^{vn}$）、MS 产品领先型策略 Γ_3（$w_i^{ms}, s_i^{ms}, p_i^{ms}$）和产品服务嵌入策略 Γ_4（$w_i^{ms}, s_i^{vn}, p_i^{ms}$），为进一步开展产品服务动态竞争机制研究奠定了理论基础。

其次，针对一个制造商与两个零售商构成的产品服务供应链系统，以零售商提供服务为切入点，结合制造商与零售商之间的不同权利结构，从零售商 Stackelberg、制造商 Stackelberg 和垂直 Nash 三种情形，分别给出零售商最优的零售价格和服务能力水平,以及制造商最优的批发价格。通过分析服务能力水平和零售价格之间的动态变化关系,将客户划分为实惠型、经济型、专业型和品质型四个不同类别。同时结合服务成本与不同渠道权利结构下均衡结果之间的变化关系,提出能够满足不同客户需求的零售商服务竞争情形产品服务能力配置策略:MS 低成本运营策略 Ω_1 (w_i^{rs}, s_i^{ms}, p_i^{ms})、VN 服务质量增强策略 Ω_2 (w_i^{vn}, s_i^{vn}, p_i^{ms})、RS 产品质量增强策略 Ω_3 (w_i^{ms}, s_i^{vn}, p_i^{rs}) 和 RS 产品服务集成化策略 Ω_4 (w_i^{ms}, s_i^{rs}, p_i^{rs}),为进一步开展产品售后动态服务能力配置机制研究奠定了理论基础。

最后,针对两个制造商和两个零售商构成的产品服务供应链,以零售商提供服务为视角,研究产品服务能力交叉竞争问题。根据制造商与零售商的讨价还价能力高低,分别从制造商 Stackelberg、零售商 Stackelberg 和垂直 Nash 三种不同情形,求解供应链成员企业之间交叉竞争的均衡策略。通过分析服务能力水平和零售价格之间的动态变化关系,将客户划分为实惠型、经济型、专业型和品质型四个不同类别。同时结合服务成本与不同渠道权利结构下均衡结果之间的变化关系,提出能够满足不同客户需求特征的产品服务能力配置策略:MS 交叉弱竞争策略,Δ_1 (α^{MS}, β^{MS}, η^{VN})、RS 交叉服务竞争策略,Δ_2 (α^{MS}, β^{RS}, η^{RS})、VN 交叉价格竞争策略,Δ_3 (α^{VN}, β^{MS}, η^{VN}) 和 RS 交叉双重强竞争策略,Δ_4 (α^{VN}, β^{RS}, η^{RS}),有效地推动了产品服务能力配置交叉竞争机制研究。

(7) 结合服务无形性和易逝性的特点,在产品服务运营过程中存在服务投机行为。通过考虑制造商—零售商之间的投机行为问题,分别从单向服务投机和双向服务投机角度,通过运用 SAS 数值软件分析免费服务投机对网销制造商、直销制造商以及零售商的产品服务能力配置和预期利润的影响。

首先,考虑两家处于供应链上游的制造商,其中一家为直销制造商,另一家为网销制造商。研究单向免费服务投机行为对两制造商价格竞争及其利润的影响,网销制造商利用了零售商的免费服务投机行为而获得部分市场需求。结果表明,随着直销制造商服务水平的上升和网销制造商初始需求的增大,网销制造商的均衡利润将增加,两家制造商的价格竞争将更加激烈;当边际服务成本较低时,直销制造商的均衡利润要高于网销制造商的均衡利润,允许零售商免费服务投机的行为存在,并缓解了两家制造商之间的价格竞争;当边际服务成本很高时,直销制造商入不敷出,不再允许零售商的免费服务投机行为。

其次,研究双向免费服务投机行为对两制造商价格竞争及利润的影响,两制造商均可利用零售商的免费服务投机行为来获得部分市场需求。结果表明,不同的服务边际成本会对均衡利润产生不同的影响,即当服务边际成本较低时,直销制造商会提供产品展示等服务来吸引更多的零售商来购买产品,便会使其利润增加;当服务能力投入较多时,直销制造商投入产品服务费用较高,零售商借助服务投机行为流向网销制造商,导致直销制造商利润减少。然而当服务能力投入较少时,零售商借助网络制造商了解产品性能和服务流程,转而选择产品品质优、服务承诺好的直销制造商,使直销制造商销售量和利润均有所增加。然而当前期服务能力投入过多、边际服务成本过高时,直销制造商的利润减少,从而采取有效措施避免零售商的免费服务投机行为。

第二节 研究创新

本书的创新性贡献主要体现在考虑客户需求动态性、转移支付、渠道权利结构和服务投机行为等产品服务能力配置四个阶段。

(1) 通过运用状态相关需求动态变化率函数和成本收益率函数,构建考虑产品服务需求动态性和非线性的产品服务能力配置模型,给出能够满足客户需求动态变化的产品服务能力联合配置策略。为了快速响应客户产品服务需求的动态变化和提高产品服务能力的配置效率,运用状态相关需求动态变化率函数和成本收益率函数,建立用以解决产品服务需求动态性和非线性难题的排队优化模型。通过考虑产品服务化过程中客户需求变化特征,从产品服务能力和价格两个维度将客户划分为实惠型、经济型、专业型和品质型四个不同类别。依据客户产品服务需求动态演变阶段,针对产品服务能力与价格的内在关联性,运用 $M/M/s/k$ 排队优化模型分别构建了成本领先策略、服务能力领先策略、价格领先策略和产品服务能力联合配置策略。

(2) 通过引入产品服务嵌入度参数,构建考虑转移支付的零售商竞争、制造商竞争以及制造商—零售商协作等不同情形下产品服务能力配置模型,实现收益分配公平化的转移支付契约机制。通过引入产品服务嵌入度参数,将以产品为基础的生产能力配置问题延伸至以产品为依托,以标准化服务包为基础的产品服务能力配置问题。并运用 Cournot 博弈,以产品服务化供应链中的制造商—零售商为对象,分别考虑零售商能力竞争、制造商能力竞争以及制造商—零售商能力协作三种情形下产品服务能力配置优化问题。通过构建用于协调双方利益关系,实现收益公平分配的转移支付契约机制,能够对协调后的总收益增加值进行公平合理的分配,同时能够有效地防止预先购买,哄抬价格的道德缺失现象的发生,确保产品服务化供应链成员企业合作的长期性和稳定性。

(3) 通过考虑渠道权利结构,分别从制造商嵌入式服务竞争、零售商嵌入式服务竞争、制造商—零售商交叉嵌入式服务竞争三种情形,构建产品服务能力嵌入性竞争配置模型，给出不同情形的产品服务能力配置策略。针对产品服务化供应链的不同企业成员结构，分别考虑制造商之间嵌入式服务竞争、零售商之间嵌入式服务竞争、制造商—零售商之间交叉嵌入式服务竞争三种情形，研究产品服务能力嵌入式竞争问题，求解供应链成员企业的产品服务能力均衡策略。通过分析产品服务能力和价格之间的动态变化关系，将客户划分为实惠型、经济型、专业型和品质型四个不同类别。并结合产品服务成本与不同渠道权利结构下均衡结果之间的变化关系，提出能够满足不同客户需求特征的产品服务能力配置策略，有效地推动产品服务能力配置机制研究。

（4）针对产品服务能力合作配置过程中的服务投机心理行为，构建考虑双向服务投机行为的产品服务能力配置模型，分析了网销制造商、直销制造商与各自服务能力之间的关系，得到双向服务投机行为决策均衡解。

考虑两家处于供应链上游的制造商，一家为直销制造商，另一家为网销制造商。研究双向免费服务投机行为对两制造商价格竞争及利润的影响，两制造商均可利用零售商的免费服务投机行为来获得部分市场需求。研究表明不同的服务边际成本会对均衡利润产生不同的影响，即当服务边际成本较低时，直销制造商会提供产品展示等服务来吸引更多的零售商来购买产品，便会使其利润增加；当服务能力投入较多时，直销制造商产品服务费用较高，零售商借助服务投机行为流向网销制造商，导致直销制造商利润减少。另外，当服务能力投入较少时，零售商借助网络制造商了解产品性能和服务流程，转而选择产品品质优，服务承诺好的直销制造商，使直销制造商销售量和利润均有所增加。然而当前期服务能力投入过多、边际服务成本过高时，直销制造商的利润减少，从而采取有效措施避免零售商的免费服务投机行为。

第三节　尚待研究的问题

本书通过分析产品服务嵌入驱动因素，结合产品服务嵌入过程和供应链结构特征变化，提出了面向不同服务能力特征的产品服务能力配置模型。尽管得到了一些结论，但尚存在一些不足之处，在未来研究中值得深入探讨。

首先，本书仅考虑客户动态化，尚未考虑客户需求反馈，未来将考虑建立产品服务客户反馈机制，激励客户及时反馈信息，制造企业可以实时地优化调整产品服务运营策略，增强管理策略的针对性和有效性。通过分析产品服务系统运作过程的复杂性，运用具备多阶段特征的时间函数描述客户需求反馈特征，建立排队网络优化模型,进一步缩短客户服务周期,提高客户满意度。

其次,本书探讨产品服务系统运营过程中制造商与零售商之间的转移支付协调机制。然而本部分的研究情况是在完全信息条件下进行的,然而在不完全信息下产品服务系统的转移支付契约机制设计是值得研究的热点问题。未来将对在不完全信息情形下,多制造商、多零售商复杂性产品服务系统协作模型进行研究,同时引入风险偏好、反向补贴、产品服务替代效应等多种不确定性因素,深入研究产品服务系统能力配置机制问题。

再次,本书在产品服务能力配置过程中尚未刻画服务能力与时间之间变化关系,未来研究将兼顾能力柔性与时间柔性双重特点,建立供应链服务能力柔性配置模型。同时深入挖掘供应链成员的隐性知识,通过构建知识学习型组织,深入研究供应链成员知识服务能力柔性配置策略。

最后,本书对于产品服务化供应链中的单个零售商服务投机行为问题,在未来研究中将考虑多个零售商之间竞争因素,同时对产品服务类型进行细分,研究多元化产品服务系统的免费服务投机和产品服务定价问题。

参考文献

[1] Johnson, M. Outsourcing [M]. Buterworth, Heinemann, UK, 1997.

[2] Greave, N., Mauriee, F. StrategieOutsoureing-A Struetured Approach to Outsourcing Decisions and Initiatives [M]. NewYork: AMACOM, 1999.

[3] Lonsdale, C., Cox, A. Outsoureing: A Business Guide to Risk Management Tools and Teehniques [M]. EarlsgatePress, London, 1998.

[4] Momme, J., Hvolby, H. H. An Outsourcing Framework: Action Research in the Heavy Industry Sector [J]. Euro pean Joumal of Purchasing & Supply Management, 2002 (8): 285 – 296.

[5] Vandenberg, M., Rogers, P. A. Choozing the Contractor to Meet Your Specific Requirements and Ensuring a Rewarding RelationshiP [J]. Choosing the Best Supplier Conferenee, 2000 (6): 1 – 17.

[6] Huiskonen, J., Pirtila, T. Lateral Coordination in a Logistics Outsourcing Relationship [J]. Int. J. Production Eeonomies, 2002 (78): 177 – 185.

[7] Diromualdo, A. Guthaxani, V. Strategic Intent for IT Outsourcing [EB/OL]. http://www. Crito. uci. edu/itr/Publications/pdf.

[8] Gainey, T. W., Kaas, B. S. The Outsourcing of Training and Development: Factors Impacting Client Satisfaction [J]. Journal of Management, 2002, 18 (10): 1 – 23.

[9] Sung, K., Chung, Y. S. Factors Influeneing is Outsoureing Implementation: An Empirieal Study from the Inter Organizational Relationship Perspective [Z]. Deeision Sciences Institute, Annual Meeting Proeeedings, 2002.

[10] Laeity, M. C., Willeoeks, L. P. Relationships in IT Outsourcing: A Stakeholder Perspective [EB/OL] http://www. temPleton. ox. ae. uk/pdf.

[11] Gallivan, M. J., Wonseek, O. AnalyZing IT Outsourcing Relationships a Alliances Among Multi Clients and Vendors [EB/OL]. http://www. eomputer. org/

proeeedings. pdf.

［12］朱岩梅，尤建新. 基于供应链管理的企业外包策略选择分析［J］. 同济大学学报（社会科学版），2005（1）：114 - 119.

［13］余泳泽，刘大勇. 我国区域创新效率的空间外溢效应与价值链外溢效应——创新价值链视角下的多维空间面板模型研究［J］. 管理世界，2013（7）：6 - 20，70，187.

［14］刘维林，李兰冰，刘玉海. 全球价值链嵌入对中国出口技术复杂度的影响［J］. 中国工业经济，2014（6）：83 - 95.

［15］王岚，李宏艳. 中国制造业融入全球价值链路径研究——嵌入位置和增值能力的视角［J］. 中国工业经济，2015（2）：76 - 88.

［16］熊英，马海燕，刘义胜. 全球价值链、租金来源与解释局限——全球价值链理论新近发展的研究综述［J］. 管理评论，2010（12）：120 - 125.

［17］Vandermerwe, S., J. Rada. Servitization of Business: Adding Value by Adding Services［J］. European Management Journal, 1988, 6（4）: 314 - 324.

［18］Chase, R. B, Kumar, K. R, Yongdahl, W. E. Service Based Manufacturing: The Service Factory［J］. Production and Operations Management. 1992, 11（2）: 175 - 184.

［19］Doren, D. Chadee, Jan Mattsson. Do Service and Merchandise Exporters Behave and Perform Differently: A New Zealand Investigation［J］. European Journal of Marketing, 1998, 32（9/10）: 830 - 842.

［20］F. Jammes, H. Smit. Service-oriented Paradigms in Industrial Automation［C］. Proceeding of the 23rd IASTED International Multi-Conference, Innsbruck, 2005, 2（15/17）: 716 - 723.

［21］M. J. Goedkoop, C. J. G. van Halen, H. R. M. Riele, P. J. M. Rommens. Product Service Systems, Ecological and Economic Basics［M］. VROM / EZ, Dutch Ministries of Environment and Economic Affairs（EZ），1999.

［22］T. Robinson, C. M. Clarke-Hill, C R. Larkson. Differentiation Through Service: A Perspective From the Commodity Chemicals Sector［J］. The Service Industries Journal, 2002, 3（22）: 149 - 166.

［23］B. Wan Looy, P. Gemmel, R. van Dierdonck. Services management: An Integrated Approach［M］. Harlow: Pearson Education limited, 2003.

［24］Cohen, M. A., Whang S. Competing in Product and Service: A Product Life-cycle Model［J］. Management Science, 1997, 43（4）: 535 - 545.

［25］White, A. L., Stoughton M., Feng L. Servicizing: The Quiet Transition to Extend Product Responsibility [R]. Boston: Tellus Institute, 1999.

[26] Heiko Gebauer, Carlos Bravo-Sanchez, Elgar Fleisch. Service Strategies in Product Manufacturing Companies [J]. Business Strategy Series, 2008, 9 (1): 12 – 20.

[27] 汪应洛. 中国服务型制造的项目管理 [J]. 科学中国人, 2008 (2): 32 – 35.

[28] 郭重庆. 服务制造——中国制造业能级提升的新机遇 [Z]. 中国工程院院士 86 次论坛"应对金融海啸——服务型制造的发展战略"（内部资料）, 2009 (6).

[29] 蔺雷, 吴贵生. 制造业的服务增强研究: 起源、现状与发展 [J]. 科研管理, 2006 (1): 91 – 99.

[30] 蔺雷, 吴贵生. 我国制造企业服务增强差异化机制的实证研究 [J]. 管理世界, 2007 (6): 103 – 113.

[31] 陈菊红, 焦兴甲. 服务型制造模式下的产品服务系统设计研究 [J]. 统计与决策, 2011 (5).

[32] 何哲, 孙林岩, 高杰等. 服务型制造在大型制造企业的应用实践 [J]. 科技进步与对策, 2009, 26 (9): 106 – 108.

[33] Robert F. Lusch, Stephen L. Vargo. The Service Dominant Logic of Marketing: Dialog, Debate and Directions [M]. M. E. Sharpe, Inc, 2006.

[34] M. B. Cook, T. A. Bhamra, M. Lemon. The Transfer and Application of Product Service Systems: From Academia to UK Manufacturing Firms [J]. Journal of Cleaner Production, 2006, 14 (17): 1455 – 1465.

[35] Ajit Kambil, G. Bruce Friesen, Arul Sundaram. Co-creation: A New Source of Value [J]. Outlook, 1999 (2): 38 – 43.

[36] 王永贵, 杨龙. 顾客价值及其驱动因素剖析 [J]. 管理世界, 2002 (6): 4 – 9.

[37] Paul D. Berger, Nadal, Nasr. Customer Lifetime Value: Marketing Models and Application [J]. Journal of Interactive Marketing, 1999, 12 (1): 17 – 30.

[38] Manzini, E. Vezzoli, C. Clark, G. Product Service-systems: Using an Existing Concept as a New Approach to Sustainability [J]. Journal of Design Research, 2001, 1 (2): 13 – 25.

[39] C. K. Prahalad, Venkat Ramaswamy. Co-creating Unique Value with Customers [J]. Strategy & Leadership, 2004, 3 (32): 4 – 9.

[40] Robin Roy. Sustainable Product-service Systems [J]. Futures, 2000, 32

(3－4): 289－299.

[41] 钟昌标,李秉强. 供应链管理与客户效用化分析 [J]. 数量经济技术经济研究, 2002 (6): 84－87.

[42] Hal R. Varian. Pricing Information Goods [C]. Proceedings of Scholarship in the New Information Environment Symposium, Harvard Law School, 1995 (5).

[43] 沈铁松,熊中楷,吴丙山. 寡头制造厂商的产品延伸服务定价 [J]. 系统工程理论与实践, 2009, 29 (5): 37－43.

[44] 沈铁松,熊中楷. 考虑厂商承诺行为的产品延伸服务市场竞争分析 [J]. 中国管理科学, 2010, 18 (4): 93－100.

[45] Li Yan, Zhou Wen-an, Song Jun-de. The Service Utility Model in Service Management [J]. The Journal of China Universities of Posts and Telecommunications, 2005, 12 (4): 21－25.

[46] White, A. L., Stoughton, M. and Feng, L. Servicizing: The Quiet Transition to Extended Product Responsibility [R]. Tellus Institute, Boston, MA, 1999.

[47] Reiskin, E. D., A. L. White, J. K. Johnson, T. J. Votta, Servicizing the Chemical Supply Chain [J]. Journal of Industrial Ecology, 2000, 3 (2/3): 149－166.

[48] B. Fishbein, L. S. McGarry, P. S. Dillon. Leasing: A Step Toward Producer Responsibility [M]. NY: INFORM, 2000.

[49] M. W. Toffel. Contracting for Servicizing [J]. Harvard Business School Technology & Operations Mgt. Unit Research Paper, 2002, 5 (15): 8－63.

[50] 克里斯丁·格朗鲁斯. 通过顾客关系服务化来强化顾客价值过程——顾客关系时代的营销新命题 [J]. 韦福祥译. 南开管理评论, 2004, 7 (6): 4－8.

[51] 赵一婷,刘继国. 制造业服务化:概念、趋势及其启示 [J]. 当代经济管理, 2008, 30 (7): 45－48.

[52] Szalavetz, A. Tertiarization of Manufacturing Industry in the New Economy: Experiences in Hungarian Companies [R]. Hungarian Academy of Sciences Working Papers, 2003.

[53] R. Wise, P. Baumgartner. Go Downstream, the New Profit Imperative in Manufacturing [J]. Harvard Business Review, 1999, 77 (5): 133－141.

[54] 孙林岩,高杰,朱春燕等. 服务型制造:新型的产品模式和制造范式 [J]. 中国机械工程, 2008, 19 (21): 2600－2604.

[55] 叶勤. 产品服务增值扩展战略的兴起与发展 [J]. 商业与经济管理,

2002 (6): 51-56.

[56] H. Gebauer, 王春芝. 制造企业服务业务扩展及其认知因素研究 [J]. 中国管理科学, 2006, 14 (1): 69-74.

[57] Mathieu, V. Product Services: From a Service Supporting the Product to Service Supporting the Client [J]. Journal of Business & Industrial Marketing, 2001, 16 (1): 39-58.

[58] Malleret, V. Value Creation Through Service Offers [J]. European Management Journal, 2006, 24 (1): 106-116

[59] C. Windahl, N. Lakemond. Developing Integrated Solutions: The Importance of Relationships Within the Network [J]. Industrial Marketing Management, 2006 (35): 806-818.

[60] Gebauer H., Fleisch E., Friedli T. Overcoming the Service Paradox in Manufacturing Companies [J]. Europen Management Journal, 2004, 23 (1): 14-26.

[61] R. Oliva, R. Kallenberg. Managing the Transition From Products to Services [J]. International Journal of Service Industry Management, 2003, 14 (2): 160-172.

[62] V. Mathieu. Product Services: From a Service Supporting the Product to a Service Suppotting the Client [J]. Journal of Business & Industrial Marketing, 2001, 16 (1): 39-58.

[63] Brady T., Davies A., Gann M. D. Creating Value by Delivering Integrated Solutions [J]. International Journal of Project Management, 2005, 23 (5): 360-365.

[64] Mont, O. Drivers and Barriers for Shifting Towards More Service-oriented Businesses: Analysis of the PSS Field and Contributions From Sweden [J]. The Journal of Sustainable Product Design, 2002, 2 (3): 89-103.

[65] V. Mathieu. Service Strategies Within the Manufacturing Sector: Benefits, Costs and Partnership [J]. International Journal of Service Industry Management, 2001, 12 (5): 451-475.

[66] A. Williams. Product Service Systems in the Automobile Industry: Contribution to System Innovation [J]. Journal of Cleaner Production, 2007, 15 (11/12): 1093-1103.

[67] Oliva, R., Kallenberg, R. Managing the Transition from Products to Services [J]. International Journal of Service Industry Management, 2003, 14 (2): 1-10.

[68] Windahl, C., Lakemond, N. Developing Integrated Solutions: The Im-

portance of Relationships Within the Network [J]. Industrial Marketing Management, 2006, 35 (7): 806 – 818.

[69] T. Sakao, G. O. Sandstrom, D. Matzen. Framing Research for Service Orientation of Manufacturers Through PSS Approaches [J]. Journal of Manufacturing Technology Management, 2009, 20 (5): 754 – 778.

[70] Matzen, D., Andreasen, M. M. Opportunity Parameters in the Development of Product/Service-systems [J]. in Marjanovic, D. (Ed.), International Design Conference- DESIGN Design Society, Dubrovnik, 2006 (5): 929.

[71] Matzen, D., Tan, A. R., Andreasen, M. M. Product/Service-systems: Proposal for Models and Terminology [A]. In Meerkamm, H. (Ed.), 17. Symposium "DesignforX", 10 – 2006, Lehrstuhl fur Konstru-ktionstechnik [M]. Friedrich-Alexander-Universitat Erlangen-Nurnberg, Neukirchen, 2005: 27.

[72] Tan, A. R., McAloone, T. C. Characteristics of Strategies in Product Service Systems [J]. Paper Presented at International Design Conference-DESIGN, Dubrovnik, 2006.

[73] Marco Palola, Heiko Gebauer, Bo Edvardsson. Service Infusion in Manufacturing: The Case of Small and Medium Enterprises [C]. The 11th International Research Symposium on Service Excellent in Management (Quis 11), Wolfsburg, 2009.

[74] Wendy van der Valk. Service Procurement in Manufacturing Companies: Results of Three Embedded Case Studies [J]. Industrial Marketing Management, 2008, 37 (3): 301 – 315.

[75] Robin G. Qiu. A Service-oriented Integration Framework for Semiconductor Manufacturing Systems [J]. International Journal of Manufacturing Technology and Management, 2007, 10 (2/3): 177 – 191.

[76] C. Grönroos, P. Helle. Adopting a Service Logic in Manufacturing Conceptual Foundation and Metrics for Mutual Value Creation [J]. Journal of Service Management, 2010, 21 (5): 564 – 590.

[77] Gebauer H., Fleisch E., Friedli T. Overcoming the Service Paradox in Manufacturing Companies [J]. Europen Management Journal, 2004, 23 (1): 14 – 26.

[78] Mathe, H., Shapiro, R. D. Integrating Service Strategy in the Manufacturing Company [M]. Chap man & Hall, London, 1993.

[79] Theodore Levitt. Production-line Approach to Service [J]. Harvard Business

Review, 1972 (9/10): 41 -53.

[80] M. J. Bitner, William T. Faranda, Amy R. Hubbert, Valarie A. Zeithaml. Customer Contributions and Roles in Service Delivery [J]. International Journal of Service Industry Management, 1997, 8 (3): 193 -205.

[81] Mathieu, V. Service Strategies Within the Manufacturing Sector: Benefits, Costs and Partnership [J]. International Journal of Service Industry Management, 2001, 12 (5): 451 -475.

[82] Oliva, R., Kallenberg R. Managing the Transition From Products to Services. [J]. International Journal of Service Industry Management, 2003, 14 (2): 160 -172.

[83] Matthyssens, P., Vandenbempt K. Moving from Basic Offerings to Value-added Solutions: Strategies Barriers and Alignment [J]. Industrial Marketing Management, 2008, 37 (3): 316 -328.

[84] Gebauer, H., Fleisch, E., Friedli, T. Overcoming the Service Paradox in Manufacturing Companies [J]. European Management Journal, 2005, 23 (1): 14 -26.

[85] Gunter Lay. The Relevance of Service in European Manufacturing Industries [J]. Journal of Service Management, 2010, 21 (5): 715 -726.

[86] Jan Holmstrom. Comparing Provider-customer Constellations of Visibility-based Service [J]. Constellations of Visibility Basedservice, 2010, 5 (21): 675 -690.

[87] 李浩, 纪杨建, 祁国宁等. 制造与服务融合的内涵、理论与关键技术体系 [J]. 计算机集成制造系统, 2010, 16 (11): 2521 -2529.

[88] 冯泰文, 孙林岩, 何哲等. 制造与服务的融合: 服务型制造 [J]. 科学学研究, 2009, 27 (6): 837 -845.

[89] 齐二石, 石学刚, 李晓梅. 现代制造服务业研究综述 [J]. 工业工程, 2010, 13 (5): 1 -7.

[90] Goedkoop, M. J., C. J. G. van Halen, H. R. M. Riele, P. J. M. Rommens. Product Service Systems, Ecological and Economic Basics. VROM / EZ, Dutch Ministries of Environment (VROM) and Economic Affairs (EZ) [Z]. 1999.

[91] Manzini, E., Vezzoli, C., Clark, G. Product-service Systems: Using an Existing Concept as a New Approach to Sustainability [J]. Journal of Design Technology, 2001: 27 -36.

[92] Mont, O. Clarifying the Concept of Product Service Systems [J]. Journal of

Cleaner Production, 2002, 10 (3): 237 – 245.

[93] Manzini, E., Vezolli, C. A Strategic Design Approach to Develop Sustainable Product Service Systems: Examples Taken from the "Environmentally Friendly Innovation" Italian Prize [J]. Journal of Cleaner Production, 2003, 11 (8): 851 – 857.

[94] M. B. Cook, T. A. Bhamra, M. Lemon. The Transfer and Application of Product Service Systems: From Academia to UK Manufacturing Firms [J]. Journal of Cleaner Production, 2006, 14 (17): 1455 – 1465.

[95] Robin Roy. Sustainable Product-service Systems [J]. Futures, 2000, 32 (3/4): 289 – 299.

[96] McAloone, T. C., Andreasen, M. M. Design for Utility, Sustainability and Societal Virtues: Developing Product Service Systems. Paper Presented at International Design Conference-DESIGN, Dubrovnik, 2004.

[97] 楚丽明, 袁波, 万融. 基于环境和经济综合考虑的产品服务系统[J]. 环境保护, 2003 (12): 54 – 57.

[98] 葛骅, 褚学宁, 张在房. 产品/维修服务集成设计模型 [J]. 计算机集成制造系统, 2009, 15 (7): 1262 – 1269.

[99] Tim Baines, Howard Lightfoot, Joe Peppard, Mark Johnson, Ashutosh Tiwari, Essam Shehab. Towards an Operations Strategy for Product-centric Servitization [J]. International Journal of Operations & Production Management, 2009, 29 (5): 494 – 519.

[100] Berg M., Posner M. J. M., Zhao H. Production-inventory Systems with Unreliable Machines [J]. Operations Research, 1994, 42 (1): 111 – 118.

[101] Mohebbi, E. A Production Inventory Model With Randomly Changing Environmental Conditions [J]. European Journal of Operational Research, 2006, 174 (1): 539 – 552.

[102] Yon-ChunChou, Hsien-JungChung. Service-based Capacity Strategy for Manufacturing Service Duopoly of Differentiated Prices and Lognormal Random Demand [J]. International Journal of Production Economics, 2009, 121 (1): 162 – 175.

[103] HaniI Mesak, Hongkai Zhang, Joe M. Pullis. On Optimal Service Capacity Allocation Policy in an Advance Selling Environment in Continuous Time [J]. European Journal of Operational Research, 2010, 203 (2): 505 – 512.

[104] Chunhua Tian, Feng Li, Rongzeng Cao, Wei Ding. Service Capacity Allocation and Pricing [J]. Network Operations and Management Symposium, 2008 (4): 678 – 681.

[105] Khai Sheang Lee, Irene C. L. Advanced Sale of Service Capacities: A Theoretical Analysis of The Impact of Price Sensitivity on Pricing and Capacity Allocations [J]. Journal of Business Research, 2001, 54 (3): 219 – 225.

[106] B. Adenso-Doaaz, Pilar Gonzalez-Torre. A Capacity Management Model in Service Industries [J]. International Journal of Service Industry Management, 2002, 131 (2): 286 – 302.

[107] Xiuli Chao, Hong Chen, Shaohui Zheng. Dynamic Capacity Expansion for a Service Firm with Capacity Deterioration and Supply Uncertainty [J]. Operations Research, 2009, 57 (1): 82 – 93.

[108] 张德海, 邵培基, 刘德文. 供应链物流制造商选择的群体决策方法 [J]. 系统工程, 2007, 25 (2): 30 – 34.

[109] 刘伟华, 季建华, 包兴等. 物流服务供应链两级能力合作的协调研究 [J]. 武汉理工大学学报, 2008, 30 (2): 149 – 153.

[110] 包兴, 季建华, 邵晓峰等. 两种能力支援模式下的生产运作系统能力应急管理模型 [J]. 上海交通大学学报, 2009, 43 (9): 1383 – 1387.

[111] 丁胡送, 徐晓燕. 生产能力变异性对供应链牛鞭效应的影响 [J]. 系统管理学报, 2010, 6 (2): 112 – 119.

[112] G. P. Cachon. Supply Chain Coordinationwith Contracts [J]. Journal of Supply Chain Management, 2003, 3 (2): 229 – 340.

[113] P. A. Rubin, J. R. Carter. Joint Optimali-ty in Buyer-supplier Negotiations [J]. Journal of Purchasing and MaterialsManagement, 1990, 26 (2): 20 – 26.

[114] J. R. Carter, B. G. Ferrin. The Impact of Transportation Costs on Supply Chain Management [J]. Journal of Business Logistics, 1995, 16 (1): 189 – 212.

[115] 罗定提, 仲伟俊, 张晓琪等. 分散式供应链中旁支付激励机制的研究 [J]. 系统工程学报, 2001, 16 (3): 236 – 240.

[116] 韩建军, 程玉, 郭耀煌. 合约不完全条件下设计外包旁支付激励机制 [J]. 西南交通大学学报, 2005, 41 (6): 764 – 768.

[117] Suresh, Kashi. Service Capacity Decision and Incentive Compatible Cost Allocation for Reporting Usage Forecasts [J]. European Journal of Operational Research, 2004, 157 (1): 180 – 195.

[118] Mark Johnson, Carlos Mena. Supply Chain Management for Servitised Product [J]. A Multi-industry Case Study, 2008, 114 (1): 27 – 39.

[119] Chen, F. Coordination Mechanisms for a Distribution System with one Supplier and Multiple Retailers [J]. Management Science, 2001, 47 (5): 693 – 708.

[120] 马翠华. 基于能力合作的物流服务供应链协同机制研究 [J]. 中国流通经济, 2009 (2): 24-27.

[121] 曹俊, 熊中楷, 刘莉莎. 闭环供应链中新件制造商和再制造商的价格及质量水平竞争 [J]. 中国管理科学, 2010, 18 (5): 82-90.

[122] 徐广业, 但斌, 肖剑. 基于改进收益共享契约的双渠道供应链协调研究 [J]. 中国管理科学, 2010, 18 (6): 59-64.

[123] 肖勇波, 陈剑, 刘晓玲. 基于乘客选择行为的双航班机票联合动态定价模型 [J]. 系统工程理论与实践, 2008 (1): 46-56.

[124] Khai Sheang Lee, Irene C. L. Advanced Sale of Servicecapacities: A Theoretical Analysis of the Impact of Price Sensitivity on Pricing and Capacity Allocations [J]. Journal of Business Research, 2001, 54 (3): 219-225.

[125] Weng, K. Manufacturing and Distribution Supply Chain Mana-gement: Alliances and Competition [J]. Marketing Science Institute Report, 2009, 56 (8): 99-117.

[126] Clark, K. B, Fujimoto. Produet Development Performance Strategy Organization and Management in the World Auto Industry [M]. Harvard Business School Press, Boston, 1991.

[127] Sanehez, R., Mahoney, T. Modularity Flexibility, and Knowledge Management in Product and Organization Design [J]. Strategic Management Journal, 1996 (17): 63-76.

[128] Longlois, R. N., Roberston. P. L. Networks and Innovation in a Modular System: Lessons form the Microcomputer and Stereo Component Industries [J]. Research Poliey, 1992, 21 (4): 297-313.

[129] Liang-Chieh (Victor) Cheng. Assessing Performance of Utilizing Organizational Modularity to Manage Supply Chains: Evidence in the U. S. Manufacturing Sector [Z]. International Journal of Production Economics, Article in Press, 2011.

[130] Sangeeta Ray, Pradeep Kanta Ray. Product Innovation for the People's Car in an Emerging Economy [M]. Technovation, In Press, Corrected Proof, 2011.

[131] Alexander Richte, Tim Sadek, Marion Steven. Flexibility in Industrial Product-service Systems and Use-oriented Business Models [Z]. CIRP Journal of Manufacturing Science and Technology, 2010, 3 (2): 128-134.

[132] Zhe Song, Andrew Kusiak. Mining Pareto-optimal Modules for Delayed Product Differentiation [J]. European Journal of Operational Research, 2010, 201 (1): 123-128.

[133] 徐宏玲,颜安,潘旭明等.模块化组织与大型企业基因重组[J].中国工业经济,2005(6):126-134.

[134] 苟昂,廖飞.基于组织模块化的价值网络研究[J].中国工业经济,2005(2):66-72.

[135] 郝斌,任浩.组织模块化设计:基本原理与理论架构[J].中国工业经济,2007(6):80-87.

[136] Baldwin, C. Y., Clark K. B. Design Rules: The Power of Modularity [M]. MIT Press, 2000.

[137] Ulrich, K. The Role of Product Architecture in the Manufacturing Firm [J]. Research Policy, 1995, 24 (3): 419-440.

[138] Ulrich, K. Fundamentals of Product Modularity [M]. Springer Netherlands, 1994.

[139] Arnheiter, E. D., Harren, H. A Typology to Unleash the Potential of Modularity [J]. Journal of Manufacturing Technology Management, 2005, 16 (7): 699-711.

[140] Asan, U., Polat S., Serdar, S. An Integrated Method for Designing Modular Products [J]. Journal of Manufacturing Technology Management, 2004, 15 (1): 29-49.

[141] Guo, F., Gershenson J. K. Discovering Relationships Between Modularity and Cost [J]. Journal of Intelligent Manufacturing, 2007, 18 (1): 143-157.

[142] Pekkarinen, S., Ulkuniemi P. Modularity in Developing Business Services by Platform Approach [J]. The International Journal of Logistics Management, 2008, 19 (1):84-103.

[143] Fredriksson, P. Operations and Logistics Issues in Modular Assembly Processes: Cases from the Automotive Sector [J]. Journal of Manufacturing Technology Management, 2006, 17 (2): 168-186.

[144] Lau, A. K. W., Yam, R. C. M., Tang, E. P. Y. Supply Chain Product Co-development, Product Modularity and Product Performance: Empirical Evidence from Hong Kong Manufacturers [J]. Industrial Management & Data Systems, 2007, 107 (7): 1036-1065.

[145] High, Jr. R., Krishnan, G., Sanchez, M. Creating and Maintaining Coherency in Loosely Coupled Systems [J]. IBM Systems Journal, 2008, 47 (3): 357-376.

[146] Jacobs, M., Vickery, S. K., Droge, C. The Effects of Product Modularity on Competitive Performance: Do Integration Strategies Mediate the Relationship?

［J］. International Journal of Operations & Production Management，2007，27（10）：1046 – 1068.

［147］Sanchez，R.，Mahoney，J. T. Modularity，Flexibility，and Knowledge Management in Product and Organization Design［J］. Strategic Management Journal，1996，17（S2）：63 – 76.

［148］Campagnolo，D.，Camuffo，A. The Concept of Modularity in Management Studies：A Literature Review［J］. International Journal of Management Reviews，2009，24（5）：12 – 25.

［149］Tu，Q.，Vonderembse，M. A.，Ragu - Nathan，T. S.，et al. Measuring Modularity - based Manufacturing Practices and Their Impact on Mass Customization Capability：A Customer-Driven Perspective［J］. Decision Sciences，2004，35（2）：147 – 168.

［150］Voordijk，H.，Meijboom，B.，de Haan J. Modularity in Supply Chains：A Multiple Case Study in the Construction Industry［J］. International Journal of Operations & Production Management，2006，26（6）：600 – 618.

［151］Galvin，P.，Morkel，A. The Effect of Product Modularity on Industry Structure：The Case of the World Bicycle Industry［J］. Industry and Innovation，2001，8（1）：31.

［152］Jose，A.，Tollenaere，M. Modular and Platform Methods for Product Family Design：Literature Analysis［J］. Journal of Intelligent Manufacturing，2005，16（3）：371 – 390.

［153］Hyötyläinen，M.，Möller，K. Service Packaging：Key to Successful Provisioning of ICT Business Solutions［J］. Journal of Services Marketing，2007，21（5）：304 – 312.

［154］Janssen，M.，Joha.，A. Emerging Shared Service Organizations and the Service-oriented Enterprise：Critical Management Issues［J］. Strategic Outsourcing：An International Journal，2008，1（1）：35 – 49.

［155］Voss，C. A.，Hsuan J. Service Architecture and Modularity［J］. Decision Sciences，2009，40（3）：541 – 569.

［156］何哲，孙林岩，朱春燕. 服务型制造的概念问题和前瞻［J］. 科学学研究，2010，28（1）：53 – 60.

［157］孙林岩，李刚，江志斌等. 21 世纪的先进制造模式—服务型制造［J］. 中国机械工程，2007，18（19）：2307 – 2312.

［158］Berg，M.，Posner. M. J. M.，Zhao，H. Production-inventory Systems with Unreliable Machines [J]. Operations Research, 1993, 32 (6): 111 – 118.

[159] Mohebbi, E. A Production Inventory Model with Randomly Changing Environmental Conditions [J]. European Journal of Operational Research, 2006, 173 (3): 539 – 552.

[160] Mookherjee, R., Friesz, T. L. Pricing, Allocation, and Overbooking in Dynamic Service Network Competition when Demand is Uncertain [J]. Production Operation Management, 2008, 17 (3): 355 – 373.

[161] Lee, K. S., Ng, I. C. L. Advanced Sale of Service Capacities: A Theoretical Analysis of the Impact of Price Sensitivity on Pricing and Capacity Allocations [J]. Journal of Business Research, 2001, 53 (3): 219 – 225.

[162] 白东伟, 余永林, 陈俊亮. 一种基于约束条件的服务能力匹配方法 [J]. 空军工程大学学报（自然科学版）, 2007, 8 (2): 136 – 133.

[163] Chou, Y. C., Chung, H. J. Service-based Capacity Strategy for Manufacturing Service Duopoly of Differentiated Prices and Lognormal Random Demand [J]. International Journal of Production Economics, 2009, 121 (1): 162 – 175.

[164] Mesak, H., Zhang, H. K., Pullis, J. M. On Optimal Service Capacity Allocation Policy in an Advance Selling Environment in Continuous Time [J]. European Journal of Operational Research, 2010, 203 (2): 505 – 512.

[165] Davis, M. M. How long Should a Customer Wait for Service [J]. Decision Sciences, 1991, 22 (3): 321 – 333.

[166] Kurt, M. B., Cote, M. J. A Model for Planning Resource Requirements in Health Care Organizations [J]. Decision Sciences, 1998, 29 (1): 233 – 270.

[167] Cachon, P. C., Harker, P. T. Competition and Outsourcing with Scale Economics [J]. Management Science, 2002, 38 (10): 1313 – 1333.

[168] Chen, H., Wan, Y. W. Price Competition of Make-to Order Firms [J]. IIE Transactions, 2003, 35 (9): 817 – 832.

[169] Juan, C. F., Hugo, M., Francisco, O. On Pricing of Multiple Bundles of Products and Services [J]. European Journal of Operational Rese-arch, 2010, 206 (1): 197 – 208.

[170] Yang, B., Ng, C. T. Pricing Problem in Wireless Telecommunication Product and Service Bundling [J]. European Journal of Operational Research, 2010, 207 (2): 373 – 380.

[171] 侯琳琳, 邱菀华. 零售商价格竞争下供应链的均衡及协调研究 [J]. 系统工程学报, 2010, 25 (2): 236 – 250.

[172] Tan, B. Modeling and Analysis of a Network Organization for Cooperation of Manufacturers on Production Capacity [J]. Mathematical Problems in Engineering, 2006, 56 (6): 1 – 23.

[173] Ittig, P. Planning Service Capacity When Demand is Sensitive to Delay [J]. Decision Sciences, 2002, 25 (3): 531 – 559.

[174] 李文莲, 夏健明. 基于"大数据"的商业模式创新 [J]. 中国工业经济, 2013 (5): 83 – 95.

[175] 刘超. 传统零售商应对纯网上零售商竞争时的零售渠道策略 [D]. 中国科技大学硕士学位论文, 2014.

[176] Schneider, H., Albers, S. Retailer Competition in Shopbots [J]. Available at SSRN 1078505, 2007.

[177] 林志炳, 蔡晨, 许保光. 零售商竞争模型中的定价分析 [J]. 中国管理科学, 2006 (5): 87 – 90.

[178] 高文军, 陈菊红. 零售商竞争环境下供应链定价策略与收益共享契约 [J]. 工业工程, 2010 (6): 14 – 17.

[179] Choi, S. C. Price Competition in a Duopoly Common Retailer Channel [J]. Journal of Retailing, 1996, 72 (2): 117 – 134.

[180] Cai, C. Quantity Discounts Contract Coordination Model of Three-stage Closed-loop Supply Chain Under Retailer Price Competition [A] //Proceedings 2011 International Conference on Transportation [M]. Mechanical, and Electrical Engineering (TMEE), 2011.

[181] 熊中楷, 聂佳佳, 熊榆. 零售商竞争下纵向合作广告的微分对策模型 [J]. 管理科学学报, 2010 (6): 11 – 22, 32.

[182] 吕芹, 霍佳震. 基于制造商和零售商自有品牌竞争的供应链广告决策 [J]. 中国管理科学, 2011 (1): 48 – 54.

[183] 范小军, 陈宏民. 零售商导入自有品牌对渠道竞争的影响研究 [J]. 中国管理科学, 2011 (6): 79 – 87.

[184] 王文宾, 陈琴, 达庆利. 奖惩机制下制造商竞争的闭环供应链决策模型 [J]. 中国管理科学, 2013 (6): 57 – 63.

[185] 李晓莉. 循环经济下制造商竞争的闭环供应链定价策略 [J]. 科技管理研究, 2012 (15): 236 – 241.

[186] 曹晓刚, 郑本荣, 黄松等. 基于制造商竞争的再制造系统定价与协调决策 [J]. 系统工程学报, 2013 (4): 497 – 505.

[187] 申成然, 刘名武, 熊中楷. 考虑专利许可的制造商与再制造商竞争策

略[J].运筹与管理,2014(2):55-63.

[188] 谢印成,高鹏,聂佳佳.考虑制造商竞争的绿色供应链信息分享策略研究[J].科技管理研究,2015(8):174-179,184.

[189] 王玉燕.基于绿色产品选择的制造商竞争策略[J].统计与决策,2013(3):42-45.

[190] 刚号,唐小我.基于制造商"努力"的供应链最优策略选择[J].中国管理科学,2014(4):36-41.

[191] 金会鹏.电子商务模式下制造商对分销商的产品价格竞争策略[J].经营与管理,2014(5):126-128.

[192] Xu, J., Yang, D. Decision Analysis on Return-policy of Supply Chain System under Manufacturer Competition [J]. Control and Decision, 2006, 21(4):391.

[193] Wadecki, A. A., Babich, V., Wu, O. Q. Manufacturer Competition and Subsidies to Suppliers [M]. Supply Chain Disruptions. Springer London, 2012:141-163.

[194] Lu, J. C., Tsao, Y. C., Charoensiriwath, C. Competition Under Manufacturer Service and Retail Price [J]. Economic Modelling, 2011, 28(3):1256-1264.

[195] 曹桂梅.供应链中制造商与零售商合作广告博弈模型[D].重庆大学硕士学位论文,2009.

[196] 朱如梦,樊秀峰.零售商与制造商合作双赢的经济学分析[J].商业经济与管理,2004(4):19-22.

[197] 周健,石萍,唐哲宇.基于搭便车现象的双渠道定价策略[J].计算机集成制造系统,2016(5):1-14.

[198] 丁纯洁.基于搭便车行为和公平因素的混合渠道选择与定价研究[D].中南大学硕士学位论文,2012.

[199] 田建春,杨文勇.自有品牌驱动的零售商与制造商竞争机制研究[J].福州大学学报(哲学社会科学版),2011(6):38-42.

[200] Ingene, C. A., Parry, M. E. Coordination and Manufacturer Profit Maximization: The Multiple Retailer Channel [J]. Operations Research, 2013, 32(6):111-118.

[201] HaniI Mesak, Hongkai Zhang, Joe M. Pullis. On Optimal Service Capacity Allocation Policy in an Advance Selling Environment in Continuous Time [J]. European Journal of Operational Research, 2010(203):505-512.

[202] G. P. Cachon. Supply Chain Coordination with Contracts [J]. Journal of Supply Chain Management, 2003, 3 (2): 229-330.

[203] P. A. Rubin, J. R. Carter. Joint Optimality in Buyer-supplier Negotiations [J]. Journal of Purchasing and Materials Management, 1990, 26 (2): 20-26.

[204] J. R. Carter, B. G. Ferrin. The Impact of Transportation Costs on Supply Chain Management [J]. Journal of Business Logistics, 1995, 16 (1): 189-212.

[205] 王强, 陈圻. 不完全成本信息下差异产品厂商古诺竞争博弈分析 [J]. 运筹与管理, 2010, 19 (3): 51-58.

[206] 聂佳佳, 熊中楷, 曹俊. 双寡头市场中品牌广告竞争和大类广告合作策略研究 [J]. 中国管理科学, 2010, 18 (2): 133-132.

[207] 张福利, 施建军, 陈效林. 双寡头一方垄断中间产品市场的纵向差异策略 [J]. 管理科学学报, 2010, 13 (1): 10-19.

[208] 赵德余, 顾海英, 刘晨. 双寡头垄断市场的价格竞争与产品差异化策略 [J]. 管理科学学报, 2006, 9 (5): 1-7.

[209] 杨晓花, 夏火松, 罗云峰. 双重内生选择下双寡头博弈的均衡研究 [J]. 中国管理科学, 2010, 18 (3): 131-137.

[210] 林勇, 乐晓娟, 于建红. 基于生产能力的价格与交货期协调决策模型 [J]. 工业工程与管理, 2006 (5): 18-22.

[211] 陈菊红, 郭福利, 苏菊宁. 考虑服务能力约束和销售成本递增情形下的供应链协调 [J]. 控制与决策, 2011, 26 (1): 25-28.

[212] 陈菊红, 郭福利. 相乘型需求下考虑服务能力约束和销售成本递增情形下的供应链协调研究 [J]. 运筹与管理, 2010, 19 (5): 78-83.

[213] J. F. Nash. The Bargaining Problem [J]. Econometrica, 1950, 18 (2): 155-162.

[214] B. Tan. Modeling and Analysis of a Network Organization for Cooperation of Manufacturers on Production Capacity [J]. Mathematical Problems in Engineering, 2006, 56 (6): 1-23.

[215] Alexander Richter, Tim Sadek. Flexibility in Industrial Product-service Systems and Use-oriented Business Models [J]. CIRP Journal of Manufacturing Science and Technology, 2010 (3): 128-133.

[216] Peng-Sheng You. Ordering and Pricing of Service Products in an Advance Sales System with Price-dependent Demand [J]. European Journal of Operational Research, 2006, 170 (2): 57-71.

[217] 蔺雷, 吴贵生. 制造业的服务增强研究: 起源, 现状与发展 [J]. 科

研管理,2006,27(1):91-99.

[218] Xiaoyu Yang, Philip Moore. A Practical Methodology for Realizing Product Service Systems for Consumer Products [J]. Computers & Industrial Engineering, 2009, 56 (3): 223-235.

[219] E. Schweitzer, J. C. Aurich. Continuous Improvement of Industrial Product-service Systems [J]. CIRP Journal of Manufacturing Science and Technology, 2010 (3): 158-163.

[220] H. Meier, R. Roy, G. Selige. Industrial Product Service Systems [J]. CIRP Annals Manufacturing Technology, 2010, 59 (1): 607-627.

[221] Mario Rese, Markus Karger. The Dynamics of Industrial Product Service Systems (IPS2) -using the Net Present Value Approach and Real Options Approach to Improve life Cycle Management [J]. CIRP Journal of Manufacturing Science and Technology, 2009 (1): 279-286.

[222] Frank Jacob, Wolfgang Ulaga. The Transition from Product to Service in Business Markets [J]. In Dustrial Marketing Management, 2008 (37): 237-253.

[223] Veronica Martinez, Marko Bastl. Challenges in Transforming Manufacturing Organizations Into Product-service Providers [J]. Journal of Manufacturing Technology Management, 2009, 21 (3): 339-369.

[224] A. R. Tan, D. Matzen. Strategies for Designing and Developing Services for Manufacturing firms [J]. CIRP Journal of Manufacturing Science and Technology, 2010 (3): 90-97.

[225] 李晓,刘正刚,顾新建.面向可持续发展的企业产品服务系统研究 [J]. 中国工业经济,2011(2):110-120.

[226] 董明,苏立悦.大规模定制下基于本体的产品服务系统配置 [J]. 计算机集成制造系统,2011,17(3):653-662.

[227] Nicola Morelli. Developing New Product Service Systems (PSS) [J]. Journal of Cleaner Production, 2006 (13): 1395-1501.

[228] Cook M. B., Bhamra T. A., Lemon M. The transfer and Application of Product Service System: From Academia to UK Manufacturing Firms [J]. Journal of Cleaner Production, 2006, 13 (17): 1355-1365.

[229] 杨才君,高杰,孙林岩.产品服务系统的分类及演化 [J]. 中国科技论坛,2010(2):59-66.

[230] 张旭梅,郭佳荣,张乐乐等.现代制造服务的内涵及其运营模式研究 [J]. 科技管理研究,2009(9):227-229.

[231] 顾新建，李晓. 产品服务系统理论和关键技术探讨[J]. 浙江大学学报（工学版），2009，33（12）：2233-2237.

[232] 龙跃，易树平. 制造服务导入下同质汽配供应商合作效应分析[J]. 科研管理，2010，31（3）：102-111.

[233] Andrew Williams. Product Service Systems in the Automobile Industry[J]. Journal of Cleaner Production，2007（11）：1103-1093.

[234] 沈铁松，熊中楷，吴丙山. 寡头制造厂商的产品延伸服务定价[J]. 系统工程理论与实践，2009，29（5）：33-37.

[235] 刘新艳. 产品服务系统（PSS）的效率分析[J]. 统计与决策，2009（17）：183-183.

[236] 赵永耀，秦志光，李娟等. 基于资源节约的产品服务系统共享契约研究．[J]. 管理学报，2010，7（5）：702-705.

[237] G. P. Cachon. Supply Chain Coordination with Contracts[J]. Journal of Supply Chain Management，2003，3（2）：229-230.

[238] P. A. Rubin，J. R. Carter. Joint Optimali-ty in Buyer-supplier Negotiations[J]. Journal of Purchasing and Materials Management，1990，26（2）：20-26.

[239] J. R. Carter，B. G. Ferrin. The Impact of Transportation Costs on Supply Chain Management[J]. Journal of Business Logistics，1995，16（1）：189-212.

[240] Ingene，C. A.，Parry，M. E. Channel Coordination When Retailerscompete[J]. Marketing Science，1995，13（3）：360-377.

[241] Oczkowski，E. An Econometric Analysis of the Bilateral Monopoly Model[J]. Economic Modelling，1999，16（1）：53-69.

[242] Sudhir，K. Structural Analysis of Manufacturer Pricing in the Presence of a Strategic Retailer[J]. Marketing Science，2001，20（3）：233-263.

[243] Tsay，A. A.，Agrawal，N. Channel Dynamics Under Price and Service Competition[J]. Manufacturing & Ser-vice Operations Management，2000，2（3）：372-391.

[244] Boyaci，T.，Gallgo，G. Supply Chain Coordination in a Market with Customer Service Competition[J]. Production & Operations Management，2003，13（1）：3-22.

[245] Choi，S. C. Price Competition in a Channel Structure with a Common Retailer[J]. Marketing Science，1991，10（3）：271-296.

[246] Ximin Huang，Sin-Man Choi. On Supply Chain Coordination for False Failure returns：A Quantity Discount Contract Approach[J]. International Journal of

Production Economics, 2011, 133 (2): 634 - 644.

[247] Tansev Geylani, Tansev Geylani, Kannan Srinivasan. Strategic Manufacturer Response to a Dominant Retailer [J]. Marketing Science, 2007, 26 (2): 163 - 178.

[248] 许明辉, 于刚, 张汉勤. 具备提供服务的供应链博弈分析 [J]. 管理科学学报, 2010, 9 (2): 18 - 27.

[249] 林志炳, 张岐山. 零售商的动态定价和服务模型分析 [J]. 中国管理科学, 2011, 19 (6): 73 - 78.

[250] 孙燕红, 涂燚鑑, 徐晓燕. 基于顾客渠道偏好的服务竞争模型 [J]. 管理科学, 2011, 24 (4): 62 - 70.

[251] 鲁桂华, 蔺雷, 吴贵生. 差别化竞争战略与服务增强的内在机理 [J]. 中国工业经济, 2005 (5): 21 - 27.

[252] 刘平. 基于产品服务的制造企业战略选择 [J]. 江西社会科学, 2006 (1): 130 - 138.

[253] 蔺雷, 吴贵生. 我国制造企业服务增强差异化机制的实证研究 [J]. 管理世界, 2007 (6): 103 - 112.

[254] 吴贵生, 蔺雷. 我国制造企业"服务增强"的实证研究及政策建议 [J]. 管理工程学报, 2011, 25 (3): 87 - 95.

[255] 张文红, 张骁, 翁智明. 制造企业如何获得服务创新的知识 [J]. 管理世界, 2010 (10): 122 - 133.

[256] 孙浩, 达庆利. 基于不同权力结构的废旧产品回收再制造决策分析 [J]. 中国管理科学, 2009, 17 (5): 103 - 110.

[257] 王文宾, 达庆利, 聂锐. 考虑渠道权力结构的闭环供应链定价与协调 [J]. 中国管理科学, 2011, 19 (5): 29 - 36.

[258] Tsay, A. A., Agrawal N. Channel Dynamics Under Price and Service Competition [J]. Manufacturing and Service Operations Management, 2000, 2 (3): 372 - 391.

[259] Ingene, C. A., Parry, M. E. Channel Coordination When Retailers Compete [J]. Marketing Science, 1995, 13 (3): 360 - 377.

[260] Oczkowski, E. An Econometric Analysis of the Bilateral Monopoly Model [J]. Economic Modelling, 1999, 16 (1): 53 - 69.

[261] Sudhir, K. Structural Analysis of Manufacturer Pricing in the Presence of a Strategic Retailer [J]. Marketing Science, 2001, 20 (3): 233 - 263.

[262] Tsay, A. A., Agrawal, N. Channel Dynamics Under Price and Service Competition [J]. Manufacturing Service Operations Management, 2000, 2 (3):

372-391.

[263] Boyaci, T., Gallgo, G. Supply Chain Coordination in a Market with Customer Service Competition [J]. Production & OperationsManagement, 2003, 13 (1): 3-22.

[264] Choi, S. C. Price Competition in a Channel Structure with a Common Retailer [J]. Marketing Science, 1991, 10 (3): 271-296.

[265] Chen J., Bell P. C. The Impact of Customer Returns on Supply Chain Decisions under Various Channel Interactions [J]. Annals of Operations Research, 2003, 206 (1): 59-74.

[266] Tansev Geylani, Tansev Geylani, Kannan Srinivasan. Strategic Manufacturer Response to a Dominant Retailer [J]. Marketing Science, 2007, 26 (2): 163-178.

[267] 林欣怡, 黄永, 达庆利. 两周期零售商竞争下的闭环供应链的定价和协调策略研究 [J]. 运筹与管理, 2013 (2): 27-33.

[268] 申成霖, 卿志琼, 张新鑫. 零售商竞争环境下分散式供应链的定价与交货期联合决策模型 [J]. 中国管理科学, 2010 (3): 38-33.

[269] 蔡建湖, 黄卫来, 周根贵. 多零售商竞争环境下季节性商品订购策略研究 [J]. 管理学报, 2010 (7): 1070-1073.

[270] 周永务, 郭金森, 钟远光. 基于提前订货折扣和延期支付策略下两零售商竞争问题研究 [J]. 控制与决策, 2012 (3): 368-372.

[271] 晏妮娜, 黄小原, 马龙龙. 需求不确定环境下多个零售商竞争的鲁棒随机优化模型 [J]. 中国管理科学, 2008 (3): 50-53.

[272] 吴忠和, 陈宏, 赵千等. 两零售商竞争下多因素同时扰动的供应链协调研究 [J]. 中国管理科学, 2012 (2): 62-67.

[273] 陆媛媛. 零售商竞争下的合作广告策略与订货策略 [J]. 山东大学学报 (理学版), 2011 (1): 71-96.

[274] 熊中楷, 聂佳佳, 熊榆. 零售商竞争下纵向合作广告的微分对策模型 [J]. 管理科学学报, 2010 (6): 11-32.

[275] Tsay A. A., Agrawal, N. Channel Dynamics Under Price and Service Competition [J]. Manufacturing and Service OperationsManagement, 2000, 2 (3): 372-391.

[276] Pengfei Guo, John, J. Liu, YulanWang. Intertemporal Service Pricing with Strategic Customers [J]. Operations Research Letters, 2009, 37 (6): 320-323.

[277] Moorthy, K. Sridhar. Strategic Decentralization in Channels [J]. Marketing Science, 1988, 7 (4): 335-355.

[278] Shugan, Steven. Implicit Understanding in Channels of Distribution [J]. Management Science, 1985 (31): 435-460.

[279] 钟宝嵩等. 基于供应链的合作促销与定价问题 [J]. 中国管理科学, 2004, 12 (3): 69-74.

[280] 杜义飞等. 讨价还价过程与供应链的利润最大化均衡 [J]. 中国管理科学, 2006, 14 (1): 37-42.

[281] 范小军等. 零售商差异条件下的渠道价格决策研究 [J]. 中国管理科学, 2008, 16 (2): 97-103.

[282] Corstjens, M., Rajiv, L. Building Store Loyalty Through Store Brands [J]. Journal of Marketing Research, 2000, 37 (8): 281-291.

[283] Chintagunta, P. K., Andr'e, B., Song, I. Investigating Thee Effects of Store-Brand Introduction on Retailer Mundane Pricing Behavior [J]. Management Science, 2000, 48 (10): 1242-1267.

[284] 朱瑞庭, 许林峰. 自有品牌对连锁商业品牌战略的影响分析 [J]. 财经论丛, 2009 (1): 83-98..

[285] Choi, S. C., Coughlan, A. T. Private Label Position: Quality Versus Feature Differentiation from International Brand [J]. Journal of Retailing, 2006 (82): 79-93.

[286] Cotterill, R., Dhar, R. Assessing the Competitive Interaction between Private Label Sand National Brands [J]. Joural of Business, 2000, 73 (1): 109-137.

[287] 陈宏民等. 产品和零售商品牌差异条件下的渠道价格策略 [J]. 中国管理科学, 2009, 12 (6): 12-22.

[288] McGuire, T. W., Staelin, R. An Industry Equilibrium Analysis of Downstream Vertical Integration [J]. Marketing Science, 1983, 2 (2): 161-191.

[289] Dong Lingxiu, Narasimhanc, Zhu Kaijie. Product line Pricing in a Supply Chain [J]. Management Science, 2009, 55 (10): 1704-1717.

[290] 张雅琪等. 混合渠道下2-2可替代品供应链中交叉选择及均衡分析 [J]. 中国管理科学, 2013, 21 (1): 98-104.

[291] 余一娇, 金海. 对等网络中的搭便车行为分析与抑制机制综述 [J]. 计算机学报, 2008 (1): 1-15.

[292] 刘建辉, 王君, 冀常鹏等. P2P中应用平衡机制抑制搭便车行为的研究 [J]. 计算机科学, 2013 (7): 36-39.

[293] 雷芳, 刘辉元, 王倡等. 基于信誉的增强P2P网络服务稳定性的激励机制 [J]. 重庆邮电大学学报 (自然科学版), 2013 (5): 675-679.

[294] 乐光学，李仁发，陈志等．P2P 网络中搭便车行为分析与抑制机制建模［J］．计算机研究与发展，2011（3）：382 – 397．

[295] 刘建生，骆丹，乐光学等．P2P 网络中搭便车行为研究［J］．数学的实践与认识，2014（7）：196 – 209．

[296] 丁正平，刘业政．存在搭便车时双渠道供应链的收益共享契约［J］．系统工程学报，2013（3）：370 – 376．

[297] 曹磊，张子刚．供应链双源渠道中基于信息的搭便车行为［J］．情报杂志，2009（7）：180 – 184．

[298] 艾兴政，马建华，陈忠等．服务搭便车的电子渠道与传统渠道协调机制［J］．系统工程学报，2011（4）：507 – 514．

[299] 罗美玲，李刚，孙林岩．具有服务溢出效应的双渠道供应链竞争［J］．系统管理学报，2011（6）：648 – 657．

[300] 周健，石萍，唐哲宇．基于搭便车现象的双渠道定价策略［J］．计算机集成制造系统，2014（5）：1 – 14．

[301] 赵倩茹，马凯．双渠道服务竞争下"搭便车"对供应链的影响［J］．武汉理工大学学报（信息与管理工程版），2015（1）：117 – 120．

[302] 张国兴，方帅．基于服务搭便车行为的双渠道供应链博弈分析［J］．统计与决策，2015（20）：43 – 47．

[303] 刘家国，周笛，刘咏梅等．搭便车行为影响下制造商渠道选择研究［J］．系统工程学报，2014（6）：813 – 823．

[304] 曹磊．双源渠道环境下消费者基于信息的搭便车问题研究［D］．华中科技大学博士学位论文，2011．

[305] 袁丽．双渠道环境下消费者跨渠道搭便车问题的探索性研究［D］．浙江工业大学硕士学位论文，2012．

[306] 陈茹．考虑服务搭便车的制造商主导的双渠道供应链竞争与协调研究［D］．厦门大学硕士学位论文，2014．

[307] 张玲玲，郑秀榆，马俊等．团队知识转移与共享"搭便车"行为的激励机制研究［J］．科学学研究，2009（10）：1543 – 1550．

[308] 赵慧娟．组织知识共享中"搭便车"行为及防治分析［J］．科技管理研究，2010（18）：173 – 175．

[309] 周燕，郭偲偲，张麒麟．内外双向因素与搭便车行为：社会网络的调节作用［J］．管理科学，2015（3）：130 – 142．

[310] 仇玲．不同奖励制度对搭便车行为的控制研究［D］．哈尔滨工业大学硕士学位论文，2014．

[311] 郭偲偲. 不同信息条件下的搭便车影响因素研究 [D]. 哈尔滨工业大学硕士学位论文, 2013.

[312] 唐乐. 产学研合作中的搭便车行为及其治理 [J]. 科学与管理, 2007 (3): 38-41.

[313] 涂红伟, 严鸣. 消费者渠道搭便车行为影响因素的研究: 体验学习视角 [J]. 经济经纬, 2014 (2): 86-91.

[314] 连洪泉, 周业安, 左聪颖等. 惩罚机制真能解决搭便车难题吗?——基于动态公共品实验的证据 [J]. 管理世界, 2013 (4): 69-81.

[315] 周燕, 张麒麟, 张瑞雪. 基于改进型投资实验的搭便车行为研究 [J]. 中国软科学, 2011 (1): 173-180.

[316] 周燕, 张麒麟, 付丽娜等. 信息公开机制控制搭便车行为的效果——实验证据 [J]. 管理科学学报, 2014 (4): 86-94.

[317] 周燕, 张麒麟, 程奎. 不同情境下搭便车行为的改变——基于实验数据的研究 [J]. 中国软科学, 2010 (7): 158-164.

[318] 张景博. 基于实验经济学的公共物品搭便车行为研究 [D]. 北京邮电大学硕士学位论文, 2014.

[319] Grossman, Sanford J., Hart, Oliver D. Takeover Bids, the Free-rider Problem, and the Theory of the Corporation [Z]. The Bell Journal of Economics, 1980.

[320] Elie Appelbaum, Shlomo Weber, A Note on the Free Rider Problem in Oligopoly [J]. Economics Letters, 1992, 40 (4): 473-480.

[321] McMillan J., The Free Rider Problem: A Survey [J]. Economic Record, 1979, 55 (2): 95-107.

[322] Albanese R., Van Fleet D. Rational Behavior in Groups: The Free-riding Tendency [J]. Academy of Management Review, 1985, 10 (2): 244-255.

[323] Ashlagi I., Roth A. E. Free Riding and Participation in Large Scale, Multi-hospital Kidney Exchange [J]. Theoretical Economics, 2014, 9 (3): 817-863.

[324] Chiu H. C., Hsieh Y. C., Roan J., et al. The Challenge for Multichannel Services: Cross-channel Free-riding Behavior [J]. Electronic Commerce Research and Applications, 2011, 10 (2): 268-277.

[325] Blakeney A. L. Understanding Consumer Free Riding Behaviors in a Specialty Retailing Context [D]. Mississippi State University, 2014.

[326] Diehl M. Measuring Free Riding in Large-value Payment Systems: The Case of Target2 [J]. Journal of Financial Market Infrastructures Volume, 2013, 1

[327] Doane M. J., Farris P. W., Kucuk S. U., et al. Retail Free Riding: The Case of the Wallpaper Industry [J]. The Antitrust Bulletin, 2013, 58 (1): 129-158.

[328] Chan T. Y., Li J., Pierce L. Compensation and Peer Effects in Competing Sales Teams [J]. Management Science, 2014, 60 (8): 1965-1984.

[329] Hua J. S., Huang S. M., Yen D. C., et al. A Dynamic Game Theory Approach to Solve the Free Riding Problem in the Peer-to-peer Networks [J]. Journal of Simulation, 2012, 6 (1): 43-55.

[330] Cvitanic J., Georgiadis G. Reducing Free-Riding in Dynamic Contribution Games [J]. Available at SSRN, 2014.

[331] Yahaya M. O. On the Applicability of Resources Optimization Model for Mitigating Free Riding in P2P System [J]. Science World Journal, 2015, 9 (4): 1-11.

[332] Mostafavi S., Dehghan M. Game Theoretic Bandwidth Procurement Mechanisms in live P2P Streaming Systems [J]. Multimedia Tools and Applications, 2015: 1-24.

[333] Shin D. H. What Makes Consumers use VoIP Over Mobile Phones? Free Riding or Consumerization of New Service [J]. Telecommunications Policy, 2012, 36 (4): 311-323.

[334] Besedes T., Deck C., Quintanar S., et al. Free-riding and Performance in Collaborative and Non-collaborative Groups [J]. MPRA, 2011, 10 (8): 1-33.

[335] Zhang J., Xie J. A Game Theoretical Study of Cooperative Advertising with Multiple Retailers in a Distribution Channel [J]. Journal of Systems Science and Systems Engineering, 2012, 21 (1): 37-55.

[336] Xing D., Liu T. Sales Effort Free Riding and Coordination with Price Match and Channel Rebate [J]. European Journal of Operational Research, 2012, 219 (2): 264-271.

[337] Heitz-Spahn S. Cross-channel Free-riding Consumer Behavior in a Multi-channel Environment: An Investigation of Shopping Motives, Socio-demographics and Product Categories [J]. Journal of Retailing and Consumer Services, 2013, 20 (6): 570-578.

后 记

本书是国家社科基金项目（19BTJ056）、全国统计科学研究项目（2018LY48）、陕西省创新能力支撑计划软科学研究项目（2019KRM096）、陕西省教育厅科学研究计划（18JK0313）项目的阶段性部分研究成果。主要以产品服务化供应链为依托，结合产品服务能力嵌入性演变特征，界定产品服务能力配置嵌入阶梯效应。同时根据客户需求动态多变性、服务矢位嵌入多变性、服务嵌入转移支付多变性、渠道权利结构多变性、服务投机行为多变性五个不同维度之间的嵌入演进关系，提出产品服务能力配置嵌入阶梯过程模型及演进控制策略。进一步在产品服务协作、资源互补整合、价值链平台协作和客户服务价值等方面，提升制造企业产品服务配置效率和核心竞争优势。

本书获得西安财经大学学术著作出版资助。在撰写过程中，得到了西北工业大学管理科学与工程博士后流动站、西安理工大学供应链整合与服务创新研究中心、西安财经大学管理学院现代管理决策与对策研究中心相关老师和同学的帮助，他们提出了宝贵的建议和意见，在此一并表示感谢。

本书得到了经济管理出版社的大力支持，双方合作愉快，编辑处理高效，特别表示感谢。感谢家人长期的理解和支持，让我能有更多的时间和精力投身于著作撰写之中，直至圆满完成全部写作内容。

谨以此书感谢多年来关心、支持我从事产品服务运营管理的所有知心人！

姚树俊

2019 年 7 月